周蓓 主編

『民國專題史』叢書

周鯁生 編

河南人民出版社

近代歐洲外交史

敘述自19世紀至20世紀初，歐洲各國的國際外交關係，對不同時期外交關係形成的原因、事件及結果等做了深刻分析

圖書在版編目(CIP)數據

近代歐洲外交史 / 周鯁生著. —鄭州 : 河南人民出版社, 2016. 4(2017. 1 重印)
(民國專題史叢書 / 周蓓主編)
ISBN 978 -7 -215 -10059 -6

Ⅰ. ①近… Ⅱ. ①周… Ⅲ. ①外交史 - 歐洲 - 近代 Ⅳ. ①D850. 9

中國版本圖書館 CIP 數據核字(2016)第 079731 號

河南人民出版社出版發行
(地址：鄭州市經五路 66 號 郵政編碼：450002 電話：65788063)
新華書店經銷 河南新華印刷集團有限公司印刷
開本 710 毫米×1000 毫米 1/16 印張 30. 5
字數 440 千字
2016 年 4 月第 1 版 2017 年 1 月第 3 次印刷

定價 : 196. 00 圓

出版前言

中國現代學術體系是在晚清西學東漸的大潮中逐步形成的。至民國初建，中央政治權威進一步分散和削弱，加之新文化運動帶給國人思想上的空前解放，新學的啓蒙，新知識分子的産生，民國學術如草長鶯飛，進入一個自由而蓬勃的時代。中國傳統學科乃中國學術之根基與菁華所在，民國學人采用『取今復古，别立新宗』之方法，引入西方的學術觀念，積極改造，使史學、文學等學科向現代學術方向轉型。此外，大力推介西方社會科學的新學科和自然科學，在學習、借鑒乃至移植西方現代學術話語和研究範式的過程中，逐漸建立中國現代學科，使中國的學科門類迅速擴展。一時間，新舊更迭，中西交流，百花齊放，萬壑争流，開創了中國現代學術的源頭。

伴隨知識轉型和研究範式轉换而來的，還有學術著作撰寫方式的創新。中國古代的著作向來以單篇流傳，經後人整理匯編後，方以成册成集的面目出現并持續傳播。直到十九世紀末，東西方的歷史編撰體裁不外乎多卷本的編年體、紀傳體和紀事本末體等，章節體的出現標志着近代西方學術規範的産生和新史學的興起。章節體具有依時間順序，按章節編排；因事立題，分篇綜論；既分門别類，又綜合通貫的特點。以章、節搭建起論述之框架，結構分明，邏輯清晰，較傳統的撰寫體裁容量大、系統性强。它的傳入，使中國現代學術體系從内容到形式被納入了全球化的軌道。民國時期專題史的研究、譯介、編纂、出版恰恰是在這樣的背景下欣欣而發，是學術的實驗場，也是歷史的記録儀。編選『民國專題史』叢書的初衷正是爲了從一個側面展示中國學術從傳統向現代過渡的歷史進程。

專題史是對一個學科歷史的總結，是學科入門的必備和學科研究的基礎，也是對一個時代艱深新鋭問題的解答，是學術研究的高點。民國專題史著作中，既包含通論某一學科全部或一時代（區域、國别）的變化過程的，又囊括對一時代或一問題作特殊研究的，還有少部分是對某一專題的史料進行收集的。原創與翻譯并重，翻譯的底本大多選擇該學科的代表著作或歐美大學普及教本，兼顧權威性和流行性，其中日本學者的論著占據了相當比重。日本與中國同屬東亞儒家文化圈，他們在接納西方學術思想和研究模式時，已作了某種消化與調適，從思維轉換的角度看，更便于中國借鑒和利用，他們的著作因而被時人廣泛引進。

與當代學術研究日趨專業化、專門化、專家化的『窄化』道路迥乎不同的是，中國傳統學術崇尚『學問主通不主專，貴通人不尚專家』的通識型治學門徑，處于過渡轉型期的民國學術在不同程度上保留了這種特徵。民國學術大師諸學科貫通一脉，上千年縱横捭闔之功力自不待冗言，外交家著倫理政治史、文學家著哲學史、化學家著戰争史等亦不乏其人，民國專題史研究呈現出開放、融通、跨界撰述的特點。與此同時必須看到，自晚清以來，中國的命運就在外侮屢犯、內亂頻仍的窘境中跌宕彷徨，民族存亡仿若命懸一綫。這股以創建學科、總結經驗、解決問題爲指歸的專題史出版風潮背後，包裹着民國學人企望以西學爲工具拯民族于衰微的探索精神，及以學術救亡的愛國之心。梁任公曾言：『史學者，學問之最博大而最切要者也，國民之明鏡也，愛國心之源泉也。』這種位卑未敢忘憂國的歷史使命感和國民意識是今人無法漠視和遺忘的。

『民國專題史』叢書收録的範圍包括現代各個學科，不僅限于人文社會科學，學科分類以《民國總書目》的分科爲標準，計有哲學、宗教、社會、政治、法律、軍事、經濟、文化、藝術、教育、語言文字、中國文學、外國文學、中國歷史、西方史、自然科學、醫學、工業、交通共19個學科門類。本叢書分輯整理出版，內不分科，單本發行，方便讀者按需索驥。既可作爲大專院校圖書館、學術研究機構館藏之必備資源，也可滿足個人研讀或興趣之收藏。

與目前市場已有的一些專題史叢書相比，『民國專題史』叢書具有規模大、學科全、選本精、原版影印的特點。本叢書選目首重作者的首創、權威和著作影響力，尤其注重選本的稀見性。所謂稀見，即建國後没有再版，且多數圖書館没有收藏，或即便有收藏，也是歸于非公開的珍本之列予以保存，普通讀者難以借閲。部分圖書雖有電子版，但作爲學術研究的經典原著讀本，紙質版本更利于記憶和研究之用。本叢書精揀版本最早、品相最佳的原版圖書作爲底本，因而還具有很高的版本收藏價值。

『民國專題史』的著作是民國學者對于那個時代諸問題之探究，往往有獨到之處，無論其資料、觀點短長得失如何，要之在中國現代學術史的構建與發展進程中，自有其開宗立論之地位。

序

最近五年間，著者在北京大學講授『政治史及外交史』爲學生聽講之便，曾採集西史中主要資料，編爲講義大綱，印給學生。其關於外交史之部分，歷年有所增訂，粗具系統；茲以刊行，一則以省學校特別印刷講義之繁，一則以供校外有志斯學者之用。

本書的資料，多取自英法文中專門著述；其中尤以 Debidour 的 Histoire diplomatique de l'Europe, Andrews 的 Historical Development of Modern Europe, Mowat 的 History of European Diplomacy, Seymour 的 Diplomatic Background of the European War, Marriot 的 Eastern Question 及 Gooch 的 Modern Europe 諸書，爲近代外交史參考之良本，爰特別舉出，以介紹於讀者。

民國十六年七月三日著者

導言

外交史的範圍　欲定外交史的範圍，應先明外交的意義。何謂外交？依薩道義(E. Satow)所下之定義，外交是應用智略處理國家相互關係。(Diplomacy is the application of intelligence and tact to the conduct of official relations between the governments of independent states, extending sometimes also to their relations with vassal states.)。如是則外交實含有兩個根本觀念，即『智略之使用』和『國家相互關係』。前者構成外交的手段，後者構成外交的對象。前者是術的問題，後者是事實的問題。凡稱外交史，自當並敍外交智略之應用，與外交關係之事實經過。換句話說，真正之外交史，必須將外交策略與國際關係事實，同時並敍，多少求得因果關係於其間。國際關係雖不一定是人爲的外交手段所造成，然謀以外交手段影響國際關係，究是國家交際上通有之現象。名爲外交史之專史，當然不能不兼及此兩層。現在我們可以爲外交史下一個定義：

外交史者，屬於政治史之一部分，所以明國家與國家間關係之變遷，而示其關係變遷經過中各國政府所爲之活動與其所使用之手段者也。

外交史與政治史之關係　由上述之定義，可知外交史與政治史有密切之關係。外交原來屬於國政之一部。在英美著述界，向來缺少所謂外交史之專史，而學府中亦罕見特設外交史之課目。欲識外交關係之變遷，惟有於政治史中求之。將外交從政治史中分出作專史研究，以法國爲最。法人圖比都（Debidour）所著之歐洲外交史（Histoire diplomatique de l' Europe, 1891），可說是此種大著述之創舉。現在法國學府中，已將外交史列成專科研究。（如巴黎大學及巴黎政治學校，均有外交史講座。）日本之有外交史專門著述，及在大學中設外交史講座，殆卽沿法國之例。其餘諸國大都以外交史併在政治史中敍述。此雖由於關於外交關係之研究，一般的不甚注意，而外交之與政治史實有極密切之關係，則亦不可否認。外交旣同屬於國政，當然不能離開其他政治關係，單獨運用內政政策，多少總影響於一國外交方針。研究一國外交而漠視其內政狀態，未有能免於片面的觀察者。法國在七月君政之下，較之在一九五二年拿破侖政府之下外交傾向自大不同。在自由黨政府下之英國，與在保守黨治下之英國，對於歐洲事情不必持同一之態度。畢士馬克治下之普魯士與哈丁堡治下之普魯士，在歐洲外交上之言論與行動，不能說是相同。安得息支配的墺匈聯合政府之對外勢不能與梅特涅治下之墺大利，有同一之計畫與目的。國無大小，鮮有內政上之變動改革，在其對外關係上不發生反響者。所以研究外交史者有兼顧政治史之必要。

外交史與國際法之關係　外交史所敍述，尤其是關於術之一面，易言之，卽關於外交手段之一面之敍述，常與國際法上之討論爲屬於同種之事件，使用同一之名詞。例如外交談判，締結條約，與宣戰講和諸事，爲外交史上之主要事件，而此類事件，則包括國際法上之主要材料。所以廣義的說來，外交史常有與國際法混同之形，兩者之領域，具有共同之點甚多。不過其着眼點不同，一則自法理之方面着眼，一則自史實之方面着眼：其一所以示規律外交行動之現行的原則，其他則所以敍述外交行動之過去事實。

研究外交史，不可不兼顧國際法。國際法爲國家與國家間關係之行爲的規則，近世外交至少表面上以循國際法行動爲原則。（在一八一八年之耶拉什丕爾公會 Congress of Aix-la-Chapelle，俄，普，英，墺列强共發一宣言，承認萬國公法爲一切國際關係之根據，彼此誓願將來一律照公法規則行動。）然則不考究國際法原則，有時於當時之外交行動之意義難於說明，并且無以爲批評各國外交，測驗國際道德進步之標準。

研究國際法，亦有考究外交史之必要。國際法之根據，現今一般認爲在於各國家之公認；而此公認，惟於國際慣例及國際約章徵之。欲識國際法變遷之由來，不能不返求諸外交史。外交史正可以供國際慣例之證據，而爲國際約章發生的由來之說明者也。拿破侖戰爭，在海戰法規上，有莫大之影響，姑不具論。卽維也納會議，亦決定有許多國際法問題：國際河流之航行認爲自由；外交使節之等級分爲三等；奴隸販賣宣言廢止。耶拉什丕爾公會承認萬國公法爲國際關係之根據，於外交使節中加辦理公使(Ministre-résident)之一級。有名的孟羅主義，發生於一八二三年，所以抵抗神聖同盟對於南美西班牙殖民地獨立之干涉政策。一八三一年比利時之永久中立，卽爲維持歐洲均勢而定。一八五六年之巴黎公會，立有關於海上法規之巴黎宣言，而土耳其亦依此公會條約加入歐洲公法及國際社會。然則國際法與外交史關係之密切，可以推知。研究外交史正可以輔助國際法研究之歷史的知識。

外交史與他項課目之最有關係者，略盡如上。我們現在可以簡單說明外交史之內容。外交史第一件主要的部分，卽在外交事實，質言之，卽國際關係之種種變遷。蓋歷史之對象，原來以事實爲本，對於一般事實無最小限度的明確的知識，歷史的研究卽缺乏基礎。第二件主要的部分，卽爲事件經過中之外交活動與其手段，及其所生之外交上的效果。兩部分的性質雖截然不同：其一爲外交關係，其他爲外交術，然兩者究屬於同一領域，而常有因果之關係；此固不能分爲兩獨立部分，而當同時並敍者。質言之，外交史之敍述，當就外交舞臺之活動現象，與活動中行使之技能，及其黑幕中主持之計畫，同時明白揭破出來。不過前旣言之，國際關係不一定是外交的結果，不一定是人爲的手段所造成，此外尙有許多原因，根本重要不可忽視者。此等原因，或爲政治的，或爲經濟的，或爲社會的，或涉及宗教問題，或起於思想運動。凡此種種因素，常於國際關係有重大之影響。不過此不屬於外交史之專史範圍，在外交史中只能就其與國際政局上有直接關係之處述及之。

外交史研究的方法 外交史亦如其他歷史然，可以依種種不同之方式研究。驟視之，似最簡單之方法，莫如將引起外交活動之各項重大的國際問題，一一分別敍述。此似最爲簡單，然而細思之，此究非適當的最良的方法。依此邏輯的方法，對一問題，誠能爲澈底之研究，然其同時與他項問題之關係，及其所受他項事實之影響，則將遺漏過去。國際政治之種種現象，亦不是全然單獨的各別的發生，而實彼此常有相互之關係。其次之方法，爲地理的敍述，卽分別敍述列國之外交是。此方法雖亦甚簡單，較能對於各國外交歷史爲明瞭之觀察，然而將列强如俄，土，德，墺，意，法諸國之外交，彼此常互有强度之影響者，置之孤立地位；將政策之實際互相牽涉互相連貫者，視爲全然有別；是實一種偏誤之方式，非能眞明確的了解事實或判斷事變者也。在一個時期內，希臘之革命，西班牙之革命，南美之革命，是相關聯的；而在他一時期，波蘭事件，丹麥事件，德意志事件，意大利事件，彼此之間，有極密切的關係，列强皆同時捲入旋渦中，是爲不可否認之事實。第三個方式，是爲時代的敍述；依此方式，可以將一切有關係之事件，同時研究，而求出其相互關係及歷史的因果。不過時期之分割，亦是一個困難問題。使無一定正確的標準，以分段落，則一時期中，不必能盡包括有關係之外交事實，國際現象，而定其因果關係。所以我們雖認定時代的分類方法，於外交史研究上爲相宜，却認定有對於時代的分割，定一合理的便宜的標準之必要。

分段之標準，可從兩方面求之。其一求之於史實，卽就歷史上最有影響之大事變，構成國際關係變遷之大關鍵者，取以爲各時期分段之界點。其他求之於政治主義，卽取政治主義之支配一時代外交家的政綱，而於國際關係上有大影響者，以爲各時期分段之界點。依第一個標準分段，則近時國際關係，可分爲三個時期：第一個時期從拿破侖戰事後維也納會議起，至普法戰爭；第二個時期從德意志統一至一九一四年之歐戰；第三個時期則從一九一九年之巴黎和會，以至現今。拿破侖戰爭後的維也納會議，德意志帝國統一，及歐洲大戰之三個事變，構成近時國際政治史上三個最大的關鍵。對於拿破侖戰爭擾亂之歐洲政局，維也納會議實當改造之任。德意志帝國統一之結果，將既存之歐洲均勢復行搖動，而造成四十年武裝平和之危局，卒致發生歐洲大戰。巴黎和會收束大破壞後之世界政局，謀於聯治主義之名義下，從新形成一種均勢之局面。依此標準，將近時外交史時期分爲三段，各時期之國際關係，自成一系統，我們因此可以明白國際政治之重要關鍵，而識得其變遷之階段。

由第二個標準分段，則當依十九世紀以來支配國際政治的思想主義，分爲若干時期，而正統主義，民族主義，帝國主義及國際主義之四者，次第供我們以分段之目標。維也納會議之後，歐洲政治支配於神聖同盟及四國同盟之手。此等同盟在政治上所持之原則，是所謂正統主義(Principle of legitimacy, Legitimism)。他們執此主義，到處保護舊王朝，保護各國之主權者，抵抗革命運動。其時列強常干涉二三流國家之內政，爲正統王室及專制政治張目。一八二〇年之特洛白(Troppau)公會，一八二一年之芮巴赫(Laibach)公會，一八二二年之衞洛拉公會(Congress of Verona)，均爲討論此種干涉問題而開；而有名之孟羅宣言，卽爲對待此項干涉而起。從此時以至一八三〇年法國七月革命，其間正統主義臻於全盛，支配歐洲政局。一八三〇年法國革命成功，希臘及比利時兩國之獨立事業亦告完成，正統主義之勢力漸就衰落。迨至一八四八年，專制主義失敗，自由立憲政治勃興於歐洲，神聖同盟之權力，全然傾覆，正統主義一蹶不振。一八五二年，採納民族主義之路易拿破侖稱帝於法，爲歐洲政治活動之中心人物，民族主義得所憑依，代正統主義以成歐洲政治之支配的勢力。墺國與匈牙利之合組爲政合國（一八六七年），意大利之統一，德意志之統一，是爲民族主義之實現。一八七一年普法戰爭終局以後，德意志以一新興之民族國家雄視歐洲，民族勢力膨脹之競爭，演成武裝平和之局面。德意志帝國之建立，可說是十九世紀中一個最大的政治事實。從那時以後，歐洲的國際問題，已不是關於此一國的王位繼承，或彼一國的革命撲滅，甲民族的解放運動，或乙民族的統一完成等項局部的問題；而是新舊國家勢力衝突問題，獨立的大國民對外發展，彼此爭霸之問題。所謂大斯拉夫主義，大德意志主義，大英帝國主義，乃至於未恢復的意大利（Italia irredenta）運動，都是以民族利益的名義，圖達帝國主義之目的。帝國主義可說是民族主義之惡化。帝國主義的勢力衝突至於極點，爆發於一九一四年，而有四年餘的空前大戰爭。在民族競爭，帝國主義發展之全盛期中，同時在他方面漸起有一個對抗的勢力，是即國際主義。在此時期中，世界和平運動，漸露頭角。提倡國際聯治以救民族爭鬬之弊害者，漸增其勢力。一八九九年有第一次海牙平和會議之召集，已經是在國際政治上開一新紀元。自後一般仲裁條約與國際共同行政組織日見發達。一九一四年歐洲戰禍之反動，更以促進平和主義者之努力，而國際政治根本改造之運動，即醞釀於戰爭期中。其結果則在一九一九年之巴黎和會，決定創設國際聯盟(League of Nations)之一種新世界組織，此爲國際主義代替帝國主義以支配國際政治之新趨勢。國際主義今雖尚不能全然佔取民族主義，帝國主義之地位，然其爲二十世紀方興未艾之新勢力，則不可否認。依此考慮，我們可以將近時外交史分爲四個時期：第一個時期始於一八一五年維也納會議，終於一八四八年之革命運動，是爲正統主義時代。自此以後，入於第二個時期，以至於一八七一年德意志帝國成立，是爲民族主義時代。第三個時期包括從一八七一年至一九一四年歐戰期間的歷史，是爲帝國主義時代。第四個時期起自一九一九年之巴黎和議，今尚在繼續中，我們可視爲國際主義時代。依此項分段方法，我們可以識得一個時期中支配國際政治之主動力，而可於錯綜紛糾之國際事變中尋出一個系統。

上述兩個歷史的分段標準，雖從兩個不同的見地着眼，然而固非截然不相容者。我們如採用後一個標準，既可得其特有之長處，同時亦可兼有前一個標準之便利，蓋依時代政治主義分出之四個時期，與依前項國際大事變分出之三個時期，彼此分段固有交接之點，有共同的特徵。依事變分段，從維也納會議至德意志統一之全時期中，可說是正統主義與民族主義爭鬪之時期；而從德意志統一至歐洲大戰及其以後，是爲民族主義，帝國主義，與國際主義對抗之時期。所以我們研究外交史，主採用時代的敍述方法，而依政治主義分段，將近時外交史分作四個時期敍述。現在我們所講述者當然限於前三個時期：第四個時期，卽國際主義時期，則今方開始，且關於最近的政治事情，不容易得到正確的史料。

近世國際政治以歐洲政治爲中心。歐洲外交向爲世界政治之主動。因爲美洲有力之美國從前以不與聞外事爲主義；其他各洲國家文明富强之度，遜於歐洲國家，不能積極的活動於國際政治舞臺，與歐洲國家並駕齊驅，反而常供歐洲國家的逐鹿場。所以講外交史，以歐洲外交爲研究的中心點，由此點出發，並及於世界全局政治關係，實爲當然之事。不過卽言歐洲外交，其主體亦不外諸强國；殆則維也納會議後，有俄，墺，普英四國主持歐洲政治；後來次第加入法意共爲六强，（最後國際政治由歐洲的擴張爲世界的，加入美國日本，）主持歐洲政治。其他二三流國家，政治上居於被動地位。故欲明歐洲政局之變遷，要在研究諸强國之外交而於二三流國家之外交，則惟於他們加入外交談判中，或其問題牽涉全歐時，始特別述及之。

目次

第一編 正統主義時代

第一章 維也納會議與歐洲政治改造

第一節 拿破侖與歐洲政治

拿破侖戰爭及於歐洲政治之影響 拿破侖戰爭結果，歐洲地圖臻於簡單。在拿破侖權力之下，中古遺物，封建勢力，一掃而空。中歐許多封建諸侯失其領土，併合於新政治組織之下。從前錯綜紛糾之歐洲政治區畫，始有一個比較明瞭的統系。拿破侖的壓制，激發歐洲的民族觀念。拿破侖戰爭之末期，具有民族戰爭的色彩。一八〇八年開始的西班牙戰事，構成所謂『半島戰爭』(The Peninsular War)及一八一三，四年的戰役，通稱爲『解放戰爭』(The War of Liberation)者，皆是一種民族自覺的反抗運動。

拿破侖失敗時之歐洲形勢　拿破侖一經失敗，全歐邦土組織根本推翻。所有從法蘭西大革命戰爭以來合併於法蘭西之土地，及由拿破侖新組織的國家之土地，皆失其主權者。攻擊拿破侖之同盟國家，（一八一三年普墺背棄拿破侖加入英俄方面組成四國同盟，）操持歐洲政權，對於此等土地之處分問題，急須解決。維也納會議，即具有劃分土地，改造歐洲政治之任務者。

第二節　維也納會議之召集

第一次巴黎條約　同盟軍攻入巴黎（一八一四年三月三十一日，）拿破侖被逐於易爾巴（Elba）島之後，同盟諸國結有第一次巴黎條約（五月三十日）。關於拿破侖戰後歐洲善後問題之比較的易於解決者，已在此條約中協定。法國包本（Bourbon）王朝恢復。法蘭西保有一七九二年之國境。於阿連基王室之下，建設一列色蘭（Netherlands）王國，並約擴張其領土。德意志成一個聯合組織。瑞士獨立，並定爲永久中立。意大利之諸君主國家復舊。

此外尚有關於共同利益的問題之協定。最重要者爲關於國際河流之協定：萊因河宣告航行自由；些爾德河(The Scheldt)亦宣布開放(依同日簽字之密約。)

巴黎條約雖然重要，不能處分歐洲一切問題。比較的重大困難的問題及已經協定的事件之細則，委諸特別召集之一個會議，是卽有名的維也納會議。

維也納會議之性質 巴黎條約規定：『凡加入戰爭之國家，不論在何方，均當於兩個月內派遣全權代表赴維也納開大會議決一切完成本條約規定必要之協定。』是明明招請歐洲一切國家公開會議。但同盟國家另以一祕密條文，保留決定基本條件之權：關於法蘭西遺棄的邦土之處分及歐洲均勢關係之確定，當依此等基本條件以行。同盟國家，預定分劃計畫，維也納公會所存的事，不過是就列强彼此已經協定之基礎加以規定，易言之，卽登記同盟國家之裁決而已。

維也納會議，亦不是一個和會(Peace Conference)，因爲同盟國家已與法國結有巴黎和約，平和已經成立。

第三節　維也納會議之形勢

會議中之人物　巴黎條約雖定於兩個月內開會議，但歐洲國家之代表於一九一四年九月始齊集於維也納。除通常外交大使外，君主躬親與會者亦多。到會君主中之重要者爲俄，普，墺三國君主，而尤以俄皇亞力山大(Alexander)一世最有名。外交大使中之重要人物，爲英國之加斯列里（Castlereagh），惠臨呑(Wellington)，普魯士之哈丁堡（Hardenberg），墺國之梅特湼(Metternich)及法國之塔列蘭(Talleyrand)。其中尤以塔列蘭爲最有手腕，最活動。

法國代表塔列蘭之政策　塔列蘭原爲法國君政時代之一僧正，被選入全級會議，主張改革教會事宜，不容於教會，投身政界。在拿破侖時代任外交重職。他後來通款於王黨，主張復辟；拿破侖敗後，路易十六世之弟入承法國王統（路易十八世）卽賴他之力。塔列蘭爲法國新君主政府之外務大臣，於第一次巴黎條約之締結，躬當交涉之任。他代表新敗之法國，出席維也納會議，其地位之不利，活動之困難，可以想見。然而他卒能發揮老練外交家之本領，在維也納大施活動，以增進法國利益，實令世人驚佩，而可爲弱國外交之模範。

有名的正統主義(Legitimism)，卽塔列蘭所倡行。所謂正統，不但是指帝王之正統，且並指政府之正統，此項政治主義，自然合於當時畏懼革命思想之舊式的政治家外交家的心理，容易爲他們所採納。包本王家之復承法國王位，卽此主義之第一次的應用。塔列蘭在表面上爲正統主義爭鬭，爲某某特定王室之固有權利說話，實則他的意中不過利用正統主義爲政治上便利的套語，以增長法國之利益而已。

塔列蘭之活動 俄，墺，普，英四强代表將維也納會議看做單是碩蒙同盟(Alliance of Chaumont 一八一四年三月一日）之繼續。他們協定不許法蘭西，西班牙或其他任何次等國家之代表參加討論：一切決議，全由同盟國家行之。塔列蘭以其與巴黎條約召集此會議之條文相反，表示抗議，卒使法蘭西代表實際得參加討論，與同盟國家立於平等地位。此是塔列蘭外交活動成功之第一步。塔列蘭既將新被征服之法國地位提高，第二步卽行使其外交本領，實行他的正統主義，挑撥同盟國家相互間之爭執。在此兩層，他皆成功。他在會議中，始終一貫的擁護所謂正統主義，其實都是全爲法國利益起見，具有一種自利的外交作用。他利用薩克遜（Saxony）處分問題，破壞四國同盟；他堅持恢復列普耳王位爲法蘭西增一與國；他贊成瑞士永久中立，以固法國國防。卽如比利時之聯合於荷蘭，吉諾亞（Genoa）之合併於薩地尼亞（Sardinia），雖是直接對付法國的用意，然而他表示同意，亦是以爲如此較於法國有利。就全體觀之，塔列蘭在維也納之活動，於法國外交上可說是大成功。

此會議是否眞是一個『公會』？　維也納會議名爲公會（Congress），其實此所謂公會者，始終未正式開會：無所謂動議，亦無所謂表決。一切問題之決定，均先由俄，墺，普英四强先行協定（形式上容法國及西班牙有建言權，）而後以其結果强次等的國家承認。同盟國家雖以塔列蘭之抗議，改定十一月一日正式開會，而卒未踐約。所以當時在維也納雖覩歐洲全體代表之會集，而不見有所謂公會。關於會議的各問題之決定，由各關係國家代表分別簽約；此等特別條約，最後合成一總約，是卽所謂維也納公會條約（L'acte final du Congrès de Vienne 一八一五年六月九日。）維也納會議主要之機關，爲所謂八國委員會。此委員會之設立亦出自塔列蘭之發意。塔列蘭於要求正式開公會之時，同時卽要求設立一委員會準備議案，以便公會議決。他的用意，卽在將小國團結在法蘭西方面，以抵制同盟國家。八國委員會之組成分子，爲俄，墺，普，英四同盟國代表，及同簽巴黎條約之法國，西班牙，葡萄牙，瑞典四國代表。但是此委員會亦是一個名義上的機關，同盟國家始終漠視之。

同盟各國之特殊利益 英國最注重之事，是在鞏固並擴張其海軍及商業的優勢。英國心目中認定法俄兩國是他的障礙物，竭力謀所以打消其勢力。擴充荷蘭及普魯士的領土以抵制法國；擁護墺大利在波蘭的權利以牽制俄國；維持墺大利在意大利半島的勢力，以抵制法國勢力；此是英國外交的大方針。英政府對歐洲大陸的政策，在確立均勢之局。

在列強中，墺國之利益最與英國接近。墺政府亦以抵制俄法為主眼。對於法國，始利用荷蘭，繼利用德意志同盟以抵制之。在意大利取得支配權，力謀杜絕法國勢力之再侵入。至於對付東境之俄國，則反對其支配波蘭。墺英兩國政策於此全然一致。但說到普魯士關係，則梅特涅與加斯列里意見不復相合。墺國固不願俄國支配波蘭，亦更不利於普魯士佔有薩克遜。墺國寧願使普魯士取回其固有的波蘭一部分，擴張萊因河方面領土，而保全薩克遜王國不動，如此在西方可以抵制法國。至於德意志同盟之支配權，墺國決不願與普國平分，自不待說。如此則墺國對於俄，普，法方面均有防衛；他支配意大利，德意志，而保全巴爾幹半島，自居爲改造歐洲的柱石。

俄國之計畫，根本的與墺英兩國之政策相反。俄皇亞力山大自以爲在拿破命戰爭中所受的犧牲已甚大，今關於戰後土地的分配，復表示在列强中作一個模範：他別無所要求，惟在將瓦塞大公國及其餘舊波蘭地方合置於他的統治權下。俄皇是薩克遜王之仇敵，而與普王親善，不但不反對普國要求薩克遜，並且熱心贊助之。自他視之，波蘭與薩克遜兩個問題是相關聯的。他謀利用普魯士，波蘭王國及法國在意大利勢力，抵制墺國。他在東歐得勢，注其全力向近東發展，不利於英國，土耳其帝國之覆滅，是他祕密的願望。

普魯士之勢力遠遜於俄，墺，英三强，但他極活動而有野心。普魯士暗中謀長德意志霸權。他對於法國視爲世仇，深懷忌恨；他以爲一八一四年五月之巴黎條約，對法國太寬，自願當監視法國之任。他要求薩克遜以爲抵制墺國之地步；爲取得此邦，寧願全然拋棄其所有的波蘭地方。他不願其他德意志各邦增加勢力，他謀在德意志同盟中與墺國爭勝。他因爲實力不足以抵抗其敵國，乃追隨俄國之後，與之共行動。

在維也納開會之時，同盟四强對於改造歐洲之政策不一致。但他們至少有一共通的觀感：就是他們是最强的；歐洲在他們的掌握中，他們可以自由處分之。列强的意見衝突，是顯而易見的。對付他們的政策之正當的反抗，亦有發生之勢。利用其一而伸張其他，以收勝利，則有賴於法國代表塔列蘭之外交手腕。

法國到會的計畫 依法國國王授與塔列蘭之訓令，法國力謀於德意志保全薩克遜王國，以阻止普魯士之增大。對於俄皇的波蘭計畫亦須加以阻害，因爲此問題是相聯的。而在他方面，則援助墺國及其在德意志之與國，尤其是巴威利亞。法國在德意志雖然與墺政府主張一致，而在瑞士及意大利，則須以法國勢力抵制之。在意大利保護薩瓦(Savoy)王室，及包本王室。（當時包本王室要求帕瑪

Parma，塔斯加尼Tuscany及烈普耳王國。）尤其是關於烈普耳之王位，法國堅持以菲地蘭四世(Ferdinand IV)代麥拉(Murat)。（麥拉爲拿破侖之大將，娶拿破侖之妹一八〇八年繼拿破侖之弟若瑟之後，封爲烈普耳國王。）至於英國，法國愼防墮其計中，但有時須謀與之接近，而力求釋其疑忌之念。

第四節　維也納會議之成績

維也納會議之問題可大別爲四部：（一）依正統主義回復統治者及政府之原位；（二）重分被征服的土地，協定補償；（三）改造德意志；（四）決定各項經濟上商業上問題。

一．回復舊政府問題　此項問題，易於解決。路易十八世之復法國王位，已爲正統主義之第一次應用。同盟國家承認辟斯七世(Pius VII)復教皇位，菲地蘭七世復西班牙王位。耶瑪留(Victor Emmanuel)復薩地尼亞(Sardinia)王位。此外，瑞典君主，德意志出亡諸侯，漢洛瓦(Hanover)王室，塔斯加尼王室，荷蘭王室，葡萄牙王室均各回復原位。瑞士宣告爲獨立，永久中立國。烈普耳之菲地蘭四世立爲雙敍敍利(Two Sicilies)國王，稱菲地蘭一世（兼有烈普耳與敍敍利。）墺國原有維持麥拉地位之義務，但梅特湼以爲有一拿破侖黨在意大利立國，於墺國在半島之勢力發展有妨害，主推翻麥拉。如是則關於王朝一事，拿破侖所施行之重要的變更一概不許存留；在歐洲所有僭篡的王朝，一掃而盡。

二土地分配問題 說到土地分配之問題，其解決卽不如是之簡單容易。在會議中以此爲最難的問題，引起種種的嫉忌仇視與衝突。關於諸主要國家戰時佔得的土地之分配，問題較爲簡單，因爲先已有條約協定。俄國保有芬蘭，倍沙拉比亞及波斯邊省；墺國保有倫巴多威尼沙(Lombardo-Venetia)，剔洛耳(Tyrol)，薩仔堡(Salzburg)，及理希顚斯太因(Liechtenstein)；巴威利亞國保留安斯巴赫(Ansbach)與倍勒特(Baireuth)；普國回復一八〇六年以前原有的地位，以外尙獲得琉堅(Rügen)島及瑞典的坡米拉利(Pomerania)。

第二類分配的土地，包括着加給恢復的國家之土地，其目的在維持均勢，防禦法國。依巴黎協定，荷蘭領土當擴大比利時諸省歸阿連基王室統治；如是則將兩個人種宗教及經濟利益不同之民族，併合於一王室主權下，爲將來紛爭之因。瑙威合併於瑞典；吉諾亞（Genoa）併入薩地尼亞王國；後項處置，意在造成一强有力之薩地尼亞王國，以抵制法蘭西勢力侵入意大利。但是法國代表塔列蘭亦贊成此舉，以爲如此在意大利北部建立一個强大國家，可以防制墺國勢力之南進。對於原有之瑞士十九州，新加日內瓦（Genève），洛奢湯耳（Neuchâtel）與瓦芮（le Valais）之三州。此等分配皆是預先協定的結果。

至於第三類的土地分配問題，則大引起同盟國家之激烈的爭執。波蘭與薩克遜爲爭論之中心。波蘭曾由拿破侖建爲瓦薩大公國，薩克遜始終附和拿破侖，今皆當由同盟國處分。俄國要索瓦薩大公國，以便建成一波蘭王國，受俄國保護；普魯士要求薩克遜全部以償其在戰時所受之痛苦與損失。但是其他各國深慮普魯士膨脹於德意志中原，俄國擴張西方境界，有害歐洲均勢，不願承認此兩國之要求。爭論結果，俄皇卒讓步；波蘭問題乃平穩解決，而立一瓜分之協定。俄國分得最大部分，其西境因之擴張到上次歐戰前之境界，普國雖失其第三次瓜分波蘭（一七九五年）所得之一部分，但所得已足構成一優勢之東方國境；墺國獲得加里西亞（Galicia）及以外一小部分地方；克拉科（Cracow）定爲一自由獨立中立的地域。公會聲明波蘭人在俄，普，墺治下應享有代議的國民的政制。

薩克遜問題更難解決。公會之和衷共濟的精神，在波蘭問題討論中已被擾亂，而在薩克遜問題之討論，則全然破壞。塔列蘭之外交本領，亦正好在此時發揮。他知道俄普兩國取一致行動，乃謀聯絡英墺，使與法國意見一致，維持薩克遜王國，回復其故主。英國初贊成併合，意在於北歐建一强國，抵制俄國侵略勢力。墺國亦不是絕對的反對，不過梅特涅對於許多德意志愛國志士欲併合此邦以成德意志統一之希望，不表同情。假使普魯士先不拒絕與英墺共同反對俄國併合波蘭的計畫，形勢容或不同。西方列強恐俄國勢力增強，極欲使普國脫出俄普同盟。一旦普俄開始取一種強橫態度，而他們在一八一四年十一月立有新協約之消息傳出，塔列蘭乃利用此機會，組織法，英，墺三國祕密同盟，各約出兵十五萬以抵制俄普之野心。塔列蘭於此獲得外交上最大的勝利。此新同盟滿足塔列蘭之願望，完成法蘭西之勝利。新敗之法蘭西一躍而與歐洲兩個頭等國家結成同盟；其下尙有三個次等的國家，卽巴威利亞，漢洛瓦，薩地尼亞，與之共行動，而其他國家尙有陸續加入同盟之勢。從碩蒙條約以後，不到一年（一八一四年三月一日到一八一五年一月三日），法國成爲對抗加利什條約（Treaty of Kalisch 一八一三年二月二十七日）簽字者之一個團結的中心及其主宰。但是塔列蘭的外交熱心發揮過度。此項同盟之利益，與其說是實際的利益，毋寧說是表面的利益。失去俄國友誼，於法無利。并且塔列蘭缺乏政治上先見之明，因爲他的堅持，且得墺國贊助的結果，薩克遜問題乃依調和之法解決。薩克遜王復位，但是薩克遜國土畢竟分裂，普國取得其全土之約一半，留給薩克遜以其餘的部分，而取償於萊因河附近土地。因爲此新領土接近法國國境，普國乃因公會此舉，成爲萊因之天然的監護者；其結果普魯士由一個東德意志國家變成中央國家。墺國拋棄列色蘭省分，而代以達爾瑪湯亞(Dalmatia)及意大利領土，離開德意志向東南方面發展；普魯士則反之，而向西進，深入德意志中心。普魯士西進運動，始於十七世紀，其後爲拿破侖所阻止，拿破侖謀使普魯士東進，以免德意志統一完成於普魯士主宰之下。西方省分之恢復，是爲拿破侖事業破壞之始。普魯士今茲復歸於以前地位，而且增加領土。

三．德意志改造問題　拿破侖戰事中，德意志土地區畫變動最大，原來國數達三百餘之德意志，至於一八〇三年，已經消滅二百餘國。一八〇六年，神聖羅馬帝國取消，拿破侖就存在的國家，建立許多獨立的主權的王國；他以爲將割據的精神扶植深固，可以爲德意志統一之阻力。渴爾齊特(Tilsit)條約（一八〇七年七月七日）成立以後，拿破侖集有此等國家三十個於其擴大之萊因同盟，維也納會議之改造事業因之臻於簡單。列强承拿破侖之遺業，承認萊因同盟諸國之主權，在巴黎條約中宣言德意志當組成一聯合體。德意志組織問題之討論，原來在一八一四年十一月已開始，後來一受薩克遜問題之波折，再因拿破侖逃回（一八一五年三月）之紛擾，遲至五六兩月，始行議就。對於德意志組織有三個方式：（一）世襲的帝國；（二）强有力之集權的聯邦政府，（三）緩弛的同盟。普魯士及巴威利亞反對帝位之復活，普國代表哈丁堡以爲强固的帝國不免有害普魯士之獨立，軟弱的帝國則又無用。但是强固的聯邦組織是可行的，小國多視普魯士爲適當的領袖。梅特涅反對普國代表主張之强固的聯邦組織計畫，而自己提出一草案，採寬弛的同盟組織之原則，使各國於墺國主宰之下，仍保有其主權。梅特涅之案作爲討論之基礎。普魯士雖不滿意於此案，然見閉會期迫，恐長久討論無結果，遂承認之，而於一八一五年六月八日得全體國家（除達姆斯打特Darmstadt薩克遜兩國外）簽字，德意志同盟（聯邦）遂告成立。此同盟包含三十八國。

梅特湼施行於德意志之政策，適用於瑞士問題之解決，拿破侖失敗後，瑞士十九州，各求獨立。梅特湼利有此形勢，因爲他恐怕統一的民主國家，於墺國爲危險，極力防止瑞士組成此種國家。於是列强承認瑞士各州之完全主權，而依德意志同盟組織方式，組成瑞士同盟。（新加入三州，共爲二十二州。）各州完全有主權，惟不許訂立有害同盟全體或各盟員利益之同盟。

四．國際共同利益問題 維也納會議議及國際共同利益問題，足徵關於人與人的關係，國家與國家的關係的新思想之成長，以二月八日之宣言，英，俄，西班牙，瑞典，葡萄牙，普魯士，法蘭西，墺大利八國，聲明願禁止奴隸販賣。巴黎條約關於國際河流航行自由之規定，擴充到在會諸國所管之一切西方河流。

對於公會之批評 自其好處言之，維也納公會以各國共同的保障，改造歐洲政治，樹立均勢，不得謂非國際政治進步之一徵兆。自其害處言之，土地分割，政治組織全依君主或政府之利益以決定，不顧民族的情感，不容納自由主義。比利時之兼併於荷蘭，瑙璥之併合於瑞典，波蘭之分裂，德意志同盟之組織，皆是爲王室之利益而非爲民族之利益。對於意大利之統一希望，置之不顧。是皆足爲後來歐洲紛爭動亂之原因。

第五節　第二次巴黎條約

拿破侖之逃回法國　維也納會議進行中，拿破侖忽從易耳巴島逃回法國（一八一五年三月），他之捲土重來，一則因爲知包本王朝之不洽民心，一則聞在維也納會議的同盟國家內部不和。

列強之一致對付拿破侖　維也納公會得拿破侖逃回消息，一致決議認他爲法外之人，爲擾亂世界的分子，聲罪致討：他們並約定保護法國國王或其他被攻擊之政府（三月十三日）。同時公會對於會議問題，努力進行。公會條約於六月九日簽字簽字者爲組成委員會之八國；其他國家則令其加入條約。

和議之情形　英將惠臨呑解除公會代表職務，出任拿破侖討伐軍總司令，與拿破侖戰於比利時境內滑鐵盧（Waterloo）之役，英普之軍大敗拿破侖（六月十八日），其結果則拿破侖被逐於聖赫列拉(St. Helena)島同盟國家重議處分法蘭西之條件。他們對於佔駐地方要求賠款諸事，均表同意。但是對於割讓領土之問題意見不合。普墺兩國，直接受侵逼，主張對法國課以苛酷條件，甚至普魯士要求割讓阿爾沙斯羅連兩州（l'alsace et la Lorraine）。俄英兩國只主佔領要塞，不主割讓領土，墺國卒亦贊同俄英主張，普魯士一國遂無力貫澈其要求。其結果則採一折衷辦法，令法國將薩瓦地方交給薩地尼亞，並讓出幾個邊塞；於是第二次巴黎條約成立（一八一五年十一月二十日）。

法國之損失　所謂百日戰爭(War of the Hundred Days)，質言之，卽拿破侖回法之一舉，致法國受莫大之損失。除法國國境有減損以外，尙須交賠款七萬萬法郎；每年另支出五千萬法郎爲駐防法境之聯軍兵費。（兵數十五萬人，駐防以五年爲限）拿破侖自歐洲各國奪來的美術品，概須退還。而同盟國軍隊，尤其是普軍，在巴黎之橫暴掠奪行爲，給法人以物質上精神上莫大的傷害。

第二章　維也納會議後之歐洲政局

第一節　歐洲之新形勢

由紛亂入於平和時代

維也納會議條約簽字（一八一五年六月九日），拿破侖送往聖赫列拉島（八月十五日），第二次巴黎條約簽字（十一月二十日），歐洲政治史上之一個重大時期，於以完成。此時期爲一極多擾亂而富於活動之時期。過此以往，卽入於一個平和時期。平和繼續四十年；在此時期中，維也納會議造成的局面大體維持；國際關係尙無劇烈的變動。

均勢局面

維也納會議，重建歐洲均勢的局面。此均勢由五强維持之，在西方有英法，在東方有俄，墺，普。此五强無一有支配全歐之力，或敢單獨挑戰者。均勢維持幾半世紀。此兩團國家之中間，有一中央部分，分成若干小國，卽德意志諸邦，意大利諸邦，荷蘭，瑞士是。墺國支配分裂之德意志意大利，無志於膨脹，而利於維持此分裂狀態。俄國合併從前隔斷俄國與歐洲之邦土，舊波蘭國惟餘一克拉科(Cracow)，立爲共和國。瑞典失去芬蘭及坡米拉里，退到斯干地那維亞一隅。土耳其帝國屏於歐洲公法之外。

政治上的中心人物　歐洲政治支配於英，俄，普，墺，法五强之手。他們的外交方針，均由政府主持。但法國政府注全力於內政；英國保守黨內閣以維持現狀爲主義，對於大陸事情持消極態度；普魯士王畏縮遲疑，不能取獨立的行動；他們在當時歐洲外交上均居於被動的地位。惟有俄墺兩國政府，在外交上爲主動的，而能以其政策加於他國。操持歐洲政局的中心人物，是俄皇亞力山大一世與墺相梅特涅兩人，而尤以後者實際上的勢力爲大。

第二節　亞力山大與梅特涅之競爭

亞力山大之人物政見　俄皇亞力山大與梅特涅同爲外交上中心人物，他們兩人性格政見大不相同。他們在維也納會議後之歐洲外交舞臺，彼此爭勝。

亞力山大是一溫和而富於感情之人，宗教思想甚深，頗重人道主義。他對於當時的自由主義立憲運動表同情，他不僅維持法國之立憲政治，並且自己給波蘭一個憲法（一八一八年一月）。

梅特湼之人物政見　梅特湼是一個冷酷無情的外交家，頭腦頑固，心目中只有政治的利益。他的政見以保守現狀爲原則，反對一切改革。他爲一切革命運動之仇敵，他篤信專制的貴族的君主政治，而視憲法爲革命的工具。

政策衝突之點　亞力山大與梅特湼主要的競爭處所，在關於歐洲各國內政的組織。亞力山大贊助自由立憲黨，梅特湼則反對之。俄墺兩國在次等國家的代表，常關於其國政治競爲種種陰謀暗鬬。亞力山大對於德意志南部國家，對於意大利，西班牙常自居於憲政保護者之地位。此外關於東方事情，彼此亦有利益的衝突。亞力山大向對於東方懷抱侵略之野心。他曾與拿破侖約定，以西方歸法國，而自己在東方保有行動之自由。他已佔得土耳其之一部地方倍沙拉比亞

(Bessarabia)，他在維也納會議，不承認土皇得與歐洲各國君主立於同等地位。梅特涅則深慮亞力山大又與法國聯結，復行其東方侵略計畫，有害墺國地位。於是在東方之利益衝突，成爲俄墺關係之致命傷。

第二章 神聖同盟

第一節 神聖同盟之意義

維也納會議後之歐洲國際社會 維也納會議後，歐洲國際社會表現一個新組織。歐洲已非若在十八世紀時代一團結束緩弛的國家競謀維持均勢，他實已形成一個聯合組織，支配於四大强國（加入法國共爲五强）之下，保障歐洲平和。在那時候，歐洲政治由列强公會支配之，公會之責任，依梅特涅之解釋，不僅在干涉國家和國家間之關係，並且干涉國家之內部生活。公會依此解釋，要求實行干涉各國內政，以保全公共安寧，保障條約及維也納會議樹立之正統主義。

亞力山大與神聖同盟 在此時代，列强之聯合組織，一般以神聖同盟(Holy Alliance) 之名代表之。實則此同盟名過其實。神聖同盟係俄皇亞力山大之事業。亞力山大當時以自由主義之帝王自命，而受宗教之感化甚深。他思以耶教主義應用於歐洲政治。因於同盟國君主離巴黎之前，提出一種正式的宣言，做列强政策之一個共同表示。此項宣言（一八一五年九月二十六日）以俄，普，墺三國君主之名義，送交各國簽字，所以有神聖同盟之名稱者，因其帶有半宗教的性質。世人將此同盟看得極重大，實則發起此同盟之俄皇自己既無明確之觀念，而宣言中亦不能尋出特別深長之政治的意味。

神聖同盟之內容　神聖同盟之宣言，包含一個前文及三個條文。其前文說，俄，墺，普三皇鑒於過去三年之事變，深覺有依耶教真理處理他們相互的關係之必要。第一條，約定三國君主常相援助；第二條，勸令他們的人民實行救主的教義；第三條，邀請列國贊成此宣言。

神聖同盟之範圍　亞力山大提出宣言，首先徵交普墺同意。普王弗列得力克威廉卽時贊成，梅特涅則竊笑其無意味，然而卒亦勸墺皇簽字，一則因爲他正有心利用俄皇，不欲逆其意；一則因爲他想後來利用此神聖同盟以達他自己的目的。俄，普，墺三國君主發出此共同宣言。歐洲國家除英國，土耳其，及羅馬教皇外，全體簽字。

同盟之實力 當時歐洲國家統治者，恐除俄皇亞力山大自身及普王弗列得力克威廉以外，未有重視此宣言者。神聖同盟對於列強的團結，多少與以强力；除此以外，則可說無直接的效果。世人將神聖同盟，視爲專制魔王的團結，代表後來對於自由運動之種種干涉手段，壓制主義，不免誤解神聖同盟之性質，將神聖同盟的主義與梅特湼的政策混作一談。

第二節 四國同盟與歐洲政治

四國同盟之締結 列强支配歐洲政治需要一個正式的協定，此協定成立於一八一五年十一月二十日。其時英，俄，普，墺四强在巴黎結一同盟條約，其性質大異於神聖同盟之宣言。此條約爲後來歷次公會召集之法律的根據。在此條約中，英，俄，普，墺四强決議將碩蒙（一八一四年三月一日）維也納（一八一五年三月二十五日）兩盟約所立之原則應用於平時。依此條約，四强約定（一）護擁同日簽字之對法和約（第二次巴黎條約）；（二）如果任何一方被法國攻擊，當以六萬人相助；（三）於一定的時期常開會議，協議共同利益問題，討論維持歐洲平和之手段。此條約比之神聖同盟之宣言，如何的明確切實，不難看出。四國同盟乃所謂歐洲協調(European Concert)之創始。

列強政策之紛歧　四國盟約中並未協定他們將來所取之政策。關於政策問題，列强主張殊不一致，很難望於公會中表示和衷共濟的態度。俄國向來與英墺的態度反對，梅特涅之所以加入神聖同盟，即爲緩和俄國的情感，而梅特涅此舉卒見成功。

梅特涅的操縱手段　由一八一四年至一八二一年外交上最有興味之現象，莫如梅特涅之誘導俄皇於反動政策。梅特涅之成功，雖然就許多處所說，是歐洲自由主義運動之禍害，但是對於歐洲國家，究有一點功績。歐洲需要平和，然爲平和之危害者，不僅是各國內部的叛亂，即列强相互間之不和，亦足致歐洲於紛亂之域。防止此事之發生，即賴梅特涅之力。梅特涅之政策支配歐洲者十年，支配其本國墺大利至一八四八年他自己失敗為止。梅特涅召集公會而為其行動之主宰。他使各國統治者及其大臣知維持平和有和衷共濟之必要；歐洲國家新組織為之强固。

第三節　耶拉什丕爾公會(Congress of Aix-la-Chapelle)

耶拉什丕爾公會之由來　一八一五年以後，第一個試驗歐洲新政治組織及梅特涅的本領之機會，見於一八一八年；當時為法境駐兵撤退問題，開一公會於耶拉什丕爾。據第二次巴黎條約，同盟國駐兵法境，以五年為期，以法政府之請求，列强允早兩年撤兵。此公會即為處決關於撤兵之一切問題而開。俄皇亞力山大原主依維也納公會先例，召集歐洲全體國家到會，但梅特涅鑒於維也納之苦惱經驗，不願再與此多數國家周旋，故其結果，公會只以英，俄，普，墺四國為主體，而召喚法蘭西到會。

公會解決的具體的問題 公會討議之結果，關於外國駐在法國的軍隊之撤退手續，圓滿協定。並且容納法國參加當時公會討議及以後的會議，完成列強之大同盟。耶拉什丕爾條約於十月九日簽字；（簽字者一方面爲英，俄，普，墺四國，他方面爲法蘭西；）十一月四日四强對法蘭西發招入同盟之通牒。十一月十五日公會乃發出共同宣言，表示五强之政治主義，此實爲造成歐洲國家新組織之最後的一步。在此項宣言中，列强宣示他們的目的，在維持平和，保障已經成立之一切協定。他們并且自認遵守萬國公法之原則。他們自認給世界以正義，調和之模範，爲他們對於神及對於其臣民之義務。

四强對法之防備 而在他方面，英，俄，普，墺四强同時祕密的續訂同盟條約，約定如値法國再有革命之變，共同出兵干涉。此蓋鑒於從一八一六年至一八一八年之間，自由運動在法國日盛一日。以懷抱自由主義之俄皇亞力山大至此亦漸懷疑慮，加以梅特涅之危言聳聽，對抗自由革命運動之協定遂成立。法國一經公然正式加入歐洲協調，隨卽與其他列强發揮同等之勢力；而原來的四國，則因爲意大利，南美，希臘問題，關係日漸疎隔。

梅特涅之第一步成功　耶拉什丕爾公會確爲梅特涅政策之成功，公會之主要的結果，在正式宣布維持對抗革命運動之同盟。梅特涅自詡公會成績之滿足，曾謂有此公會的結果，各國愛平和尙秩序之人氣爲之振，而喜新好亂之徒，爲之恐惶。此公會可說是君主對付人民之相互保險，外交官在表面上不承認有意侵害自由，實則他們已經是自由之敵。

第四節　革命運動與干涉政策

革命與反動　在一八一八年至二三年之間，梅特涅力謀將神聖同盟化成實用的團結，使之主宰歐洲政治，納列國於一個固定的政治系統。列强同盟，表面上雖保持溫和態度，而自由派政治家如康寧（Canning）及其他明眼之自由主義的人士，早已知其爲自由之害。一八一八年耶拉什丕爾公會之行爲，雖不見得可以爲確證，然其危害完全實現於後來之特洛白芮巴赫等公會；此等公會召集於一八二〇年與一八二二年之間，所以壓伏列普耳，辟德蒙（Piedmont），西班牙諸地之叛亂者。在此等公會中，梅特涅實爲主宰，其政策對於當時到會的君主最有勢力；意大利與西班牙之革命，適給梅特涅以聳動亞力山大改變政見之機會。一八二〇年是一個富於革命之年：一月一日西班牙兵變，要求一八一二年之憲法；七月二日同樣的叛亂起於列普耳王國，亦要求一個憲法。

特洛白公會　特洛白公會（一八二〇年十月二十五日開會）爲處分列普耳國之革命事件而召集。列普耳王國之革命，直接關係墺國利益，墺國政府準備出兵，以履行其保護意大利治安之義務；但法國不欲墺國獨自居爲意大利之主權者，向其他各國提議共同干涉。俄皇贊成此議，因決定有五強公會之召集。

在公會中，梅特涅主張實行干涉，回復專制政體。俄法主與列普耳王先開談判，消除憲法中之革命主義的色彩。英國反對一切干涉，自他視之，列强只許保障歐洲國家之領土均勢，而不得干涉內政。故當時國際政治上分爲兩大派：墺國爲干涉派之領袖，英國持非干涉主義。

在此公會中，俄墺普三國發出一共同宣言（一八二〇年十一月十二日）。對於此共同宣言，英法兩國拒絕簽字。俄國之簽字，則梅特湼說服亞力山大之力。在此宣言中，他們主張凡值一國政府因叛亂推倒，他們對於此國家有取共同自衛手段之權利；他們決定不承認由革命樹立之政府；他們的唯一的志願是在保持平和，脫歐洲於革命之禍。此是將干涉主義正式認爲歐洲的公法。爲實行此主義，公會許梅特湼派兵入列普耳，如是則英法兩國雖不贊同，公會之行動，已較耶拉什丕爾公會更進一步。他們承受梅特湼之信條，以爲凡依法成立之政治組織，必以共同行動保護之，至於權利正義或是朝廷或君主之性質如何，皆所不論。神聖同盟之帝王雖說誠心防免無政府狀態發生之危險，然他們的制度必至阻害一切政治的進步，甚至激發亂事，則亦不可否認之事實。英國代表加斯列里力闢干涉政策。

芮巴赫公會　在特洛白公會中，列强決定干涉政策，拒絕與列普耳之革命政府交涉。彼等將公會地點遷於芮巴赫，招列普耳王菲地蘭躬親到會協議，芮巴赫公會之任務，在決定列普耳之內政。在此公會中，其他意大利國家的君主，亦被召集。公會決議之結果，有墺大利派兵入列普耳壓伏革命黨之舉。法國平和談判之提議失敗，梅特涅之武力干涉主義制勝。

芮巴赫公會閉會之際，墺大利發表一宣言，說明列强意見及其主義之一致。法國曾發一通牒辯正，而梅特涅卽執此爲法國縱容革命之證，用以聳動俄皇。當列强君主將離芮巴赫之時，辟德蒙革命之消息傳來，隨後又有希臘民黨在土耳其領土舉事之報（希臘民黨首領伊普雪來的 Ypsilanti 於一八二一年三月由俄境侵入摩爾達維地方）。

墺軍容易征服列普耳（一八二一年三月）。辟德蒙之亂，亦由墺軍及薩地尼亞軍隊剿平。希臘叛黨亦經土耳其軍擊散。希臘人叛亂實爲東方問題之開始。俄皇雖反對革命，但對於正統教派，自任爲保護者，當然憤土耳其之壓制舉動。不過以墺英兩國之阻力，一時不能對土取積極的行動。

衛洛拉公會　列普耳革命干涉成功以後，尙有西班牙干涉問題待解決。一八一五年經維也納會議承認復位之菲地蘭七世，在西班牙實行君主專制主義，以致激成一八二〇年一月一日之革命。一八二二年西班牙革命黨公布一九一二年之憲法，菲地蘭迫而承認此憲法。爲處分此問題，列强開會於衛洛拉（一八二二年十月至十二月）到會者爲俄，普墺三强君主，意大利諸國君主及英法兩强之代表。

當時政治形勢，利於干涉主義之實行。俄皇亞力山大完全變宗，傾向干涉政策，堅持以武力回復西班牙主權。墺國雖不願法國用兵於西班牙以佔勢力，而亦目覩革命氣勢之日盛，極欲維護專制政治，并且思借此事牽制俄皇對東方之計畫。在法國則舊黨得勢，他們懼法國傳染西班牙革命運動，有意進而保護西班牙包本王室。惟有英國反對干涉之態度堅强。惠臨吞擯斥西班牙干涉之提議。康寧有意承認西班牙南美殖民地之獨立。從此以後，英國之態度與大陸諸國政府之態度根本的相反對。

列强（除英國外）協定致一通牒於西班牙政府，宣言干涉政策於歐洲；干涉之任務，由法蘭西執行，法政府始尙躊躇，但是法國議院主戰，欲爲正統主義張聲勢。其結果，法軍進攻西班牙，恢復西班牙王的權位（一八二三年八月）。

英國政府對於衞洛拉公會之任法軍入西班牙回復菲地蘭的權位，表示反對，自後與列强步調不復一致。列强共同解決歐洲問題之制度雖仍舊存在，但是干涉各國內政之主義在衞洛拉公會爲最後一次的適用。事勢之變化激烈，關於干涉主義之問題，英國與俄，墺，普法四國立於反對地位，以致在歐洲協調發生破綻，而此主義不復能長存爲歐洲的公法。

衛洛拉公會主要的任務，雖在解決西班牙問題，但於西班牙干涉政策決定以後，並議及南美殖民地獨立問題，希臘革命事件，意大利事件。關於南美殖民地獨立問題，列强政策不一致，其結果無成議。希臘革命事件雖亦提出，但亦未能十分討論：列强表面上一致斥責希臘人之叛亂，尤其是自梅特涅視之，希臘人是反抗正統政府之叛徒；即俄皇原爲希臘革命黨之保育者，對於希臘人革命運動，至少表面上亦表示反對；希臘革命黨政府派代表赴公會陳情，亦未得容納。意大利事件，包含烈普耳薩地尼亞駐防軍隊去留問題。梅特涅久想將意大利全部組成一邦聯，墺國當然爲其盟主，俄法看破此祕密計畫，對於墺國政策極力防阻。梅特涅以俄普墺三國政府之名義，對意大利君主發通告，宣示革命之危險及神聖同盟保護彼等之方針。英法對於梅特涅之意大利政策，不肯贊同，一如在芮巴赫公會然。

第四章　神聖同盟與非干涉主義

第一節　衞洛拉公會後之國際政局

康寧與英國外交　英國外交當局變更，影響及於外交政策，一八二二年康寧（Canning）繼加斯列里之後長英國外交，他全然脫棄維也納會議時代的舊式外交主義，而執一新方針。他的政策與梅特涅全然相反，並且他的人物手腕也能在歐洲外交舞臺上與梅特涅抗衡。

外交界加入這一個新勢力，可說是歐洲國際政治之轉機。他對於歐洲外交問題所取的態度，較之英國政府以前之態度更為積極的，明確的；他不單是如前任當局之反對干涉主義，說維也納條約所給與的保障，是領土的而不是政治的，所以於列强不生干涉革命維持內政組織之義務；他並且主張對於干涉他國政治之舉，有加以阻止之權利，換句話說，卽以干涉對待干涉。

衞洛拉公會後之英國態度 在芮巴赫公會中，列强中之西歐兩國，卽英國與法國，不肯贊同神聖同盟的政策，但是他們尙未有持積極反抗之態度。至於衞洛拉公會的結果，則法國雖仍捲入干涉政治旋渦中，一時追隨俄墺之政策；而英國則決然對於神聖同盟之主張，立於反對地位。

列强同盟破壞之起點 在衞洛拉公會中，英國對於列强干涉西班牙革命之政策，提出抗議，已表現列强同盟內部分裂之象。迨至西班牙殖民地問題及東方問題之爭端發生，列强政策紛歧，不復能實行神聖同盟之干涉主義。列强同盟自此實行破裂。

第二節　西班牙殖民地問題

殖民地之叛亂 從一八一〇年以後，美洲之西班牙殖民地叛離母國，西班牙本國已無征服殖民地之能力。維也納會議後，菲地蘭七世復西班牙王位，方見好於俄皇亞力山大，得其保護；對於殖民地之叛離，亞力山大主依據神聖同盟之主義，實行干涉。菲地蘭七世受俄國公使之指使，曾正式向神聖同盟求助（一八一七年中）請以武力征服叛地。其後俄皇亦向列强提議（一八一八年一月）取共同手段，對付叛離之殖民地。

英俄利益衝突 英國關於西班牙殖民地問題之政策，恰與俄皇相反。英國百年以來與西班牙爭海外殖民地勢力，正利有西班牙殖民地之分立。英國惟恐殖民地獨立事業之不成功，決不肯贊同俄皇及梅特涅武力干涉的政策。故他對於菲地蘭之請求，俄皇之提議，當然拒絕。在衞洛拉公會中，西班牙內政干涉雖決定，而關於西班牙殖民地干涉問題，卒無成議，亦大半由於英國反對態度之强硬；蓋對於殖民地干涉之舉，英國態度已不是消極的不贊同，并且有積極的起而阻止之勢。

康寧對付西班牙殖民地問題之手段 法政府受衞洛拉公會之命，進兵西班牙，英政府雖然抗議，但不積極阻止。法國在西班牙之戰爭，可說適有助於西班牙殖民地獨立之成功。當法軍越西班牙境之時，康寧即宣言（一八二三年三月三十一日通牒）西班牙殖民地之獨立已成事實，但對於他們的獨立之正式承認，則須視外部情勢與新成立的各國家之內政進行如何而定。此即是說法蘭西如長據西班牙國境，或干涉到美洲殖民地，英國即將決然與殖民地開始交涉，置之於英國保護之下。在一八二三年中期，法軍已佔有西班牙全境，法國舊黨政府提議由神聖同盟召集公會，處決西班牙殖民地問題。此議不單是招英國反對，並且驚動北美合衆國，啓其疑懼之念。康寧利用此機會，邀請華盛頓政府（一八二三年八月三日）與英國政府同時對於法國提議之干涉計畫表示猛烈之反抗。康寧之意見大有以激勵美國政府，致有所謂孟羅主義之宣言（一八二三年十二月二日）。同時英國政府自行發一通牒，倡言如果西班牙謀用武力征服殖民地，而得有外援，或對於通商行使禁制，他即承認新國家之獨立。隨後（十月十七日），英國政府派遣領事於西班牙殖民地各重要城市，爲最後承認獨立之先聲。

孟羅主義之宣言　所謂孟羅主義宣言，見於美國總統孟羅(Monroe)一八二三年十二月二日致國會之教書中。孟羅主義原包含兩部分：第一部分宣言不許歐洲再以美洲土地為殖民地，第二部分宣言反對歐洲將他們的政治制度移植於美洲，壓制已經獨立的國民。惟有第二部分，係對西班牙殖民地而發。孟羅主義代表美國建國的外交精神，確立美國國民政策，其最近的效果，即在給神聖同盟之干涉主義一個大打擊，而脫西班牙殖民地於受外國武力壓伏之危險。

西班牙殖民地獨立之承認　英美共同反抗之表示，足令法國政府之提議挫退。康寧在此時地位益强，態度益堅決，對於西班牙王提出在巴黎開會處分美洲殖民地問題之議(一八二三年十二月二十六日)，不單是表示拒絕，並且正式宣言唯一的解決方法，是承認既成的事實。他於一八二四年一月三十日之通牒，聲明英國與南美殖民地通商發達，有任命領事保護之必要，且此等殖民地急須與歐洲結政治關係，不如西班牙自行宣布他們的獨立。墨西哥共和黨之制勝

（一八二四年七月），法軍之決定久駐西班牙（十二月十日條約），更有以促康寧之決心，並給他以說服英國國王及保守黨政治家之口實。一八二五年一月一日康寧乃通告駐倫敦的各國公使，說他將派外交代表於西班牙美洲殖民地，正式承認此等殖民地爲獨立國家，與之訂立通商條約。同年二月二日，英國與阿根廷聯邦訂立修好通商條約，承認其完全獨立。有此一舉，美洲西班牙殖民地獨立之事業於以完成，而神聖同盟之權威受第一次根本的大打擊。此可說是代表新勢力之康寧，戰勝梅特涅代表的舊勢力，換句話說，就是非干涉主義戰勝干涉主義。

第三節　東方問題

東方問題之意義　維也納會議後，歐洲列强間方告平和，而所謂東方問題，又發生於歐洲政治上，不久卽爲國際競爭之燒點。簡單言之，東方問題，就是土耳其帝國之運命決定問題。此問題可分爲兩層：（一）土耳其帝國當保全，抑當瓜分？（二）對於在土耳其帝國治下之領土及基督教人民當如何處分？對於此兩問題，歐洲舊式的外交家初只留意第一個，至於第二個問題則出乎他們意外，由漸而起。塞爾維亞人及希臘人曾以之提出於維也納公會，但被拒絕。一八二一年至二七年之希臘事件，實開東方問題之大爭端，同時亦爲神聖同盟梅特涅干涉政策之一個試金石。

俄國之東方政策　在十八世紀中，俄羅斯帝國之膨脹政策，直接與土耳其勢力衝突。自庫恰克開拉齊條約（Treaty of Kutschuk-Kainardji 一七七四年七月十五日）訂立以來，俄國勢力確立於東方，步步的壓迫土耳其帝國。在前兩世紀中，俄土所訂條約，未有如此次庫恰克開拉齊條約之關係重大，效果深遠者。依此條約，俄國領土，擴張到黑海沿岸；俄國在君士坦丁堡派駐常任大使，設立希臘教教堂，受俄國保護；俄國退還所佔土耳其領土（如達溜白諸省 Danubian principalities），但土耳其政府承認改良此等地方內政，保障基督教自由。俄國公法家政治家根據此等規定，主張俄國干涉土耳其帝國內政之權利。庫恰克開拉齊條約在俄土關係史上，歐洲外交史上，是一個大關鍵：俄國近東發展之出發點在此，東方問題中之許多爭端亦伏於此。

在十八世紀後期，土耳其帝國已完全趨於衰勢，庫恰克開拉齊條約締結以後，俄國對土侵略進行不息。一七九二年有雅西條約（Treaty of Jassy）土耳其承認俄國領有克里米亞；一八一二年有蒲加雷斯特和約（Treaty of Bucharest）俄國獲得倍沙拉比亞，土耳其承認塞爾維亞人之自治；皆是繼承庫恰克開拉齊條約之精神，代表俄國近東政策之趨勢者。

俄國自彼得大帝以來，歷代皇帝幾無不以侵略土耳其帝國，在近東發展爲職志。亞力山大一世卽繼承祖先遺志，抱滅土政策之人。一八一二年對土戰爭之半途中止，爲欲移其力以對付拿破侖。一旦法國勢力打倒，他的視線又集於東方。俄國當時已經依克里米亞支配黑海，由高加索侵逼小亞細亞，達溜白河口亦受俄國之控制。俄國對於摩爾達維窪納恰兩州（卽今之羅馬尼亞國）及塞爾維亞所行使之保護權，常給俄國以干涉土耳其內政之新口實。對於土耳其帝國內之耶教人民與斯拉夫人種，俄國自任爲他們的天然的保護者。土耳其領內革命分子，尤其是塞爾維亞及希臘民黨首領，常受亞力山大之庇護，以俄國領土爲革命之策源地。一八二一年首舉義旗之希臘革命黨首領伊普雪來的便是曾任俄皇之副官者。

墺英兩國之態度　墺大利對於近東原有密切的利害關係。墺政府目覩俄國之控制達瀦白河口已示驚疑，對於俄國勢力之節節前進，勢將促成土耳其帝國之分裂，當然不能坐視。維也納會議以後，梅特涅監視近東政局極爲注意，他的代表在君士坦丁堡常給土政府以忠告，使其毋使俄國有干涉之口實。至於英國之反對俄國近東政策，態度較墺國更爲堅決。從小辟德 (Younger Pitt) 以來，英國有一派政治家看清英國與近東事情之密切關係，認定英國利益不免因土耳其帝國之分裂，俄國之支配君士坦丁堡而受侵害。自英政府視之，土耳其帝國之維持於英國爲生死問題。加斯列里掌外交之時，常向君士坦丁堡政府揭破俄皇之對土祕密計畫。英國之佔領伊阿連羣島(Ionian Islands)正使於英國監視近東政局之變動，取臨機應變之手段。亞力山大一世亦明白墺英兩國之態度，故他對於近東事件頗持愼重態度，不敢輕易對土決裂，致啓國際大戰禍。希臘事件所以起初未立卽惹起俄國干涉釀成國際戰爭者，卽因俄皇態度未定之故。

希臘革命　從一八一四年以後，土耳其帝國陷於紛擾動亂的狀態。人民之叛亂，將帥之抗命，外患之侵逼，相繼不絕。而第一個大危機發生於希臘人之叛亂。一八二一年三月六日伊普雪來的由俄境侵入土領摩爾達維州舉事，雖然失敗，然而革命運動蔓延到土耳其全國各部希臘人社會；尤其是在現今之希臘國本土，革命之氣勢極盛，能維持其勢力抵抗土耳其政府。希臘革命已不是一個局部的動亂，而實成了東方問題之中心，影響於歐洲政局。

希臘革命是維也納會議後第一個代表民族運動的革命事業，根本的搖動梅特湼的權力及其所擁護之主義。俄皇亞力山大因受梅特湼的影響，起初對於希臘人之舉事，不肯贊助當時俄國正助墺國干涉意大利西班牙之革命，原則上亦不容對於希臘革命取一個矛盾的態度。梅特湼厭惡革命，主張干涉，然而亦不能以施於意大利西班牙之手段，施於土耳其，蓋恐因此致列强同盟破裂；他固深知俄皇對於土耳其有野心，暗中利用土耳其治下人民之革命運動者。梅特湼的政策，在勸俄皇守中立，任土耳其獨自對付希臘叛民。亞力山大一時從梅特湼之說，其他列强亦然。及見希臘人堅忍不拔，始終抵抗土耳其政府，歐洲各國民對於希臘革命翕然表同情，熱心贊助，在人民輿論傾向希臘之時，政府態度亦生變動。

英俄對希臘問題之外交活動　希臘革命受英國政治家康寧的外交政策之賜不小。康寧雖是繼承英國外交傳習，主張維持土耳其帝國領土保全之人，然對於希臘革命究表同情，因之英國漸思脫棄中立的地位，首先發意承認希臘人爲交戰團體者（一八二三年三月），卽是康寧。亞力山大原爲希臘人所倚爲後援之人，始終未有決定明白的態度。及見英國對於希臘事件，開始活動，恐因此英國在近東增殖勢力，他乃於一八二四年提議將希臘分爲三部，（摩利亞 Morea，東希臘及西希臘 East and West Hellas），對於土皇納貢，但完全自治。亞力山大之用意，在以此推翻土耳其政府在希臘之主權，而代以俄國之勢力，質言之，卽將叛離之希臘邦土置於俄國保護之下。此項計畫，當然爲康寧所反對，卽梅特涅亦不贊成。

及俄皇亞力山大死（一八二五年十二月），俄國對希臘政策大起變動。繼任之尼古拉斯一世（Nicolas I），絕無過去的束縛與梅特涅的政策完全無關係；他的唯一之目的，在將俄政府在國內國外的地位增强，對於希臘革命，漸思超脫亞力山大之政治上感情上的關係，而新取一個獨立的態度。尼古拉斯不願英國專有希臘的保護權；在他卽位以前，已對希臘革命軍表示同情。康寧卽利用俄國新帝之政治傾向，派惠靈吞將軍赴俄與尼古拉斯交涉（一八二六年二月），其結果則英，俄兩國協商成立，依兩國全權簽字之議定書（一八二六年四月四日），英國對於土耳其與希臘出任調停，而俄國爲英國後援。調停之條件當爲希臘之取得自治權而對土皇進貢。（但此項議定書遲至翌年四月始正式通告土耳其政府，土政府置之不理，英俄則堅持原議。）維持土耳其領土保全與解放希臘之兩個目的幾是不兩立的。英國此時之地位頗難；他一方面要邀同俄國來助成希臘自由運動，同時又須防止俄國依對土戰爭之手段以達此目的。

希臘獨立與神聖同盟之破壞 英俄對希臘問題之協商成立，梅特涅的政策完全推翻。梅特涅自己亦說英俄兩國之此項協定，是在『過去與未來之間畫一界線』。神聖同盟根本打破；干涉主義此後誠或可由各國單獨行使，但不復能爲歐洲國際社會之支配的原則。當一八二六年列强決定在倫敦開會解決希臘問題之時，梅特涅已自覺其勢力全失，他對於墺國大使之訓令，以維持一八二二，三年之主義爲目的，而全然爲俄國所擯斥，因其違背一八二六年四月四日的英俄議定書之原則。此後的歐洲公會不再受正統主義，干涉主義之束縛；此等主義，原係以前特洛白，芮巴赫，衞洛拉各公會之特徵，此時則皆成過去的精神。即如法國原在反動黨教會之支配下，亦認定援助基督教的希臘人，爲對於回教的土耳其人之一種神聖的戰爭，決然脫離梅特湼的勢力，加入反對派的同盟。

英，俄，法三國以上述之英俄議定書爲基礎，締結倫敦協約（一八二七年七月六日）。惟有普魯士依然忠於墺國，與之共行動。列强調停提出於希臘與土耳其政府，而後者拒絕之，其結果卒有拉窪黎洛之海戰（Battle of Navarino 一八二七年十月二十日）。在此一戰，英，俄，法三國海軍合力破滅土耳其艦隊，希臘之獨立於此確定。

拉窪黎洛海戰後，土耳其與英，俄，法三國斷絕國交，宣告神聖戰爭（一八二七年十二月二十日）；但真正在陸上與土耳其作戰者惟有俄國。（在海戰以後，英法仍守中立）。俄國於一八二八年四月二十六日正式對土宣戰。一八二九年在保加利一役，完全決定戰局，土耳其政府目擊俄軍直逼君士坦丁堡之危險，迫而求和，於是訂有亞得里亞羅堡和約（Peace of Adrianople 一八二八年九月十四日）。依亞得里亞羅堡和約，土耳其除承認希臘之自治外，尙承認對俄賠款，破毀在羅馬尼亞之要塞，許一切國家船舶自由通行韃靼雷斯海峽。俄國因此條約，在東方之勢力更增大。

英，俄，法三國之干涉，完成希臘之獨立。（一八三〇年二月三日英，法，俄三國代表簽定之倫敦議定書，正式宣告希臘爲獨立君主國，受英，俄，法三國之保障）。此時事勢，恰與一八二〇年之事相反。一八二〇年係俄，墺，普三國干涉意大利內亂，爲君主出力，而英法不加入；茲則反之，而英法兩國干涉土耳其之事，以援助革命，墺普則反對干涉；俄國兩次皆行其干涉，但前次爲君主出力，此次則爲人民出力。希臘獨立是民族運動的曙光，亦是歐洲新舊政治交替之一個階段。

第五章 法蘭西七月革命後之歐洲政局

第一節 法蘭西七月革命

七月革命之意義 一八三〇年七月法蘭西革命成功，查爾十世（Charles X）出亡，路易菲利普（Louis-Philippe）入爲法國君主。法蘭西人取消列强共同保障之包本王朝正統，別立新王朝，是違背一八一五年之條約，而使列强有依據一八一八年協約用兵干涉之口實。梅特涅之政策，已經因南美殖民地革命問題與希臘獨立問題推翻，然而彼時革命運動制勝之處，尙限於維也納條約規定範圍以外之地方；一八一五年之條約本身，依然保全。今則從法蘭西逐出列强保障之正統王室，而代以出自革命，依據國民主權而立之君主，革命標幟之三色旗，重見於法蘭西。一八三〇年之法蘭西革命，是實於維也納公會事業爲第一個破損。干涉法蘭西革命，此時又成爲歐洲政治上的大問題。

列強之態度 一八三〇年之情勢與一八一五年之情勢不同，梅特涅之勢力已墜，列强同盟破裂，不復有公會可以爲共同干涉之行動；歐洲未備有進攻法國之軍隊。路易菲利普亦不似拿破侖之惹起歐洲一般的恐怖。當時政治家如梅特涅之流，雖有意組織同盟攻擊路易菲利普，而自知欲得列强之合意已不可能。在一七九三年至一八一五年之間，對法同盟中有一個極重要的分子，就是英國；反對拿破侖之成功，英國之力爲大；而此次則英國恰持反對之態度。英國此次不僅不反對法蘭西革命，并且歡迎之。路易菲利普卽位之始，亦卽以親英爲政策。俄，墺，普三國政府，固然敵視法蘭西革命，然而他們驟遇此大事變，亦無可如何，英國已不爲他們的援助。路易菲利普自己向列强宣言，說明他之承受王位，卽爲阻止革命；惟有他在位，可免法國再成共和，且願意遵守一八一五年之條約。在此等情勢之下，梅特涅不敢要求執行一八一八年之條約，普魯士王始爲萊因國境憂慮，嗣見路易菲利普不侵略之表示，亦樂得無事。惟有俄皇尼古拉斯蓄意干涉法國革命，然以墺普兩國之決計與法政府和好，其他各國亦相繼承認路易菲利普，他亦不敢堅持己見，卒承認路易菲利普政府。

七月革命之影響　七月革命搖動維也納公會所樹立之歐洲政治組織，打破正統主義。一八一五年之條約，不能阻止法蘭西之革命君主加入列强君主團中。法蘭西之革命爲歐洲各地革命之先聲。一八三〇年七月以後，革命運動相繼發生於各國，其氣勢之盛，遠過於一八二〇年以來之革命叛亂。法蘭西七月革命在歐洲政局上是一個很重要的關鍵

第二節　比利時革命

比利時革命之意義　一八三〇年法蘭西革命正推翻包本王朝，比利時人隨卽舉事反抗阿連基王室，決意推翻維也納公會的決議，取得獨立。比利時革命是同時兼有民族的運動與宗教的運動之性質。比利時之羅馬舊教教士不服荷蘭新教徒之統治，憤而助人民叛亂。比利時革命是於維也納公會事業爲第二個

破損。

列強對比利時革命之態度　比利時革命軍制勝，於一八三〇年九月末設立有臨時政府，荷蘭人勢力幾全驅盡。荷蘭王威廉無力征服比利時，乃向列强要求代他回復一八一四年共同保障之邦土。英國召集列强會議於倫敦，謀使比利時人以取得特別行政組織了事，保全威廉的王權。普王與威廉爲親屬，謀用兵助威廉征服比利時；俄皇尼古拉斯亦願以兵相助，派人慫慂他開戰。法國政府當時受自由黨政策之支配，袒護比利時。法國愛國主義的自由黨人士，想藉此推翻一八一五年之條約，主張非干涉主義，以期破壞比利時方面防禦法國之要塞，或甚至取得一部分土地。法國對於普魯士之武力干涉表示抵抗，聲言如普軍由東方進攻比境，法國卽由西方進兵。普魯士因法蘭西政府之威嚇而退縮，俄皇勢將實行干涉，而以波蘭革命發生，亦中止其計畫。

倫敦會議之決定　當倫敦會議開會之時（一八三〇年十一月四日，）英國保守黨內閣已倒，自由黨執政。有名的巴爾瑪斯登（Palmerston）長英國外交，採英法提攜政策。塔列蘭此時充法國駐英代表，他的外交成功，英法兩政府關於比利時問題，訂立一個協商標榜非干涉主義，而主張比利時之完全分立。路易菲利普聲明決不取合併手段，或依王室關係（當時有比利時選任路易菲利普之子爲國王之議，）實行法比兩國之聯合。此項保證，有以釋英國之疑慮，而促成國際新關係（十一月十八日比利時正式宣告獨立。）在十二月之倫敦會議，歐洲五強代表所取之政策，適與托洛泊芮巴赫公會時代之政策相反。比利時之獨立，於此承認，在此會議中，英法兩國所主張之非干涉的進步思想，戰勝俄墺普之反動主義。

倫敦會議承認比利時之獨立後，尙有幾個具體的問題待解決。（一八三一年四月，比利時人選定德意志一個王族列俄波耳特 Leopold 爲君主。）一八三一年十月二十四日，列强在會議中議定二十四條，定爲處決荷比分離的條件。十一月十五日，此議定書併入英，墺，法，普，俄與新比利時王國締結之條約中。其時荷蘭尙未加入此條約，並且不肯承認之。依此條約，比利時完全與荷蘭分離，定爲永久中立國。盧森堡及林堡（Limburg）由荷蘭，比利時兩國分有之，些爾德河口仍歸荷蘭領有，及至一八三九年四月十九日，荷蘭卒與英，墺，法，普，俄五强結約，承認比利時與荷蘭之分離，及一八三一年倫敦條約關於領土分劃的規定。

比利時之永久中立地位　一八三一年十一月五日之倫敦條約第七條不僅承認比利時之獨立，並且定爲永久中立國。此永久中立地位，由英，墺，法，普，俄五强保障之（倫敦條約第二十五條）。永久中立之保障，重聲明於一八三九年荷蘭與英，墺，法，普，俄五强所訂的條約第二條中。比利時之中立，自十七世紀以來，已成歐洲政治家之注意問題，原意在防備法蘭西之侵略，因爲法蘭西從前在歐洲是一個最好戰，最尙侵略的國家。五强對於比利時中立之保障是單獨的，質言之，卽列强有單獨防護比利時中立之義務。

第三節　波蘭問題

亞力山大與新波蘭王國　在一八一五年之維也納公會中，俄皇爭得瓦薩大公國，建成一波蘭王國；此新波蘭王國只包含舊波蘭之一部分。亞力山大表示尊重波蘭民族，任波蘭保存其固有的制度，維持獨立的政府，波蘭之與俄國成一君合國之形式，俄皇自己兼任波蘭王。亞力山大當時傾向自由主義，首先自給波蘭一個憲法，使波蘭爲一個立憲君主國。一八一五年之波蘭憲法，雖不能說是自由的憲法，然而在當時專制主義盛行之際，中歐國家再未有能如波蘭享有政治自由之多者。

波蘭之叛亂　此不幸的波蘭雖居一個立憲之名，但是他的憲法，在亞力山大治下已不大見尊重，及至尼古拉斯卽位，更成具文。波蘭人欲使憲政實行，且要求加入溜敘阿尼(Lithuania)及其他諸省改組波蘭國家。法蘭西七月革命，激動瓦薩人民的熱狂，愛國之士受法蘭西宣傳的影響，從事於謀叛，他們秘密準備一個全國同時舉事的計畫，預定於一八三一年二月實行。但眼見俄皇調集大軍，將有事於法，比方面，波蘭革命黨卽利用此時機，反抗俄皇。十一月二十九夜，瓦薩發生叛亂，總督君士坦丁（Constantine 俄皇尼古拉斯之弟）倉皇出走。克洛丕基將軍（General Chlopicki 以曾在拿破崙軍隊中立功著名）任爲臨時政府之總指揮（十二月五日。）數日之後，波蘭全國皆動，在一八三〇年年終，波蘭境內已無一個俄兵，一八三一年一月波蘭國會正式宣告羅曼諾夫（Romanoff）王朝之廢止及波蘭與溜敘阿尼之永久聯合。

列強之態度 波蘭國民政府數月以來，與俄軍苦戰，然而衆寡不敵；波蘭不是能獨力制勝的，他們乃派遣專使赴保證維也納條約之諸強國求援。自由主義之人士惡尼古拉斯，而對於波蘭表同情，全歐輿論幾一致贊助波蘭之革命。然而列强政府卻不肯代表輿論之傾向以行動。墺普與俄有約，嚴重監視國境；墺國守中立，普魯士則且實際援助俄軍進行。波蘭的一線希望在西方國家。法政府表同情於波蘭，然亦不肯負責任；他惟以共同調停之議提出於英政府。然而英法兩政府當時均不能取積極的手段對付在波蘭之俄軍，巴爾瑪斯登拒絕加入此項無實際效果之交涉。

波蘭之屈伏　列强之援助不來，波蘭戰事完全為波蘭軍與俄軍之角鬭，其結果波蘭國民勢力一敗塗地。瓦薩陷落（一八三一年九月），波蘭軍潰散，大羣的波蘭人（多屬貴族）移居法國。波蘭從此處於俄國軍政之下。波蘭的獨立被尼古拉斯取消，他發一勅令說：波蘭從此搆成俄帝國之一部，與俄羅斯合為一國。尼古拉斯撤廢一八一五年之憲法，而代以一八三二年二月之組織法（Statut organique）；他廢止波蘭國會及波蘭軍隊，將波蘭政府完全委諸俄羅斯官吏之手。巴爾瑪斯登依據一八一五年條約要求維持波蘭人所得的特典。俄政府之答覆，則謂維也納條約並未對於波蘭內政組織立有何項條件；一八一五年之憲法，係出自俄皇自動的賜予，已因叛亂而失效。法蘭西人視瓦薩陷落為一種國民的悲慘紀念。維也納會議以後，波蘭革命之第一次慘劇，於此閉幕。

第四節 法墺與意大利革命

意大利半島革命運動 在一八三〇年列強正忙於解決比利時獨立問題之時，意大利半島革命又起；意大利革命與波蘭革命，皆是受法蘭西七月革命之影響而起，同時又影響列強對比利時革命之態度的。

意大利雖經過一八二一年神聖同盟之干涉壓伏於反動政策之下，然而半島的革命運動始終未絕聲息。統一民主黨之人數雖尚少，雖未得一般人民附從，然而其力已足以煽動全土動亂。此次之動亂不是在烈曾耳或在辟德蒙，而是在中部諸公國與教皇領地，即在意大利政治最惡之地方。當新教皇格列果選定之時（一八三一年二月二日），意大利愛國志士同時舉事於摩迭那（Modena），波洛加（Bologa），安可那（Ancona），巴瑪（Parma）各地。此等地方之統治者不能抵抗革命黨，或逃或降。革命黨在波洛加設有臨時政府，他們勝利的宣傳，達到羅馬。被逐的統治者，求援於墺大利。意大利革命黨之靠法國援助，正如波蘭人然。

法墺之態度　法國之自由黨主張援助意大利人，有名的首領拉飛特（La Fayette）到處鼓勵革命黨。墺大利對於意大利動亂表示武力干涉態度。法國政府提出抗議。不認墺大利有用兵於教皇領地之權；且謂如果墺大利敢於行使干涉政策，法國當依據非干涉主義，反對墺大利之暴舉，即至用武力亦所不辭。梅特涅對於法政府之抗議，持强硬態度，聲言決計貫澈其武力干涉之主張。法國駐墺大使預料戰事之不可免，一面警告法政府，預爲防備，一面使法國駐君士坦丁堡代表促土政府對俄開戰，以雪亞得里亞羅堡之辱，因俄國當時爲墺大利之與國。

在一八三一年三月之初，歐洲大部分又有瀕於戰禍之勢：一方面有革命運動，他方面有壓制革命之勢力；前者由法蘭西代表，後者形成一種新同盟。但是法王路易菲利普始終希望和平，不敢貫澈自由黨的急進政策。保守黨之加叙米倍利耶（Casimier-Perier）於三月十三日組織新內閣，法蘭西對於墺國干涉意大利革命之態度，漸趨溫和，加敍米倍利耶對外以維持平和爲主義。

列強之共同提議 加敍米倍利耶不認墺大利進兵教皇領地爲搆成開戰的理由。但他明告墺政府，說此舉是不合規則的行動，如墺國再有此種行動，法國不能容忍。他聲言爲防止此項事變發生，爲免法墺兩國衝突，最好的方法是勸得教皇改革內政，使其臣民相安無事，不至在意大利中部再發生叛亂。法政府提議五强共同勸告教皇格列果施行改革。梅特涅原不願意有此，因爲他利於教皇領內政治腐敗，內亂常起，可以行使墺大利之武力干涉。並且法國勢力伸張到意大利半島，是墺大利政府所不利，亦是英俄普三國政府所忌嫉的。不過加敍米倍利耶之提議極正當，列強至少在表面上不能反對。一八三一年五月二十一日，英俄普墺四强代表會同法國代表向教皇政府提出一個勸告書，勸他行使地方行政上，財政上，司法上各種改革，以保障其臣民之自由及秩序。教皇對於列强之共同提議，表面上表示採納，而發布幾種改革命令，以爲可以滿足列强之希望。實則教會之改革不是澈底的，亦不是誠意的，全不足以滿足意大利人之要求。不過列國之共同提議，原亦是出自法政府之要求，是表面上一個敷衍手段，對於提議之實行幷無堅決之意志。在此種國際情狀之下，法國一國亦不敢貫澈其主張。法國此次外交上唯一之成績，在墺大利徇法政府之要求，將墺軍撤出教皇領地（一八三一年七月）。

墺軍撤退以後，教皇不能維持領內的治安，墺軍應教皇之請求，復來駐於教皇領內（一八三二年一月）。法政府前已宣言如墺國再有派兵入教皇領地之舉，法國卽佔領海港以作保障。此次法政府乃派兵佔領安可那港（一八三二年二月二十二日）。墺國提出抗議，但亦不敢强迫法國撤兵。教皇政府目覩法蘭西革命的三色旗飛揚於安可那城上，亦莫敢如何，四月十六日與法政府立一協約，規定在墺國軍隊留駐教皇領地期中，法軍也不撤還。墺國軍隊駐在教皇領內直至一八三八年；彼時法軍亦隨後撤出安可那港。

第五節　葡西兩國王位繼承問題

葡西兩國之黨爭　葡萄牙，西班牙兩國，從一八三〇年以後，同時發生有王位繼承爭執問題。一方面有葡萄牙之幼年女王瑪麗（Maria），西班牙之幼年女王伊沙倍耳（Isabelle），他方面有葡萄牙之僭主密開耳（Miguel），西班牙之僭主加羅司（Carlos）。前者承認立憲政治，爲自由黨人士所擁護；後者代表專制主義，有舊黨反動黨爲後援。西歐之英法兩國代表立憲主義，對葡西兩國之女王一派表同情；而東歐之俄，墺，普三個專制的君主國家，則援助葡西兩國之僭主，對於他們雖未正式承認，固已表示好意。

四國同盟之成立　西班牙之自由黨政府爲抵制僭主勢力，乞援於英國。巴爾瑪斯登以同盟之議提出於西葡兩國女王之政府，於是一八三四年四月在倫敦結有英西葡三國秘密同盟，約定合力推倒僭主。此密約一度通知法國駐英大使塔列蘭，他卽要求加入。英政府雖不願意法國勢力擴大於伊倍利亞半島，然在原則上亦無拒絕與西歐立憲國共行動之理由。其結果，有英，法，西，葡四國同盟之組織（一八三四年四月二十二日）。

四國同盟之效果　四國同盟成立，其影響卽時及於西葡兩國政局。四月末，葡萄牙之僭主密開耳與西班牙之僭主加羅斯皆敗逃出國。自由憲政派在伊倍利亞半島獲得勝利。不過此項勝利在葡萄牙雖爲確定的（密開耳逃後不再回國），而在西班牙則爲一時的，因加羅斯不久潛回西班牙自稱國王。四國同盟條約雖因此事更加擴充，然以英法之互相猜忌，不能取積極的行動解決西班牙問題。西班牙問題之爭執乃成爲此後十餘年間英法國交之致命傷。從此西歐兩立憲國之結束漸弛，而東歐之專制國家又駸駸乎有恢復舊勢力之勢；以至在一八四六年，俄，普，墺三皇室竟敢公然違犯維也納條約，破壞克拉科（Cracow）之獨立，而英法之抗議無效。

第六節　東方問題

埃及與土耳其政府　比利時獨立，波蘭革命諸問題尚在擾攘之時，東方問題復惹起列強之注意。在一八三一，二年之交，土耳其帝國又發生危機，不過此次爲禍亂之根源者已不是像希臘之異民族，而是回教中的叛黨埃及太守梅赫美特阿里（Mehemet Ali）據有埃及與阿拉伯，對於土政府蓄有異志，其子伊普拉興姆（Ibrahim）於一八三一年之秋率兵侵略敘利亞（一八三一年十一月），迄於一八三二年末，他的軍隊已侵入小亞細亞中心，行將進逼玻斯佛拉斯（Bosphorus）海峽，直抵君士坦丁堡。回教人民對於此叛將亦不抵抗，甚至土耳其人有竊望其成功者，土耳其皇帝至此乃迫而求助於歐洲列强，以保全地位。

列強之態度　列强對於土耳其皇帝之請求，所持的態度各自不同。俄國最急於爲土皇盡力。俄皇甚願土耳其倚俄國以保全生命，實際成爲俄國之屬國。反之，如梅赫美特得勢，重興土耳其帝國，對俄國回復舊來獨立地位，是俄皇所不利的。尼古拉斯隨卽派其副官麥拉維夫（Mouraw ieff）赴君士坦丁堡，向土皇瑪麥得(Mahmoud)提議，助以一艦隊及一軍團。麥拉維夫幷自赴亞力山大里城遊說埃及太守（一八三三年一月）。

普魯士原不願與聞東方事件，不肯輕於承諾何項義務，致被牽入旋渦中。墺大利則在一八三〇年以後，亦如其在一八三〇年以前，然對於俄國之在黑海與君士坦丁堡方面發展，深懷疑懼。但墺大利正顧慮革命，不敢公然反對俄皇，俄皇的協力於抵制革命上爲不可缺的。於是墺大利取觀望態度。英國的意見正與俄國的政策相反，然此時爲內政問題所牽掣，不能取何種積極行動。並且英政府正得有尼古拉斯的保證，說他絕無意破壞條約上所樹定的東方均勢，英國之不即表示決意，尚有他一項理由。英政府頗不信任法國，因恐法國用一八三〇年以來成立的英法協商(l'Entente cordiale)之名義，或不免牽連英國，使之陷於意外困難地位。自英政府視之，路易菲利普之旗幟不甚鮮明，非到看清之時，英政府不願與他共同行動。

法政府對於此次東方事變，其態度遲疑不決。在法政府方面，此時有三個方法可行，或如查爾十世然，無條件的與俄國妥協，或直援助瑪麥得，或宣言援助梅赫美特。但法國如取第一個方法，不免與英決裂，此則是法國絕對所不願的。然若取最後一個方法，則既不免招英國的敵視，同時亦將惹起對俄的戰爭。為求合英政府的意思，法國決意援助土皇，同時亦防其變為俄皇的屬國。而在他方面，則仍願梅赫美特不全失其勝利的結果。此埃及太守久任用法蘭西人於軍隊及行政機關中，在法人視之，他是法國的好顧客。梅赫美特的事業在法國很受歡迎。議院，新聞，輿論咸不願法政府拋棄梅赫美特。當時法政府之措置困難，可以想見，其行動結果之不十分光榮，亦不足怪。

法國外交之活動　當埃及軍蹂躪小亞細亞之時，駐君士坦丁堡之法國代辦公使為抵制俄國政策計，向土耳其政府提議，願對於梅赫美特及伊普拉輿姆當調停之任。此公使致書伊普拉輿姆，以法蘭西之名義阻其前進，同時並致書埃及太守勸其承受土皇議和條件。土皇許埃及太守以敍利亞四部地方，而梅赫美特不滿足，他欲得敍利亞全部及以外幾處地方；於是他拒絕土皇之條件，而伊普拉興姆在小亞細亞前進，（十二月二十一日，他與土軍遇於科里特 Konieth，大敗之，）直達庫塔耶(Kutaya)。

俄國之出兵　君士坦丁堡有卽時陷於危險之象。在一八三二年之夏，土皇已求助於列强，列强之中惟俄國急於承諾相助。求助於俄，本於土耳其爲一危險之事，但際茲危急之時，土皇旣不能得其他列强之援助，乃正式招請俄國艦隊來援（一八三三年一月末）。俄國駐土大使蒲特利夫(Bouteniefi)聲言，不出數日塞巴新特堡(Sebastopol)艦隊卽可進泊君士坦丁堡。麥拉維夫適從亞力山大里歸，其使命半成功，梅赫美特允令伊普拉興姆停止前進。此亦是俄國政策之勝利。但在他一方面，埃及兵旣已不侵逼玻斯佛拉斯，俄皇艦隊之來，再有何必要？於是依法國公使之要求，得英墺之贊助，土皇請俄國艦隊暫停在克里米亞(Crimea)。

不知究竟是俄國大使故意的遲誤時期，抑或因其他項原因，停進之命令未如期達到目的地，而俄國艦隊乃於二月二十日抵泊君士坦丁堡城下。法國新任大使魯散(Roussin)即時爲強硬的抗議，要求撤退俄國艦隊。土皇政府答以如果能使埃及太守承認土政府以前所提出條件，法國所要求之事，可以做到。於是魯散擔任調停勸告埃及太守及其子以取得敍利亞西部地方了事。但是魯散之提議，無武力爲後盾，而當時法王路易菲利普又絕對不願有戰爭。梅赫美特遂漠視法使之勸告，堅持他原來的要求。

列強之干涉 法國提議失敗，土皇愈加恐慌，不僅不撤退俄國艦隊，並且請求增派援艦，派兵上岸（三月二十日）。半月以後，俄兵一萬五千在玻斯佛拉斯之兩岸登陸，直抵君士坦丁堡及斯庫他尼(Scutari)。此猶不過前鋒隊，大軍集於達溜白諸省，數週後可抵玻斯佛拉斯。此次則墺大利與英國驚恐，再不能不與法國協力。於是英法墺三國代表不待俄軍之至，共向土皇交涉，勸其對於埃及太守表示讓步，以滿足其要求。當時列強的急務，在回復土皇與埃及太守間之平和，以便使俄國援兵撤退。

土耳其與埃及講和 此時土皇較容易服從此三國政府之勸告，因俄國亦不反對梅赫美特擴張勢力。土耳其政府之再受犧牲，亦是俄政府所願的。實則土政府愈減弱，愈受侵逼，其復仇之心，自衞之心亦愈甚，而需求俄皇之助力亦愈多。此時全歐洲皆勸土皇讓步；他於是從三月之末實行對埃及讓步。法國代表代向伊普拉興姆交涉，和議談判，進行順利，四月末和議告成。土皇於五月初以勅令赦免梅赫美特之罪，復其埃及太守之職，而給以敍利亞全部及阿達拉（Adana）區域。於是小亞細亞可由埃及軍隊出入，埃及太守勢力增强，駕乎其宗主國之上，叛軍大慶成功。在他一方面，則土皇瑪麥得固非誠心讓步言和，在其不得已退讓之時，已懷有見機復仇之志。

溫恰斯開列塞條約 伊普拉興姆從五月之末，開始撤兵，七星期後，全部撤回其領地內。俄國此時已無延長佔領玻斯佛拉斯及其兩岸之口實。從七月十日以後，俄兵亦完全撤去。俄國何以如此容易撤兵，亦是別有用意。在兩天以前，俄皇代表阿羅夫 (Orloff) 已與土耳其政府結有溫恰斯開列塞條約(Treaty of Unkiar-skelessi)。依此條約，俄土兩國結成防禦同盟，以八年爲期。俄國約舉海陸兵全力防護土耳其，而土耳其依一追加的秘密條文，免除其援助俄國之義務。此條約對於土耳其政府所要求者，僅一消極的援助：即對於俄國之以外的各國軍艦，閉鎖韃靼雷斯海峽；此項援助於俄國極爲寶貴。有此一層防備，俄國地位無從侵犯。此時攻擊俄國的惟有英法。然此兩國皆不能從陸地攻俄，因進兵非通過墺德不可。而在波羅的海方面，則一年結冰時多，不便於艦隊行動。惟在黑海方面，始能給俄國以有效的打擊。如俄國在此方面亦無可慮，則他至少對於西歐國家將無所不敢爲。此條約事實上將土耳其運命委於俄國之支配，俄國不乏實行條約上規定干涉之機會，而土耳其成爲俄羅斯門戶之守衛。西歐列強不能由海峽來攻俄國；而俄國艦隊則可自由經海峽入地中海以攻擊他國。

英法兩國政府，旋卽聞知此條約，雖則是俄政府到一八三四年之春季，始將此條約內容通知西歐列强。他們大爲驚恐，向聖彼得堡及君士坦丁堡政府要求說明。土俄兩國政府均未給以滿足之答覆。英法兩國均派强大的海軍巡遊於近東方面，一時英法與俄國之決裂似甚迫切。

第七節 東方問題與英法協商

土耳其與埃及之衝突 土皇瑪麥得日思對埃及之梅赫美特阿里復仇，煽動敘利亞人反抗梅赫美特阿里。並多年在幼勿拉的河(Euphrates)方面調集大軍，預備進攻。而在梅赫美特阿里方面，則亦準備抵禦，並且要求對於他統治的諸省有世襲的權利。列强恐東方亂事復起，牽動全歐洲，力謀抑制此兩方面行動。梅赫美特阿里尙能忍耐，瑪麥得則急於開釁。一八三九年四月二十一日，土軍渡幼勿拉的河。六月七日土皇發宣戰書，宣告梅赫美特阿里爲叛逆。

列強之態度 俄國急於在君士坦丁堡施行干涉手段，其他列强則謀防制之。溫恰斯開列塞條約猶在，俄皇可據以獨力干涉土耳其內亂。但此非列强所能容忍，尤其英國，決不許俄國有此行爲。巴爾瑪斯登向法政府提議，兩國派遣聯合艦隊赴韃靼雷斯海峽。如果俄國艦隊來君士坦丁堡，英法艦隊卽進海峽，雖至使用武力，亦所不辭。此於法政府，原是一個回復英法協商的好機會。路易菲利普如承受英國此項提議，一方面可以阻制俄皇，一方面亦可爲梅赫美特阿里爭得利益。但法政府雖派軍艦赴近東海面，卻不贊同英國之强硬的提議。法政府最希望的是免於戰爭；英國提議既似有挑戰之嫌，法國此時又對英國懷疑忌。於是法政府拒絕倫敦政府之提議，而傾向於維也納政府之主張。此實法政府之一大失策。

法國之地位 梅特涅於一八三九年五月提議，五强派代表在維也納開會議，對於土耳其以歐洲之共同保障代俄國之單獨保護。法國似可贊成此議。但法國此時的地位有令其難於決定態度之處；此項會議必不限於討論海峽問題，而將於土皇與梅赫美特阿里之間，當仲裁之任。為鞏固土耳其帝國計，勢必減縮梅赫美特之勢力。法政府誠不願俄國支配海峽，但亦望梅赫美特阿里之計畫成功。此時法國全國輿論亦正如此。法國當與歐洲共同阻制俄國之野心，但同時亦當助梅赫美特阿里制勝。實則如以東方問題付五強會議解決，此五強之中，英俄奧三國容易聯合起來，直接以對待梅赫美特阿里，卽間接以對待法國，而普國以有萊因諸省後顧之憂，不僅任他們為此，且將與之結合。

俄國與梅特涅之提議 梅特涅之提議，在聖彼得堡不如在巴黎之受歡迎。俄皇深忌列強會議，以為其目的重在破壞俄國在東方之優勢。他明知，有此會議，可用以減削法蘭西之勢力，但他不願公然屈伏於歐洲共同權力之下。俄皇以為稍受犧牲，亦可求得英國協助以對付法國。因之俄國不歡迎會議之方法，而改就聯英政策。

戰局之發展 列強行動未決定之時，駭人的戰報已自東方傳來。六月二十四日伊普拉輿姆在敍利亞攻擊土軍，全然破滅之。六日後，土皇瑪麥得死於君士坦丁堡，其子阿蒲德美的（Abdul-Mejid）繼位。七月四日土國艦隊司令阿齊美特（Achmet）以與土國宰相科斯魯（Khosrew）有隙，舉全艦隊走埃及。此事變因爲有法國共謀之嫌疑，性質更見重大。法國政府一方面如一八三三年故事，自當調停之任，勸阻埃及太守進兵；但同時法國扼守韃靼雷斯海峽口之艦隊司令暗助叛將阿齊美特，使得安然率領全艦投効梅赫美特阿里。土耳其此時既無陸軍，又失海軍，而又有一强國暗助埃及，乃迫而傾向和局。土政府急承認梅赫美特阿里世襲埃及太守位。但梅赫美特阿里尙別有要求，土政府亦將許之；其時則梅特涅突想出一個方法，延緩時日。七月二十七日，梅特涅急草一通牒，由五强代表交付土政府，要求土政府停止對埃及直接談判。土皇欣然服從此通牒。

共同通牒之意義　依此共同通牒，土耳其一時置於歐洲共同保護之下。此通牒發意於梅特涅，甚爲自然，英國之表示贊成，亦甚易明白；普魯士於此問題原無大關係，其贊成共同通牒爲免於孤立，亦無足怪；俄國未表反對，亦不足異，他的最後用意如何，又當別論，此時的急務則在抑制梅赫美特阿里。惟法國之與其敵人聯合抑制其友人，則有說明之必要。路易菲利普及其大臣務求法國不從歐洲列强團體分離。他們以爲此次法國對於列强的協定並不關重要。埃及太守已是戰勝者，他們深信梅赫美特阿里是必不敗的。自他們視之，任何國際會議必不能剝奪梅赫美特所得的地方及拒絕給他以世襲權利。

英法政策之衝突　共同通牒阻止土埃直接交涉之後，列强議到積極的處分，政策的衝突卽時表現。英國旣除去俄國獨力干涉土耳其事件之危險，於是轉而接近俄皇，專從事於推翻梅赫美特阿里，卽間接給法蘭西一個打擊。巴爾瑪斯登原欲一舉全滅梅赫美特阿里之勢力，然以勢難做到如此田地，乃主張至少將他的領土限於埃及，而給他以世襲權利。一八三九年八月中巴爾瑪斯登正式提議下通牒於梅赫美特阿里，如其反抗，卽對他取强迫的手段。東歐列强不反對此項提議。然而法政府則不僅反對施強迫手段於梅赫美特阿里，並爲梅赫美特阿里主張埃及及其他領地的世襲權利。英法之間，通牒往還，論爭激昂；而兩方面新聞的論調亦有以激起衝突。

俄英交涉　向來英法關於東方問題在歐洲一致行動，有以阻制俄國之野心。此時英法政策衝突，實給俄皇一個可利用的好機會。在一八三九年九月俄皇派代表蒲倫洛夫（Brunnow）赴倫敦，向英政府提議解決東方問題之方法。他所提出之條件如下：溫恰斯開列塞條約不繼續；韃靼雷斯海峽對於一切軍艦實行封閉；梅赫美特阿里之權力限於埃及政府的世襲權；俄國當與英國協同謀對於東方問題爲最後的解決。

巴爾瑪斯登欲陷法蘭西於孤立地位，頗爲俄皇之協議所動。不過英國內閣中反對與法決裂，而認對俄協商代價太大者不少。一時英俄協商未成，俄國代表返國。此時英國內閣頗主調和政策，英法兩政府之間再開交涉。英政府允以埃及及阿克耳(Acre)省均留給梅赫美特，定爲世襲權利。然而法政府仍擁護梅赫美特阿里之要求，不肯讓步。法政府不信英俄可以妥協，不信梅赫美特阿里可以武力壓伏路易菲利普並且以爲墺普之友誼可恃。因爲此種種理由，法政府固執他的埃及政策。

倫敦會議 在法國此時有名的政治家鐵耳執政，他對埃及問題，持强硬態度。俄國代表蒲倫洛夫再由俄赴英，持俄皇關於海峽問題的讓步條件，向英重開交涉，後來英政府意見大抵與俄相合，於是招請普墺法三國政府在倫敦開會議；英國以爲與其與俄國單獨協定，毋寧與歐洲列强共開會議。法國駐英代表吉佐亦參加會議。法政府知列强在倫敦會議結果必不利於梅赫美特阿里，故一面令吉佐在倫敦虛與委蛇，同時暗中勸土政府與埃及直接交涉。英政府探知法國計畫，一面在君士坦丁堡妨害法國外交之成功，一面煽動敍利亞人反抗梅赫美特阿里。巴爾瑪斯登決計置法國於度外，逕行決定埃及問題，此時他的政策有兩個要點：梅赫美特阿里之勢力必令限於埃及一隅；對於土耳其之保護必爲歐洲的，而不可純爲俄國的。巴爾瑪斯登之外交成功，七月十五日俄，普，墺，英與土耳其政府卒結成一條約（Convention for the Pacification of Levant），即所謂第一次倫敦協約。

一八四〇年七月十五日之倫敦協約規定，締約國家當應土皇之請求，取必要之手段以維持土耳其帝國之獨立及領土保全。如果埃及太守不承認他們提出的條件，他們當以武力執行之。韃靼雷斯海峽置於共同保障之下。最後對於梅赫美特阿里之條件，係許他以埃及世襲權，並終身管理南部敍利亞，並受阿克耳太守（Pasha d'Acre）之稱號。如十天之內梅赫美特阿里不表示承認，則只給以埃及，再過十天尚不服從，即取消其一切權利。（俄，普，墺，英四國擔任强迫梅赫美特阿里遵從他們的條件，斷絕埃及與敍利亞海上交通，防護君士坦丁堡，並保障土耳其帝國之領土保全；同時並以明文聲明，對於海峽之保護不過應土皇的正式請求而取的一個例外的手段；此項手段決不侵害土耳其帝國舊制：即向來禁止外國軍艦駛入韃靼雷斯與玻斯佛拉斯兩海峽）最後另以一議定書（Protocole reservé）聲明列強不待批准，即時執行此條約。

一八三三年之溫恰斯開列塞條約破廢；法蘭西屏除於歐洲列强聯合之外。茲即有兩個問題發生：梅赫美特阿里是否肯接受土皇提出之條件？如其不肯，他是否能倚仗法國，反抗歐洲列强的意志；易言之，即法國是否肯坐視列强之漠視法政府利益，悍然壓迫埃及？

法政府與倫敦協約　倫敦協約締結已逾兩日，法國駐英大使吉佐尚未之知。及到七月十七日巴爾瑪斯登始以之通告他，但上述之議定書，仍付諸秘密。鐵耳聞倫敦協約締結之消息，非常激昂。他準備報復，且自信有成功之希望。他不知列强所計畫的對於梅赫美特阿里之軍事上的壓迫，已將開始，而以爲埃及太守兵力無敵，四强同盟容易破壞，深信尚有數月之餘裕，可以容他從容爲外交上談判及軍事上準備，他的計畫，在延到春季，彼時法國準備成熟，可以抵對此新同盟。在此期中他以爲四強同盟遇着梅赫美特阿里之抵抗，及由此而生之轇轕，勢必解散；墺普兩國直接受法國兵力之侵逼，其必退出無疑。如其不退出同盟，則梅赫美特阿里之成功，牽制了英俄大部分兵力於東方，法蘭西即可決然加入戰線，突向萊因與阿爾蒲斯(Alpes)方面進攻。

鐵耳衷心雖不見得以爲戰爭必不可免，或竟希望戰爭，但是他卻決意不爲之沮退。至於路易菲利普表面上激昂之度有過於鐵耳，但意中決不肯用兵，決不敢輕以他的王位冒險。他希望四強同盟解散，他相信梅赫美特阿里之抵抗可以持久。然而無論如何，他決不任歐洲平和破壞。

英法交涉　路易菲利普鑒於內外情勢，急欲脫離孤立地位，請加入列強聯合。比利時王列俄波耳特以與英法王室均有親戚關係，當斡旋之任，他以非公式的提議，請英政府將法國加入列強團體，共同解決東方問題。英國女王維多利亞及多數大臣似均贊同此議。但巴爾瑪斯登堅持强硬政策，擯斥此項提議。他以八月三十一日之覺書告法政府，謂法國仍可以加入列强團體，但倫敦協約必須絕對的執行。

鐵耳內閣得此答覆，積極備戰。同時鐵耳并且草擬最後通牒，預備向四强同盟提出，他意中將以此爲開戰之理由。他七月末派赴埃及的代表於同月二十五日得梅赫美特阿里同意，減輕條件，將世襲權限於埃及，而敍利亞之領有權則定爲終身。此代表隨後赴君士坦丁堡，擁護埃及太守此項要求。鐵耳宣言法國讓步已大，決不再讓一步。英國多數閣員聞此宣言，不無驚慌，因之傾向於改變政策。但巴爾瑪斯登始終固執其對法方針。他深信梅赫美特阿里必不能抵抗列强之武力，而路易菲利普決不敢戰，後來的事變適以證明其所見之正確。

列強之壓迫梅赫美特阿里 英內閣正爭論對法方針之時，驚人的消息自東方傳來。土皇之使者方持土皇命令交與梅赫美特阿里，他的回答尚未到君士坦丁堡之時，英墺聯合艦隊已去封鎖敍利亞海岸。九月十一日，倍魯特（Beyrouth）之要塞爲艦隊所轟擊，伊普拉興姆之兵撤退。三日以後，土皇發一勅令；此勅令未承認法代表的提議，而卻依英公使之主使宣告免去埃及太守之職。

倍魯特及君士坦丁堡兩處之消息傳至法國，引起全國激昂。無論法國政府或人民方面，從未想到倫敦協約有如此急速强制執行之事。鐵耳在此時尙以爲梅赫美特阿里之抵抗持久，可以給他以準備的時日。

歐洲之危機 歐洲戰禍似迫在眉睫，然卒不發生，實因爲路易菲利普絕對的要維持平和。他較鐵耳有遠見，自倍魯特轟擊以來，已知梅赫美特阿里抵抗之不可恃。他不肯贊成內閣提議之宣言，恐其挑起戰禍。鐵耳至一時提出辭表，後復撤回。他擬出十月八日之通牒，認定開戰理由限於四强同盟必欲廢黜梅赫美特阿里的時候。實則此開戰理由決不會存在，因爲墺國亦不願有戰事；墺政府宣言對於埃及太守免職之宣告，不過示威的手段，是無效果的；而巴爾瑪斯登因受同僚之壓迫，亦曾給與同樣的保證。

十月二十九日鐵耳因與路易菲利普意見不合，辭職下野。吉佐由駐英大使入新內閣長外交。吉佐傾向保守的平和的政策，正與路易菲利普同。他的任務在謀法國與歐洲列强調和。他只求能稍保全法蘭西面目，卽可了事。吉佐間接經由比王列俄波耳特，詢商英政府，是否允爲梅赫美特阿里稍改動七月十五日之決議。此項交涉頗受英國歡迎。巴爾瑪斯登之强硬態度在國內亦頗招攻擊。然當英國內閣正望能强他讓步之時，忽而東方的消息傳來，證實他的所見之不差，致他容易在閣議中貫澈他的主張。此時敍利亞全部脫離梅赫美特阿里之勢力；在十月中，海岸各港幾全降於英墺艦隊，而內地則叛亂四起，梅赫美特阿里不復能支配之。巴爾瑪斯登欲貫澈其壓迫梅赫美特阿里之政策，更要進而侵逼他的根據地之埃及。

埃及之降伏　英國艦隊在敍利亞大功告成，轉而駛向埃及之亞力山大里城，迫令梅赫美特阿里降伏，否則施以轍擊。埃及太守屈伏，乃於十一月二十五日締結一協定，約定於埃及軍隊完全撤出敘利亞土耳其艦隊交還之條件下，四强同盟停止對梅赫美特阿里之攻擊，而爲他向土皇索埃及世襲權。但此次則土爾其政府反對此約，宣言土皇不承認亞力山大里城之協定，而只允給梅赫美特阿里以終身權。

墺普之調停 土政府之態度，於一八四一年一月初已傳於倫敦巴黎。巴爾瑪斯登願贊同土政府之回答。東方問題乃成僵局，歐洲危機更迫切。法政府此時極力備戰。法政府的强硬態度頗引起墺普之恐慌，尤其墺國，決不願有戰事。梅特涅以維持現狀爲宗旨，他想依此保守主義平和主義之吉佐內閣，將法蘭西導入墺大利政策之途上。墺大利既不願戰，普魯士亦不敢獨力冒險；他的利益是在與墺政府協力除去萊因方面之戰機。於是在一八四一年一月中，墺普兩政府竭力謀恢復東方平和；他們望解決埃及問題，使法蘭西復入列强團體。雖以俄國之反對，巴爾瑪斯登之惡意，四强同盟卒依墺普之調停，採一調和辦法，俾法政府能承認。一月三十一日他們致一通牒於土政府，勸其取消廢黜梅赫美特阿里之勅令，並且承諾世世任命他的直系子孫爲埃及太守。此於法政府確是一個成功。法政府從此可以接近四强，不至損失體面。吉佐卒承受其駐英代表轉來的提議，而命其在倫敦與列强開談判，締結五國條約。

倫敦談判　一八四一年一月之倫敦談判，進行迅速，三月中覩五國協約草案之提出。吉佐雖不滿意於此約，然亦準備簽字，而君士坦丁堡方面忽有不好的消息傳來。土皇以二月十三日之勅令給梅赫美特阿里以埃及世襲權，但加以限制，主張每値太守缺位，由土皇在梅赫美特阿里之嗣續中指任新太守；土皇要求埃及征税方法由土政府規定，税額之四分之一納入土耳其國庫；埃及軍隊減少到萬八千人，而無任命上級將校之權。梅赫美特阿里拒絶承認此種協定，法國亦宣言不能簽海峽條約，東方問題之危機又現。此次則梅特涅向君士坦丁堡努力交涉的結果，四月十九日得土皇發一勅令，滿足梅赫美特阿里之願望；埃及太守之世襲依嫡系之次序；太守可任命上校以下之將校；埃及對於土皇納一定的之歲貢。五月中英法兩國政府接到關於此項協定之通知。六月中埃及太守正式承受上項勅令宣布之條件。

巴爾瑪斯登於此卒亦不得不讓步了事，而於七月十三日在倫敦締結有兩個條約：第一個締結於英，俄，墺，普四强之間，所以宣言埃及問題之解決；第二個由此四强及法國締結，所以保障海峽之中立。

第二次倫敦協約 依一八四一年七月十三日英，俄，墺，普，法締結之倫敦協約，土耳其政府收回敘利亞，庫列特（Crete）及阿拉伯；梅赫美特阿里受埃及太守世襲權，立於土皇宗主權之下；列强約定在土耳其帝國平時禁止外國軍艦通過韃靼雷斯及玻斯佛拉斯海峽。

第二次倫敦協約成立，法國復入列强團體，危機告終。亙兩年間和戰未定之歐洲卒免於大禍。然而均勢雖立，究未鞏固。近東風雲之險惡，在一八四一年以後不亞於一八四〇年以前。無論外交家如何自詡成功，東方問題仍未解決。海峽之封鎖不過紙上空文。土耳其不能自立。俄國雖在外交上勝了法蘭西，但自己失去在溫恰斯開列塞所得的地位。俄皇尼古拉斯意圖恢復舊勢，則勢不免與英國衝突。克里米亞(Crimea)戰役之種因，可說卽伏在此海峽條約中。

第八節　明罕格拉仔會議與新神聖同盟

梅特涅改造神聖同盟　在一八三三年溫恰斯開列塞條約成立之後，墺大利對於俄土關係之抱不安，不亞於英法兩國。惟墺國態度較此兩國更難鮮明，因墺國不願與俄國失和。從一八三〇年以來，梅特涅日益接近俄皇。他極不願與俄皇反對，因他正利賴俄皇的好意以改造歐洲帝王的神聖同盟。並且他的外交方法，在稽延時日，巧避困難；此時他惟望俄皇不卽時利用溫恰斯開列塞條約，使他能對歐洲保證俄皇在東方幷無野心。為使俄皇有此種讓步計，他勸墺皇招請俄皇會見，在會見席上，他並且提議邀俄皇從事反對革命的大事業。實則後之一部計畫，在他心目中實爲其召集會議之主要目的。他想對於歐洲表示三個專制皇帝之團結堅固，決計恢復托洛泊芮巴赫時代之勢力。爲達此目的，聯絡普魯士，亦是極重要之事。柏林政府似漸要脫離梅特涅的勢力。普魯士依關稅同盟制度，在經濟上支配德意志。梅特涅知普魯士行將握德意志霸權，欲阻其勢力前進，似莫如招之與墺大利在反對革命的事業上共行動。

明罕格拉仔之會見 普王弗列得列威廉與俄皇尼古拉斯同被墺皇招請會見。一八三三年九月（十日至二十日）有明罕格拉仔（Müchen-grätz）之會見，與會者爲墺皇俄皇與普魯士太子。會議的結果成立一議定書，關於歐洲各種國際問題均有決議。

關於東方問題，俄墺相約尊重土耳其帝國及其現存王室，宣言反對一切侵害土耳其主權獨立之計畫。凡遇溫恰斯開列塞條約發生問題之時，俄皇願承受墺大利之調停。俄皇不承認他自己在東方有野心，他表示無在土耳其方面發展之意。俄皇承認有一天容或有瓜分土耳其帝國之事，但他聲明非與列强預先協定，決不爲此。

波蘭之事，亦待明罕格拉仔集會的外交家之注意。此三强約定對於他們各人分得的波蘭土地，相互的保障其安全享有。

比利時亦爲會見中之論題。普魯士太子熱心戰爭，尤其是有意與法國挑釁，此次未列席討論。會議決定尊重此新國之中立及獨立；三國政府應急於解決比利時與荷蘭未了之爭端。

關於德意志問題，此會議不過追認梅特涅在鐵普利仔(Teplitz)會議（八月七日至十六日墺皇與普王會議）之提議，決定在維也納召集德意志君主代表大會，討議抵抗德意志內部革命之方法。

新神聖同盟宣言 梅特涅之所欲打消者，不單是德意志的革命運動，而且是全歐洲國家革命運動。在比利時，在瑞士，尤其是在法蘭西，從七月革命以來，革命黨羣集爲種種陰謀運動，謀推翻既存的政府。對於此無政府的團結，寧不應組織一個主張秩序的同盟以抵抗之？此則梅特涅及其他會集於明罕格拉仔之大部分政治家及君主所要即時解決之問題。神聖同盟之人所反對特力者，尤其是非干涉主義。於是他們覺得須依一正式的條約聯結起來，與之爭鬬。一八三三年十月十五日，俄普墺三國訂有一條約形成一種新神聖同盟。在此條約中，三國皇帝承認一切獨立的統治者值內亂外患之時，皆有求助於他國統治者之權利，而後者得斟酌本國利益，或予以援助，或拒絕援助。如值予以援助之時，任何他國不得出而干涉，無論其干涉之爲阻害此項援助，抑爲積極的取反對的行動。在締約當事者之三強國中，有一國受他國統治者之請求起而援助之時，任何他國不得以武力來反對，否則此三國政府當視之爲他們全體的公敵。此與神聖同盟在耶拉什倍爾及衞洛拉公會所持之口吻無大差異，蓋完全代表梅特涅之主義者。

明罕格拉仔決議之執行　梅特湼不僅是爲明罕格拉仔決議之主動者，並且當執行此等決議之任。關於東方問題，梅特湼於一八三三年之末，依外交上巧妙手段卒能防止俄國與英法之衝突，雖則溫恰斯開列塞條約之成立，一時固有惹起此項衝突發生之勢。他極力向英法兩政府說明，至少在此時期中，土耳其帝國之獨立不至受俄皇侵逼，且臨時亦可依墺國之調停以保護之。梅特湼並且使俄皇與土耳其政府訂立一八三四年一月之條約；賴此條約之力，從一八二八年以來被俄國佔領之達溜白諸省，卒得覩俄國軍隊之撤去。英法兩國政府乃改變態度，召回艦隊，將防制俄國野心之事，復委諸外交家之手。

在波蘭則梅特湼只須維持現狀不使受侵略，其事業一時比較的尚不甚困難。至於比利時問題，則他勸告荷蘭國王勿再延擱荷比關係問題之解決；但他和俄普兩國政府，均無意於行使强迫手段，因之荷比兩國談判尚須經過長久時日方能告成。

德意志的問題則依原議在維也納開會處理。德意志各邦君主代表於一八三四年一月集會於墺都，六月中依梅特涅之提議，立一議定書，標示反對革命之原則，其主要的規定隨後採入德意志邦聯之法律中。此會議決定，德意志同盟總會如値德意志各邦政府與其議會發生爭議請求仲裁之時，得爲最後的判決；從此德意志各邦之憲法，成爲具文。

梅特涅在德意志行其反對革命之處置，未有何等阻難。西歐列强對於梅特涅之壓制政策表示抗議，然此亦如以前之抗議，不過形式上的抗議；抗議之理由，是謂一八一五年維也納條約曾保障各邦之權利。但墺大利及其與國，全置此種抗議於不顧。英法兩政府亦無貫澈其主張之決心。他們對於德意志人的自由亦不覺有何特別重要關係。但是他們卻不許明罕格拉仔之神聖同盟在全歐洲行其破壞立憲運動之手段。於是英法政府宣言不贊成俄普墺三强之政策，并且有時當極力抵抗之。法國之利益及威望特別受此同盟政策之打擊，法政府乃明白警告梅特湼，謂比利時瑞士及辟德蒙原認爲法國之勢力範圍，如果在此等國家有干涉之舉動，法國將以兵力反對之。同時對於梅特湼謀將意大利組成一軍事同盟置於墺大利支配下之計畫，法政府亦表示反對之決心。墺政府攻擊法國路易菲利普政府，然終不敢與法國決裂。墺國恐怕真到開戰之時，不能得其同盟國之援助，尤其是普魯士之援助不可恃：因爲普魯士政府之加入明罕格拉仔關於干涉權之決議，原是不十分熱心的。

英法兩立憲國家之與俄墺諸專制政府對抗，不僅依主義之表示，幷且實現於行爲。上章所述葡萄牙西班牙兩國內亂事件，適給英法兩國擁護立憲運動之一個好機會。

第九節　神聖同盟之餘勢

俄普墺與干涉主義　一八三〇年以後，干涉主義已不復搆成歐洲公法之一部，在國際公會中不復能支配外交家之政策，然而東歐之俄，普，墺三强依然固守之者尙有二十年。俄政府之在希臘事件擁護一個反對的主義，不過一時爲自利的目的而然，俄皇尼古拉斯原非特有愛於希臘人而願助其獨立者；一遇利害關係變更，他卽不惜復歸於舊主義。普魯士雖迅速經過內部社會的經濟的改革，進居於比較自立的地位，然多少仍不免受梅特涅權力之支配，繼續正式承認干涉主義。

俄，普，墺三强之在鐵普利仔及明罕格拉仔會議，適在法蘭西，比利時，意大利及波蘭各地革命發生與德意志內部佛蘭克弗特(Frankfurt)陰謀事件暴露之後(一八三三年四月德意志急進黨謀以炸藥轟毀在佛蘭克弗特開會之德意志同盟總會)。會議之目的，雖在處理各種具體的國際事件，尤其是俄國與西方列强關於東方問題之衝突，然而梅特涅勸墺皇招俄普兩國君主會見之主要的用意，是在聯合此三個專制政府對歐洲取一致的態度，重興神聖同盟之勢力。明罕格拉仔會見結果，有一八三三年十月十五日之俄，普，墺三國同盟條約，神聖同盟之干涉主義，於此重申出來。

〃干涉主義之適用

一八三三年宣言之主義至於一八四八年之革命與匈牙利之反叛，始有見諸實行之機會。但壓迫一切自由主義之干涉主義繼續爲東歐列强所維持，則依此時期中其他重要的事變而可看出。在一八三五年，墺大利給財政的援助於西班牙，助專制主義之僭主抵抗立憲黨，若不是因英法兩國之反對態度，墺國之行動或當更進一步。在一八三六年因爲波蘭叛亂運動繼續不絕，利用克拉科城爲革命黨的逋逃藪，俄普墺三强決計佔領此城，而委任墺大利當平亂之任。此舉不過是破壞克拉科獨立之初步。一八四六年克拉科之獨立，完全破壞。其時加利西（Galicia）之波蘭人，動於民族獨立之願望，復仇之精神，開始組織革命運動，而鼓動克拉科之住民，逐走墺大利駐防軍隊。以此等行動之故，墺國得俄普兩國同意，合併克拉科城爲墺國領土。

最後在一八四七年，瑞士內亂問題發生，亦引起列强之注意。瑞士經過政治的宗教的擾攘者三十二年，卒遇分裂之危險，則因奉羅馬舊教之七州組織有所謂異多同盟（Sonderbund）抵抗其他傾向進步改革之各州。梅特湼得法國保守主義的大臣吉佐（Guizot）之助，起而擁護各州主權主義，袒助異多同盟。他的行爲適以致瑞士內部政爭之平和妥協愈加困難，因爲他使羅馬舊教之各州信以爲如至開戰，墺法兩國必送給軍械以助他們。異多同盟打敗結果，列强（除開英國）出任調停。調停之議在一八四七年十二月七日之瑞士同盟總會拒絕，列强乃決定開會於洛奢遏耳（Neuchâtel）以解決瑞士問題；惟英國明明不肯贊助何項干涉政策，甚至不肯派代表到會。依梅特湼所述，則其他列强關於干涉問題，意見一致，於必要之時，不惜使用强迫手段。瑞士之所以卒未遭干涉者，則因爲彼時歐洲別有一極大的事變發生，卽一八四八年二月法蘭西革命。在一八四八年之一般革命運動中，吉佐與梅特湼兩人均推倒，在各國爲本國內部問題自顧不暇之時，干涉他國事情之主義亦遂無人過問。

第十節　梅特涅最後的努力

法墺之接近　英法國交既因東方問題之爭執幾於破壞，又爲西班牙女王婚事問題所傷。英國之外援既將不可靠，法國急須別求一與國。路易菲利普屬望於法墺同盟原來從一八三四年以至一八四〇年他曾竭力圖其成功。保守派的大臣吉佐與路易菲利普皆有意再試圖之。吉佐與梅特涅聯絡，傾向於抵抗自由運動及反對革命的政策。法政府此時已覺得自由黨勢力之日益增長，咄咄逼人。同時教會勢力亦復興起來，不可制伏。法政府此時正希望得一强國如墺大利者爲與國，一方面可以助其抵制民主勢力，他方面可以助之減少羅馬教皇之惡意。墺大利此時亦正欲接近法國。梅特涅覺得革命運動趨勢表現於全歐，他的四圍形勢可憂。匈牙利要求自治自由之聲年一年的高。波赫米亞之斯拉夫人煽動同族舉事。波蘭人復開始爲革命的陰謀。在墺大利領土以外，而在其勢力範圍，則有德意志之要求統一的民族的政府。普魯士既給德意志以商業的統一，大有以助長其政治統一之願望。議院勢力已久壓下者現亦復興於德意志各邦，民衆的暴動起於各地，在薩克遜國內則於一八四五年八月有重大的動亂發生。普魯士王弗列得列克威廉四世原不脫封建的精神，亦至不得不宣布一個憲法（一八四四—七年）。在德意志西南方，則瑞士有內亂發生（一八四五年三月），新教徒的各州，爲宗教問題，用武力對待舊教的各州。瑞士國民大多數要求爲聯邦組織上的改革，以遂其民主的統一的願望。意大利半島亦躍躍欲動。梅特涅在此種危急的情勢之下，轉而接近法蘭西。如果法政府能與墺政府聯成一氣，結束堅固，則在兩大强國之包圍中，而又有一俄國遙爲監視，革命之事或尙不至爆發。墺政府謀所以聯絡法政府，使贊成他的政策，無所不至。但此事又成幻想。法政府勢不能與神聖同盟的代表墺大利皇室完全聯合。兩方面互相疑忌，各有用心。梅特涅與吉佐不能絕對的協力進行。他們行此種不貫澈的政策，徒然彼此牽連，結果同歸於失敗。

波蘭事件　在一八四六年之初頭，英法之決裂尚未完成。然而決裂之期已近，東歐三强已覺其可以乘機活動。破壞克拉科之謀適表現於此時；此小國之獨立原受一八一五年維也納條約之正式保障，使英法兩政府態度一致，其國當不至於被滅。

克拉科共和國為古波蘭之最後的殘迹，然而久已（尤其從一八三〇年以來）為普墺俄三强之眼中疔。此國於一八三六年曾被三强軍隊佔領至一八四一年始覩他們的軍隊撤退。此國既恢復一半的自由，仍舊為波蘭革命黨之逋逃藪。此等革命黨之實行手段雖等於零，而東歐之帝王，尤其俄皇，卻似乎很懼有叛亂的陰謀發生。從一八四五年以來，他們卽取必要的軍事手段以期一遇有警，卽進取克拉科，蓋依警察報告，彼處卽時有叛亂發生，行將蔓延於鄰省。在一八四六年二月十九日（波蘭愛國志士定為舉事之期）在加里西果有小動作。然此大半係墺國政府激成，此政府久取一個惡辣的政策，煽動波蘭農民反抗貴族，釀成虐殺之禍。在普屬波蘭地方的叛亂運動，則經捕拘多人，卽行阻止。而在俄屬波蘭，則秩序毫未擾亂。然而東歐之三强則不待事變之終局，已決定克拉科運命。此城於二月十八日被佔；在三月之初，已決然作征服地看待。未幾俄政府召集一個會議，四月中在柏林開會，俄，墺，普三强代表討論處分克拉科之條件。俄國主張將克拉科歸併於加里西（屬墺，）而由墺國略給俄普兩國以土地上的報償。墺政府對於提案表同意，惟普魯士稍遲疑；因之會議暫行停止，約定於數星期後再開會於維也納，在彼處則又再延期數月。

實則俄皇提議的辦法之延擱不決，尙不是因爲普魯士之躊躇。此實是因爲怕英法聯合起來反對他們破壞一八一五年的條約之保障。從三月末以後，吉佐雖不願與墺反對，然以輿論之迫促，不得不向梅特涅提出一個通牒，聲明克拉科之佔據只許爲暫時的。英國之阿伯淀亦取同樣的行動。英國之自由黨，亦如法國之自由黨急進黨然，羣起反對東歐列强之陰謀。巴爾瑪斯登在議院中力言擁護一八一五年條約之必要。於是專制主義的東歐三强不敢急速決定態度。他們力辯其無他意，使西歐國家信以爲此不幸的共和國遲早必回復原來的地位。實則他們正待英法兩政府親交全破之時，卽將此小國在歐洲地圖上抹消。此機會則無須久待者。英國辟爾內閣之推倒，與西班牙之婚事恰給他們以好機會。此等事變尙有其他的結果爲他們所未及料的；因爲最後的結果不是神聖同盟之復活，而是全歐革命之爆發成功。

英國內閣更迭 英國辟爾內閣於廢止穀物條例後，不復能維持其地位，於一八四六年六月二十九日辭職。自由黨復起而組織政府（拉塞耳內閣 Russell Cabinet），巴爾瑪斯登又出掌外交。此人對法的惡感方深。路易菲利普疑忌之，吉佐則以一八四〇年之事，恨之更甚。此兩政府旣如此之不和，一遇有交涉問題發生，卽不免衝突。而此時適有一個衝突的原因存在，是卽西班牙女王之婚姻事件。

西班牙婚事問題 最敗壞英法國交者莫如西班牙問題。英國以歷史上的關係不能忘情於伊倍利亞半島方面的勢力，而法國則以地理上的關係密切，始終將西班牙看做他的勢力範圍。英法兩政府雖同爲擁護彼代表自由傾向之女王伊沙倍耳（其母攝政）政府，反對彼代表反動主義之僭主加羅斯一派者，但他們對於西班牙利益各有各的用心，其政策互相衝突。最後加羅斯雖然失敗（一八四〇年）王位戰爭告終，然而西班牙內爭不息，英法勢力夾雜其間，互爲暗鬭。尤其是女王伊沙倍耳之婚事問題爲英法勢力競爭之燒點。法王路易菲利普欲使伊沙倍耳於包本家親王中求配偶，英政府則推舉德意志一個王族列俄坡耳特（Leopold）與女王結婚。在一八四六年英內閣改組，排法派之巴爾瑪斯登入長外交，英法之間競爭愈烈。卒之法政府之陰謀制勝，在同年七月之初頭，已得西班牙攝政后（卽女王之母）允許使女王與包本王家之加遏斯公（Duc de Cadiz）結婚，而以女王之妹嫁與法王路易菲利普之子蒙藩西公（Duc de Montpensier）。此兩個婚典於同年十月十日在西班牙同時舉行。

此事在路易菲利普方面是一個王室的成功，而於法國究不是政治上的利益。依隨後的歷史，可見其實際損害之大。英法兩國外交關係從一八四六年年終以後，異常疎隔。

克拉科之合併 西班牙婚事致英法兩國交誼決裂，其第一個效果，卽在給東歐三强以自由行動之機會；他們此時已有大膽的執行他們對於克拉科之計畫，再無顧慮之必要。馬德里得方面之婚典舉行不到數日，三强在維也納結有一個協約；依此協約，克拉科城及其附帶的地方合併於墺大利，墺大利則以加里西省中數郡還給俄普。此一舉完成波蘭之滅亡；此以前有名的大國至此不留一點痕跡。全歐洲輿論攻擊此暴舉，尤其在英法兩國輿論激昂。一八一五年之條約竟公然破壞於東歐三强之手，雖然他們原爲造成此條約之有力分子，而又是常好援據此條約者。然而此時倫敦巴黎兩政府不和，不能聯絡一致擁護此約。吉佐不欲與墺國衝突，而爲國內輿論所迫，不得不向巴爾瑪斯登提議共同向三强表示抗議。但英國外務大臣不肯取共同行動，他答以英國已經提出抗議，兩國各當保持行動之自由。實則巴爾瑪斯登對於梅特涅說明克拉科合併動機之通牒（十一月六日），曾向維也納致一答覆（十一月二十三日），而其答覆口氣，足以表示他無意爲克拉科出力。

吉佐之抗議於十二月三日發出，其語調較之英政府的答覆爲直率嚴重；他警告列强以破壞條約之危險的效果，但亦未表示擁護克拉科獨立之堅決的態度。梅特涅覺得外交上無足畏，乃新發一通牒（一八四七年一月四日），重申十一月六日通牒上所舉的理由以敷衍英法兩政府。此後則此不幸的克拉科之事也再無人過問。

英法之競爭與東歐三强聯絡 英法兩國既因西班牙婚事失和，此時他們所注意的處所，不在援助波蘭人而在爭得東歐三强之友誼。在數月中英政府極力向歐洲表示法國將破壞歐洲均勢，法政府則力辯其無此事。在此項爭論中，墺普，俄三國政府不肯加入。梅特湼不欲對於巴爾瑪斯登之提議表示意見，他乃求得一趨避的巧法，而俄普兩政府贊同之。梅特湼單說他對於西班牙之事無可答覆，因爲墺國向來未承認伊沙倍耳爲西班牙女王，與他未發生外交關係；墺政府於他的婚事及其妹的婚事均沒有意見表示。此項口實無異贊成法蘭西的政策。梅特湼之態度有傷巴爾瑪斯登的感情，自後他對於巴黎維也納兩政府同懷忌恨。而在他方面，則法政府深感東歐諸强之好意。此諸强政府容易將法政府牽入他們政策中而使其與英國調和不可能。尤以墺國之聯絡法國效力爲大，因爲墺國比較俄普兩國需要法國之協助更大。

墺國內外之危險的情狀　在歐洲政治革命運動蔓延之中，尤以墺大利爲最感危險。梅特湼雖向來抱樂觀主義，此時已覺一八一五年歐洲改造局面，現在已到處有傾覆之象。他深懼歐洲局面一旦動搖，墺大利首受其禍，墺大利國家將因此破壞。自由民族主義，是此時革命之標語。此兩個主義爲維也納公會所漠視而爲神聖同盟所壓迫，茲則由人民公然要求實現起來。到處民衆起來反抗專制政治或寡頭政治；到處被壓制或被分裂的種族要求民族的獨立與統一。歐洲政府之畏懼此種事情無如墺政府者。在內則墺國本土有分裂之虞；在外則在他的勢力支配下之邦國行將有脫離他的支配之勢。哈蒲斯堡王室的臣民雖然柔順，然已漸覺悟梅特湼之獨裁主義不能再行。法律平等，新聞自由，議院保障之要求，同時起於維也納，普拉克(Prague)，及丕斯特(Pesth)。組成墺大利帝國之四五個不同的民族，各要求自治。波赫米亞及匈牙利在一八四六年，四七年之中，不平之聲日高，要求亦日益奢，更爲可驚異之現象。

德意志原受墺大利之支配，今亦顯出政治的覺悟來。德意志各邦之自由運動屢爲梅特湼所打破，而從一八四〇年以後亦恢復起來。此時自由運動氣勢之盛，可於普魯士王之發布一欽賜憲法徵之（一八四七年二月三日）。

而在阿爾蒲斯(Alps)方面，則瑞士雖依一八一五年的條約成爲中立國家，然久受墺國政府勢力支配。因爲墺國所主張的邦聯組織使瑞士內政不統一，對外亦乏抵抗力；瑞士無異仍是二十二個獨立的小國，他們互相分立，無共同的首都，無聯合權力，無共同的軍隊，無最高法院。從一八三〇年以來，瑞士國民大多數謀脫離地方的寡頭政治，而修改邦聯組織法，以實現民主的統一的政治。而在他方面，有羅馬舊教的七州，反對改革組織所謂異多同盟以抵抗其他各州。瑞士內亂乂將牽動歐洲均勢問題。

墺大利既關懷瑞士之內亂，對於意大利方面之騷動更要注意。在此方面，形勢更危險，革命運動趨於極端，已不是如一八二〇年及一八三一年的時候之限於局部的事變而是一般的蔓延於半島全部。半島人民抱有同一個情感，即驅逐墺大利人。梅特涅此時仍稱意大利是一個地理的名詞，意大利人自身卻已覺獨立統一之機會成熟。意大利一旦解放，統一如何實現？其將如多數人所希望依聯邦組織以實現乎？抑或如少數有識的人士所主張，仍於君主政治之下實現乎？抑將依瑪志尼(Mazzini)之主張,以羅馬爲首都,組成一民主共和國乎?此皆是將來的問題。而在目前,則意大利大多數要求意大利各邦之君主與人民聯合,始則賦與自由,以鞏固其團結,後來再一致對待共同之仇敵。尤其是對於羅馬教皇很屬望,他們望教皇首先示一模範,其他各邦君主必追隨他。新教皇辟斯九世(Pius IX)頗能容納自由主義的改革,各邦君主漸仿行教皇方針,容納民意。烈普耳王與瑪迭洛公雖猶不肯讓步,而塔斯加尼大公已承認新聞自由。薩地尼亞王查爾阿倍(Charles-Albert)漸覺悟薩瓦王室在意大利之使命,意大利革命之軍事上指導當由他任之,教皇僅能任精神上的指導。聯邦之思想已表示有實現之望,羅馬教皇,塔斯加尼,薩地尼亞三政府訂結有關稅同盟,似將爲政治同盟之先聲。

墺法兩政府與革命運動　墺大利在一八四六七年中,直接受革命運動的侵逼最甚。在此種危險的境遇,墺政府所可抉擇的與國亦復有限。英政府在巴爾瑪斯登支配之下,與其援助墺政府,毋寧謀害之。俄國此時亦不能特作援助。俄皇尼古拉斯雖有意共同抵制革命，但此時他尚不信危機迫切，並且他未始不樂觀墺政府牽制於西方亂事，使俄政府得自由行動於東方。至於普魯士政府則對於意大利事情不感痛癢，惟關於瑞士問題可望其共行動。然在德意志，則普魯士實為墺大利之敵，因為德意志民族如果統一，必在普魯士指導之下。

所餘的惟有一個法蘭西，此則梅特涅所極欲聯絡，而對方亦適願與墺國結託者。路易菲利普及吉佐之畏懼革命運動，不亞於墺皇及梅特涅。法政府已忘其起原，而背反民主主義，依賴財產階級之寡頭體以行統治；對於鐵耳等要求之溫和的國會改革案悍然擯斥不顧。如果萊因，阿爾蒲司方面亂事爆發，勢必蔓延到法國。而且革命成功的結果，不免新發生幾個統一的國家，至少有德意志與意大利兩國，在政治上均難免於法國不利。吉佐與路易菲利普更覺有抵制革命之必要。吉佐表示在原則上，在一般政策上，與梅特涅意見一致。

然法墺兩政府之間要真有協商存在，則單是兩國願意共行動尚不足，必且要無阻力；假設兩政府均無完全的行動之自由，不能全然相助，雙方的信任心勢難長久存在。且如果有一大國，公然鼓勵革命，爆發且當更速。後來的事實恰是如此。

法墺協商之無力 關於德意志之事，墺政府卻不願公然受法蘭西之助，梅特涅謂恐因此激怒德意志全體人民；他的希望是在法國暗中援助。然此則法政府所不樂爲者。因之法國於此實際不給墺政府何等助力，墺政府孤立無援，日益失其地位，而同時仍未能免勾結敵人侵害母國之責難。

在瑞士，則吉佐與梅特涅同助巽多同盟及舊教黨（Jésuites）。他不認瑞士同盟有不經列强同意，自由更改一八一五年所規定的憲法之權。在邊會（Berne）之同盟總會未取强烈的決議以前，梅特涅提議法墺共同出兵干涉。但法政府不似梅特涅對於此事有行動之自由。法政府於此須顧慮議會，新聞，輿論之反對。因之吉佐向梅特涅秘密提議一個巧妙的方法，即：墺大利出兵爲反對革命的行動；

法國議會必定要求法政府出兵抵制墺國行動，法國卽可以此名義出兵；而一旦兩國共同佔據此邦，卽可共同執行他們的政策。但此則梅特涅疑爲法政府欺人之計畫，不肯承認；而另提一議，卽兩政府照會瑞士，聲明他們不許瑞士同盟總會得侵犯各州之自由，更改一八一五年之憲法。法政府仍不敢贊同此議，而主張以五强（包含英國）共同名義向瑞士抗議。但巴爾瑪斯登雖不正式拒絕，而亦不表示明白的態度，故意稽延時日。在列强交涉遲滯不決之中，瑞士之急進分子增其氣勢。同盟總會於七月五日開於邊魯，二十日宣告解散異多同盟；數日後命放逐舊教黨。此後則惟有執行之問題。

卽在意大利方面，梅特涅與吉佐亦互相牽制。他們對於一八一五年條約所限定之政治區畫之保全，雖然意見一致，但關於妨害自由制度之成立，則所見各異。路易菲利普的政府之反對民衆革命，與墺政府同。他不願民主政治得勢於意大利諸邦，且不願議院政府制完全樹立。但他頗鼓勵各小邦君主施行行政上的改革，以期合於近世社會的精神，然梅特涅則極力阻害之。法政府不願墺政府壟斷意大利霸權。所以在意大利亦如在瑞士，然法墺兩政府之反革命政策無力量。

英國之贊助革命政策 法墺勢力相消，而在他方面則革命運動從一大國獲得有力的援助。巴爾瑪斯登雖在本國不表同情於急進主義，而在外國則不惜鼓勵之，以妨害吉佐與梅特涅的政策。英政府在德意志方面贊助革命不力，容或是因為在此方面法蘭西無大勢力，亦或是以為德意志之統一於英國利少害多。然在瑞士及意大利方面，則英國的政策在積極謀革命之勝利。

在瑞士方面，巴爾瑪斯登採狡猾的政策以欺吉佐。新教的諸州正在準備執行總會決議之時，巴爾瑪斯登極力拖延法政府提議共同抗議之談判；嗣復不肯簽字而僅自任在瑞士同盟政府與異多同盟之間當調停之任。法墺兩政府不信英國能持公平態度，不肯贊成其議。英政府仍然派閣員明鐸卿（Lord Minto）赴瑞士（九月），表面上負有調停任務，實際為鼓勵同盟政府而去。此使節之至，適以堅瑞士急進派執行他們政策的決心。他們深知墺大利注全力監視意大利方面，非得法國協力必不敢攻擊瑞士；法國非特有英國之同意亦不敢動，而英國則完全對於瑞士同盟表示精神上的援助。於是瑞士同盟總會重行集會，從十月二十四日以後，調動大軍攻擊異多同盟。二十九日舊教的七州與同盟總會決裂，宣言抵抗到底。八日以後，同盟政府正式宣戰，十一月十日開始戰鬬。

法墺兩政府原來久已謀對於瑞士兩派之爭執，提起歐洲的干涉。但他們久爲無益的交涉枉費時日，而在危急的時候，巴爾瑪斯登復行其狡計，使之坐誤時機。吉佐從十一月四日以後，提議命雙方交戰團體停戰，而受五强的仲裁。此項提議合於神聖同盟之精神，卽時見採於墺普兩政府。俄皇之贊同亦不容疑。惟英國的態度獨異。此時巴爾瑪斯登之手段，更在稽延時日；他一面鼓勵瑞士同盟政府在軍事上迅速進行，一面延緩外交談判。十日以後（十一月十六日），巴爾瑪斯登始回答吉佐，另提一議，主張在倫敦開會議，而解決瑞士問題之條件，爲解散異多同盟與放逐舊教黨，法政府反對此議。駐倫敦之法國大使與巴爾瑪斯登重開談判，結果議定一照會然時已十一月二十六日，巽多同盟已經到處戰敗；二十九日七州之最後一州亦降伏。迨至三十日，瑞士同盟政府始接到列强調停之照會。而此照會仍僅以法，墺，普三政府之名義提出，巴爾瑪斯登聲明調停已非其時，瑞士問題已經依武力解決。革命在瑞士完全制勝，英政府外交政策成功。

英國外交之成功不僅在瑞士，而在意大利成功尤大。明鐸卿於十月赴意大利。英國在意大利諸邦代表久已極力破壞法國信用，詆爲與墺政府共謀反對革命。他們使意大利愛國者信賴英國爲唯一的友國，不僅給意大利革命以精神上的助力，且在必要之時，尙可供給物質上的助力。明鐸卿之抵意大利，更爲英國助力之好保證。在一八四七年之末，意大利全土有動亂之徵兆，而首先爆發於南部。叙叙利受英人之激勵，從一八四八年一月十二日以後，發生動亂，蔓延到烈普耳，國王至不得不退讓，而於二月十一日公布一憲法。自此以後，意大利全土之君主咸覺有不能不讓步之勢。

法墺之態度 在此革命運動之危機中，法墺兩政府將何以阻制此運動？他們既不能共同行動，又不敢獨力冒險。梅特涅不信任法政府，必欲法國與墺國同時取一致行動。至於吉佐，則明知國內反對勢力之增强，王室之瀕於危險，一旦革命在意大利成功，不免波及法國。他極欲恢復半島之秩序，但他不敢公然與墺大利共行動。迄於二月二十四日，法墺兩政府對於意大利革命尙未取何等重大的手段。此時他們尙謀恢復在瑞士之勢力，法，墺，普三政府照會瑞士同盟，命其將巽多同盟舊教黨問題及聯邦改革問題交付仲裁；他們且準備兵力重佔瑞士。

但此老外交家之計算卒爲一大事變根本破壞；此項事變他雖屢預言，然不料其發生如此之速，是卽法蘭西之二月革命。一八四八年二月二十三日動亂起於巴黎，二十四日路易菲利普退位出亡。自此以後，瑞士事件在外交上不成問題。所有歐洲王室均在危險狀態之中。民主主義民族主義三十年以來爲君主所壓伏者，行將到處打破障礙，在歐洲發揮新運命。神聖同盟之時代告終，革命之時代開始。

第六章　法蘭西二月革命與歐洲一般革命運動

第一節　二月革命之意義

路易菲利普政府之弱點　路易菲利普政府自成立之始已露出弱點，其基礎極不穩固。一八三〇年之革命本是一個不澈底的革命，路易菲利普乘此機會取得法蘭西王位，他受議員的擁戴，但無民主的後援。他的政府依少數之中產階級以維持，已經日在急進派（共和黨，社會黨）之攻擊中。加以保守主義的吉佐執政之八年中，內政上施行反動的手段，對外則追隨墺大利，傾向反動政策，有外交軟弱無能，喪失法蘭西威望之咎。路易菲利普的政府完全不洽人望，反對方面的勢力日增。一旦暴動起於巴黎（一八四八年二月二十二日），不僅吉佐下野（二月二十三日），卽國王自身亦至於倉皇退位出亡（二月二十四日）。

第二共和之成立　法國議院不能制止革命的潮流，共和黨及社會黨勞動階級之人同時組織臨時政府，其一設於衆議院，其他設於巴黎市政廳。卒以共和派首領拉瑪丁（Lamartine）之應付有方，使兩個臨時政府機關合爲一體。他們於二月二十四日宣告法蘭西爲共和政體，決議召集國民議會制定憲法。在第二共和之最初兩月中，法蘭西政權操於臨時政府之手。

臨時政府之對外政策　二月革命起後，歐洲視線集於巴黎。法蘭西原被視爲革命之策源地，此新成立的共和政府果不發揮宣傳的精神，進而煽動各國人民起來爲解放運動，破壞一八一五年之條約乎？這是歐洲各國政府所極注意的問題。一時世人頗疑臨時政府必出此舉。因爲此臨時政府不似路易菲利普政府有充分持重之動機。並且當時法國如出此舉，成功亦似甚容易，因爲一切受壓制之民族均將應聲而起。爲反對神聖同盟而起之戰爭在法國國內必很有人望。但在他方面，則反對的理由亦充足。臨時政府尚未從國民正式受有使命，無令法蘭西從事此重大的行動之權。法國兵力此時尚不足以積極作戰。並且法國在道義上雖可擁護一切民族之自由獨立，而在政治上不見得民族獨立之事卽有利於法蘭西；法蘭西果有何利益必援助意大利人德意志人之統一計畫，在法蘭西鄰境造出兩個强大的國家？此等國家固不免爲法蘭西未來之敵國。然則臨時政府究取何種態度以應付時局？

臨時政府之宣言　從種種方面愼重考慮之結果，法蘭西第二共和之臨時政府覺得對歐洲應取平和的口調。但他自信亦應同時表示擁護法蘭西的權利之決心，及其對於各國人民方面的同情。於是三月五日拉瑪丁發出一宣言（拉瑪丁從二月二十四日起主持臨時政府外交。）他宣言法蘭西之宣告共和，不至危害何種政體；戰爭不是法蘭西共和政府之主義；一八一五年之條約爲法蘭西對外關係之基礎及其出發點。但拉瑪丁之承認一八一五年之條約，並不是承認一個權利，而是承認一個事實。他並且重申非干涉主義，允不煽動他國人民革命，但不許外國干涉他們自動的解放運動。

外國政府之狀態 三月五日之宣言究仍不能使外國王室安心。英國政府樂於覩路易菲利普之推倒，而見比利時方面之安穩，容易承認法蘭西新政府，然而其他君主國家則起初對法政府懷疑忌。但他們亦未有餘裕可以聯合反對此政府。不到數日，革命爆發於全歐洲，各國君主已皆自顧不暇。對於此歐洲一般革命運動，法蘭西共和政府起初並未有直接的助力，並且全立於局外。實則八年以來，歐洲一般革命運動醞釀已久，一八四八年之法蘭西二月革命不過與以刺戟而速其發動；意大利革命固已先法蘭西革命而發動（一八四七年之末。）

第二節 歐洲一般革命運動

歐洲一般狀態 一八四八，九年之歐洲動亂，其情狀各處不一。在已經多少享有自由的國家，民衆運動比較不甚激烈，政府比較少受侵逼。瑞士免於外國干涉之危險，卒得安然制成聯邦憲法，達到改造目的。在荷蘭比利時兩國君主順從民意，一時尚能使人民滿足。在英國則急進黨運動（Chartist Movement）民憲運動）與青年愛爾蘭黨之陰謀容易爲政府所制止，未至發生大動亂。在西班牙，則女王政府不僅能制止急進黨，並能打平加羅斯黨之起事。而在其他人民愈受壓制之地方，革命之氣勢亦愈盛。但其制勝之程度在各地亦不相同。波蘭要求他們的權利，然不到數星期即被克服，從三月以後俄皇的軍隊集於瓦塞，使波蘭人不能動。而在四月與五月，墺普兩國君主容易以武力打平其治下波蘭地方的動亂。但意大利與德意志則不容易制服，一八四八，九年的革命運動，以在此兩國氣勢爲最盛。

意大利革命運動　在一八四七年之末，意大利革命已開始，及聞法蘭西共和政府之樹立，氣勢更張。君主之尚未順從民意者亦急於退讓。一八四八年三月四日，薩地尼亞王阿耳倍發布根本法(Statut Fondamental)，其內容幾全似一八三〇年法蘭西的憲法。數日以後，教皇辟斯九世亦取同一之手段（三月十日十五日）自由，獨立，統一之聲徹於全意大利。到處愛國志士投袂而起。一般人民仰望薩地尼亞領袖國民，驅逐墺大利勢力。阿耳倍雖久準備兵力當此重任，但見墺大利方面防禦亦甚嚴，一時取持重態度。隨後維也納革命事起（三月十三日），影響及於意大利北部。從三月十六日至二十二日威尼斯發生革命（由國民黨首領瑪林 Manin 主持），驅逐墺軍，組成共和國，以待與意大利他部聯合；米蘭亦起革命，搖動全倫巴多。同時瑪迭那公與帕瑪公均被逐出國。到處叛亂的人民屬望於薩地尼亞王阿耳倍之指導。三月二十四日阿耳倍發表一個宣言，檄意大利人共起而爭獨立，而自任統帥軍隊前進。二日以後，他入米蘭。四月中屢次追敗墺軍。北部意大利全體響應。塔斯加尼大公雖屬墺人，亦派兵為助；教皇派兵斷墺軍交通；烈普耳王亦派艦隊救威尼斯，而命老將丕白（Pepe 原為麥拉之部將）率二萬五千人向威尼斯前進。一時墺大利帝國軍隊似絕對失勢。

德意志革命 在意大利各地自由運動得勢之時，民主勢力亦制勝於德意志各小邦。在二月之末，三月之初，德意志同盟之君主幾無不迫而承認出版自由，集會自由；到處憲法成立。佛蘭克弗特之同盟總會取消一八三二年與一八三四年之反動的命令。最重大的事，是有若干愛國者自行集會於海德堡（Heidelberg），發議召集一個『預備國會』(Vor-Parlament)，於三十一日開會其使命在使德意志舉出一個國民會議。此事得全德意志之歡迎。梅特涅方思有以抵制此項自由運動，而革命事變進行迅速，有非外交家之力所能支配者。墺大利之力不僅不能支配意大利與德意志之形勢，卽墺大利本國秩序亦不能維持。墺大利王室自身卽要屈伏於革命。

三月十三日全維也納舉事，要求自由。數時間的戰鬪給民衆以勝利。墺皇菲地蘭鑒於形勢危險，決計犧牲此四十年來主持墺政之老政治家梅特涅。（梅特涅去職，倉皇逃至荷蘭，旋赴英國。）後繼政府以墺皇名義允諾發表一憲法。墺帝國之德意志地方大爲慶幸。但匈牙利向來要求他們的國民的權利，不以此爲滿足，墺政府至不得不給以一個獨立的政府，而給不斯特（Pesth）之立法部以無限的權能。帝國內之斯拉夫人自以爲特別構成一個民族，要求憲法的權利，而此懦弱的皇帝亦不能拒絕之（三月二十八日至四月八日）。

革命運動不限於墺大利，卽在普魯士亦不能逃此危機。從三月十五日至十九日，柏林陷於流血的慘狀。普王弗列得列克威廉四世全然讓步，組織自由黨政府而召集『全級會議，』定於四月二日開會，通過選舉法，以選舉國民議會。

維也納柏林之形勢已如此，再無政府可以反對預備國會之召集。此會從三月三十一日至四月四日開於佛蘭克弗特，決議國民會議依普通選舉制由德意志全體人民選出，其使命在依君主政體組織强有力的聯邦政府；而國民會議必爲主權的，換句話說，其制定之憲法不必交德意志同盟各政府認可，此是完全破壞神聖同盟之主義。

第三節　革命運動之結果

革命運動之挫敗　在一八四八年之革命運動中，民主勢力一時似有完全制勝之望。但卒之勝利變爲挫敗。不僅在法蘭西之共和政治最後推翻，英國之急進黨運動卽時失敗，而動亂最盛之意大利德意志兩處其革命亦卒爲反動勢力所打平。

墺大利內亂之壓伏 在墺大利領土內最重大的動亂，於普拉克(Prague)，維也納，不斯特之流血慘狀中打平。波赫米亞之革命一時似告成功，及極端的自由黨不滿足現狀起而謀亂(一八四八年六月十二日)，給墺軍統帥以打破革命之口實(七月十五日)。而在墺大利本部，民衆運動亦自招破壞。一八四八年四月二十五日，墺皇發布一憲法，其基礎爲普通選舉。依此基礎舉行選舉，斯拉夫人在議院占多事。此事非維也納之革命黨所願，他們不肯放棄德意志人在政治上的優勢。在國會開會之時(七月十一日)，他們多方妨害議事之進行，而煽動維也納市民攻擊斯拉夫的議員。墺皇及斯拉夫議員均不能不逃難。墺軍卽以行於波赫米亞之手段施於維也納。匈牙利之革命帶有民族運動與民主運動之兩重性質，其亂較大而較久。匈牙利人於哥修特（Kossuth）鼓勵之下，奮力爲獨立戰。但墺大利政府既得庫洛特人（在匈牙利治下，要求自由不得）之內應，而復得俄軍之外援，匈牙利革命卒全然打破（一八四九年八月十四日）。在此動亂中，墺皇菲地蘭讓位於其姪佛蘭西斯若瑟夫（Francis Joseph 一八四八—一九一六年）。

德意志國民議會之失敗 在德意志之自由運動，失敗更見滑稽。國民議會開會於佛蘭克弗特（五月十八日）。此議會於種種爭論之結果，卒決議設立一民主主義的德意志帝國（置墺大利及其他小國之反對於不顧）而以帝國首領之位奉諸普王弗列得列克威廉四世。但普王不肯以其神權的王位換民選的帝位，拒絕此項交涉。統一之計畫因此全然挫折，國民議會消滅（六月十八日被瓦顛堡政府强制解散）。原來的德意志同盟復立（一八五一年）。

意大利革命之失敗 在此悲慘的一八四九年，意大利革命之失敗恰與匈牙利獨立之失敗同時。墺大利同時在此兩處制勝，但匈牙利之事得力於一個專制政府（俄國）而意大利之事則有一共和政府（法國）共謀。其始意大利三個愛國黨於教皇辟斯九世，薩地尼亞王阿耳倍及瑪志尼各人之統率下，協力驅逐墺大利人。不久內部分裂自相敵視。教皇見共和黨之非宗教的色彩，而恐墺大利全然放棄羅馬教會，乃自行拋棄國民運動（一八四八年四月）。阿耳倍誤着戎機，在科司托札(Custozza 一八四八年七月二十五日）及在羅窪那(Novara 一八四九年三月二十三日）之戰，大遭挫敗，不得不讓位；瑪志尼（加里巴耳的 Garibaldi 與之聯合）消磨其精力於羅馬之共和政治的試驗（教皇於一八四八年十一月逐出此城。）法蘭西（在路易拿破侖之治下）派兵入意大利擁護教皇。羅馬於一八四九年七月爲教皇所克復，瑪志尼及加里巴耳的出亡。同月威尼斯亦被墺軍收服。意大利之自由解放運動一時中止。

法蘭西之路易拿破侖雖協同墺大利在意大利中部實行反對革命的運動，

而卻有一事，有助於民族主義及自由。薩地尼亞王阿耳倍之子耶瑪溜之能於敗後與墺言和，獲得比較有利的條件（一八四九年八月六日）實賴路易拿破侖與英政府合力調停之力。在意大利屈伏於外國壓制下，呻吟於反動政治之期中，薩地尼亞新君耶瑪溜獨以其王國爲自由之根據地。此後意大利民族屬望於他。

未來的問題 一八四八年之歐洲總革命如此結局。在此時期中，於許多動亂欣望之後，人民到處戰敗；帝王到處得勝。但他們的勝利與其說是實在的，毋寧說是皮面的。歐洲重大的問題尙待解決，而其解決惟在求諸自由與民族主義。

第二編 民族主義時代

民族主義時代與上述之正統主義時代有幾個最顯著的異點。在第一個時期中，在歐洲各國尤其在比較發達的中歐西歐國家幾皆有繼續不斷的騷動，發生許多革命亂事。在第二個時期，雖然在波蘭希臘（一八六三年）有革命，但除開巴黎之流血的暴動以外，西歐比較發達的國家，無論大小，免於內亂。而在他方面，則在第一個時期，即一八一五年至一八五〇年之中，文明國家相互間未有正式的戰事。然而其次一時代，則大戰爭迭見。有克里米亞戰爭（Crimean War 一八五四—五六年），有意大利戰事（一八五九—六〇年），有普墺對丹麥的戰事（一八六四年），有普墺戰爭（一八六六年），有普法戰爭（一八七〇—七一年），有俄土戰爭（一八七七—七八年）。此種種的戰事都是直接間接起自民族統一獨立運動，而一八六三年之波蘭革命亦起於同一的原因。為此時代之支配的因素者已不是自由主義，而是民族主義。此時代政治活動之中心在民族運動，民族主義為歐洲外交之大動力；此時代中支配歐洲政治之拿破侖三世與前一時代之梅特湼於此在外交上正立於相似的地位，卽後者為正統主義之擁護者，而前者則為民族主義之提倡者。

第七章　民族統一運動與歐洲政局

第一節　拿破侖三世之政治野心

法蘭西第二共和　法蘭西第二共和宣告於一八四八年二月二十四日，繼續存在約五年，而代以第二帝國；此帝國之開始在一八五二年十二月二日。實則第二共和的生命尙較此為短。一八四八年之憲法，已於一八五一年十二月二日推翻，而在共和政治存在之最後十二個月中，法蘭西實支配於路易拿破侖之獨裁政治下，所缺者惟一帝號。

第二共和成立之初，即有溫和黨和社會黨之爭鬭，而引起巴黎流血之慘。國民議會選舉結果，溫和黨制勝，法蘭西人表示對於社會黨政策無同情。國民議會於一八四八年五月四日開會。國民議會之討議共和憲法，適在其對待巴黎社會黨暴動之戰鬬中；憲法卒於十一月四日通過。此憲法設一院制之議會，而以一獨立的行政部抵制之，行政首長之任期爲四年，由人民總投票選舉。當選爲此重要之共和政府首長者，爲拿破命大帝之姪路易拿破命。此項選舉之意義極爲重要，而其所生政治上的影響亦極重大。

第二帝國　路易拿破命之當選，可說是得力於他的名姓。法蘭西在包本王室之反動政治時期中，在路易菲利普之沈悶的，不光榮的政府下，漸增長崇拜拿破命心理。拿破命大帝的思想事業，成爲法人想望之中心。拿破命自己在聖赫列那島時代（一八一五—一八二一）亦曾述其懷抱。他說，他的帝國所依據之主義及其生平所謀實現之理想，爲民主主義，民族主義，平和及宗教。拿破侖之此項思想，後來大爲路易拿破侖所闡揚，他在一八三九年曾刊行有一書，名爲拿破侖的思想(Des Idées Napoléoniennes)。此新共和國之總統概括他的信仰說（一八四九年十月三十一日）：拿破侖之名，卽是一個完備的政綱：此名代表秩序，權威，宗教；在內人民之福利，在外國民的威望。爲實行此政綱，首先要廢除一八四八年限制總統任期爲四年之規定，因爲職任非永久則不能有爲。此項促成專制傾向之主張，大爲新選出的立法議會所反對。路易拿破侖以光榮號召軍隊，以繁榮及社會改革誘無產階級，而得其贊助，乃依武力破壞立法議會（一八五一年十二月一日）而依人民總投票，取得一新憲法。在此新憲法中，總統任期定爲十年，總統之權力高出於立法行政兩部。以後只須一變其名，卽可將共和改成世襲的帝國；而此項變更，則於一年以後，再依一次人民總投票安然實行之。第二帝國宣告於一八五二年十二月二日，共和總統路易拿破侖，乃以拿破侖三世之名號稱帝於法蘭西。

拿破侖三世之政策　拿破侖三世自知其帝政之是否能長久，全視其政治成功如何。法蘭西在內要求社會安寧行政改革；在外則要求收復在歐洲已失去的威望，恢復光榮，及一强硬的外交政策。法蘭西之國民精神復表現於雄長歐洲之希望上。最初四圍情勢使拿破侖能滿足此希望；八年之間，一切情勢似利於他及他的王室。他壓平社會黨的動亂，奬勵工商業，執行公共工事，維持光耀的宮廷。爲羅馬舊教的利益及擁護法蘭西在東方之勢力，他從事於克里米亞戰爭，卒以巴黎會議（一八五六年）收得勝利。法蘭西首都復成歐洲外交之中心。爲民族的利益他極力助塞爾維亞與羅馬尼亞脫離土耳其羈絆；他並且以兵力助意大利驅逐墺大利人（一八五九年）。他迫墺皇佛蘭西斯若瑟夫永遠退出倫巴多及帕瑪，以之交與薩地尼亞王國。一七九七年之光榮似已回復。最招恨的一八一五年的條約已被破壞。法蘭西復自居爲歐洲之仲裁人。意大利人爲得拿破侖許塔斯加尼，瑪迭那等地加入薩地尼亞王國，不得不畀薩瓦及里司(Nice)兩省以讓之，於是在一八六〇年法蘭西國境擴張，新領土加入，使他再在阿爾蒲司方面回復天然國境。在一八六〇年，拿破侖三世之權威，達於極頂。從一八六〇年以後，形勢漸不利於他。他提倡許多主義，彼此不相容。他說帝國就是平和；但平和是與爭光榮，破壞條約，擴張法蘭西國境，樹立歐洲霸權之思想勢不兩立的。帝國政府依據人民主權，但此與皇帝獨裁制度不能調和。帝國擁護民族主義，於是有增進德意志意大利統一之義務。但如鐵耳所云，統一的德意志必爲法蘭西之害；又如帝后友堅尼(Eugénie)所道破，統一的意大利必掠奪教皇，而此則羅馬舊教的法蘭西所要防護者。於是在德意志與意大利，拿破侖爲相衝突的勢力所累，對於此等勢力，他既不得調和，又不能支配。從一八六〇年以後，他對於國內外的事情，均失其支配力。在法蘭西則自由運動漸起，他迫而讓步，已危及他的權力及拿破侖主義。在外則他的政策，更是迭次失敗。一八六三年波蘭人求助於他，對俄皇爲民族的反抗;他的公平而强硬的答覆,使波蘭人誤信可靠他的幫助而不惜激怒俄皇;卒之他未能以行動實踐所言,俄皇漠視他的照會而壓平波蘭人。次年他干涉墨西哥的事,派兵渡大西洋;及美國南北戰爭結局,法軍乃不得不退回歐洲。然而他的失策尤以在意大利德意志爲最甚。因爲此等失策之結果,不僅他自取滅亡,並且累及法蘭西。

第二節　克里米亞戰爭與巴黎會議

第一項　克里米亞戰爭(一八五四—六年)

東方問題復起　克里米亞戰爭與巴黎會議爲拿破侖三世對外關係上最得意的事。此事變不僅增高法蘭西之政治地位與光榮,並且使維也納會議以後多年平凡沈滯的歐洲政治忽呈大活躍的氣象。克里米亞戰爭之近因,雖在俄法之互爭聖地教民保護之權,而其真正的原因還是在此傳來的東方問題之紛糾,與俄皇侵略土耳其帝國的野心。

自一八二二年至一八四一年之間，東方問題之擾攘不絕者二十年，自此時期以後，東歐一時得享安寧（一八四一—一八五二年）年少的土皇阿蒲德美的得有餘裕整理內政。在土皇各種改革之中，有一件關係最重大而根本的推翻土耳其傳習的政策，就是土皇宣言對於各種不同的教派，概不歧視，無論是回教徒，猶太教徒，耶教徒，均平等的受皇帝之保護。如此開明的思想付諸實行，不免招國反動黨的反抗；反動黨的勢力極大，他們認此舉為違反土耳其帝國的根本法，而謂回教徒與耶教徒之同等待遇，不但不能消除不平，並反以增長屬下人民之不安，而鼓勵永久的動亂。實則教派爭鬭較前益烈，各派競求助於外部的保護者：正統派教徒求助於俄皇；羅馬舊教徒求助於法蘭西；少數的新舊徒倚賴英國。

法蘭西對於土皇領內耶教徒保護權　克利米亞戰爭之最近的主動者為拿破侖三世，此不容爭。在一八五〇年，他已熱心贊助近東的羅馬舊教徒之利益。一八五二年，他訓令駐君士坦丁堡的法國大使擁護拉丁僧侶，監護帕萊斯丁的聖地之權。法蘭西及其被保護的教徒之地位，已正式經一七四〇年五月二十八日之條約保障。不過從大革命以後，拉丁僧侶疎忽其監護聖地之義務，希臘教徒起而代之，而得法蘭西之默認。

拿破侖三世之在國內得勢，得力於教會之助不小。他爲永久維持教會之助力，乃謀在國內外取利於教會勢力之政策。近東利益之保護，在法蘭西已成三百年的外交傳習。法國在東方之威望，曾因路易菲利普之外交無能大爲墜落。法蘭西在外交上墜落於如此地位，全與拿破侖的光榮思想不相容。拿破侖三世欲復行實現此項思想，法蘭西外交之傳習，適指示以方向。加以關於本身的事，拿破侖三世亦與俄皇不和：俄皇始終歧視拿破侖三世，不肯對待他以君主相互間的禮節。

俄羅斯的地位 在東方問題上，法蘭西之威望受損於巴爾瑪斯登之手，俄國之威望亦未嘗不受損失。從彼得大帝時代以來，俄羅斯有兩個大目的：對於土皇的耶教徒臣民爲保護者；支配玻斯佛拉斯靼韃雷斯海峽。此等目的在一八三三年締結溫恰斯開列塞條約之時，可謂實際達到，而此條約則在一八四一年爲巴爾瑪斯登所破壞。

英國的政策　英國深感覺法國爲埃及保護國，或俄國爲土耳其保護國那項事勢之危險。防制法俄在東方之獨占權，實爲通十九世紀前半期英國東方政策之主旨。英國所主張的原則是：近東問題惟有歐洲列强協調可以解決。他極力謀維持此協調，而在維持此協調之中，不知不覺的，助成民族主義成長之機會。

德意志及意大利之地位　墺大利對於東方問題關係密切，但此時別有用意。哈蒲斯堡家之領地方纔脫離一八四八九年之危機。以俄皇之助力，始得保有匈牙利，此時墺皇之政策完全與俄皇相同。普魯士從梅特涅得權以來，對於東方問題未有獨立的活動。統一的意大利尙未造成，但他日手造意大利之人，一日執權，卽斷定將來之意大利於近東問題之解決有重要的關係。然在此時則此問題之處決，全操於俄皇尼古拉斯，拿破侖三世，及英國政府之手。

聖地之監護權問題　拿破侖在一八五〇年關於俄皇保護下之希臘僧侶侵奪拉丁僧侶勢力，已表示抗議。一八五一年之政變成功以後，拿破侖的權威更張，其駐土大使窪列特（Yalette）敢於在君士坦丁堡關於拉丁僧侶對聖地之監護權問題爲嚴重之交涉，其結果則土皇乃依一八五二年二月九日之勅令承認法蘭西之權利。一時法蘭西要求滿足，而俄皇政策未達目的。

俄皇之特別使節　一八五三年三月，俄皇派緬什可夫（Menschikoff）親王赴君士坦丁堡，其使命不但是在求得關於聖地監護問題之滿足解決，並向土皇要求以正式條約承認俄皇對於土領內正統教派人民之保護權。關於聖地問題，俄皇之理由甚强；反之，而他對於希臘教會保護權之要求，則是將庫恰克開拉齊條約中及其後俄土兩帝國之條約中所載的空泛不定的協定濫事擴張。

英國反對俄國之態度　自英政府視之，俄國使節緬什可夫之對土要求，凡顧體面重獨立之國家決不能容納；如依俄國所要求，是正式給外國以干涉土國內政之權利。英國政府對於俄皇對土之要求表示反對。緬什可夫在君士坦丁堡之行動爲英國外交所妨害。從四月五日以後，英國大使雷得克利夫(Lord Stratford de Redclife)回君士坦丁堡任，外交形勢頓經一個大變化。

俄政府計畫之齟齬　俄皇敢於對土耳其政府爲此過分的要求，因爲他自信在外交上有所恃。壞普之守中立（或甚至與俄同盟）是他久以爲可靠的。惟有英國的反對是一件可顧慮的事，因之他於實行他的政策之先，曾費躊躇。單對法蘭西一國，是不足畏的；法蘭西而加以英國之援助，却是不可等閒視的事。然在一八五三年之開始，俄皇乃信英國必不來妨害他的政策之執行，甚或可望其爲助。英國內閣纔更迭，新內閣中雖有拉塞耳(Russell)，巴爾瑪斯登諸人頗嫉視俄國之野心，然他們在政府不占重要地位；主持外交之克列連敦(Clarendon)及其多數同僚，如格蘭斯頓(Gladstone)者，都是絕對的平和派；而新內閣之首相爲阿伯淀更是俄皇之至友。在英國國內輿論亦久反對一切戰爭之主張。俄皇且知此時英女王維多利亞不十分對拿破侖表同情。因之俄政府堅信英法聯合不可能。俄皇正極力聯絡英國。在一八五三年一月（値緬什可夫赴土正待成行之際）及二月（時値緬什可夫將抵君士坦丁堡），俄皇向英政府爲一突飛的交涉；自彼視之，其交涉無論成功與否，均便於俄國計畫之執行。俄皇連續幾次與英國駐俄大使西摩（Hamilton Seymour）會見，明言土耳其在垂死的狀態，提議英俄兩政府協定繼承問題。但無論英國或其他列强均不得領有君士坦丁堡。俄國亦不永久取有此城，不過他有暫時佔領之必要。至於其他土地，則摩爾達維窪拉恰兩州依舊構成一國家，受俄皇之保護；塞爾維亞保加利亦可取得同一之地位。爲抵制俄國此項利益，英國可合併埃及與厙列特（Crete）。

緬什可夫在土之活動　在俄皇與英國大使談判進行中，緬什可夫已抵土耳其。但俄皇在未確定英國意向之前，不肯公然表示其訓令之主要部分。在俄皇之意中，以爲如英國贊成他的主張，他卽可立時致此病夫於死。然如英國不同意，他卽可以單獨進行，依直接對土談判，取得東方勢力。英政府必然最後倘誤於表面的形勢，無所動作，終當遇着一個既成的事實，換句話說，卽土國之完全屈服於俄國勢力下。英國彼時雖起而抗議，亦將無效用。此是俄皇之確信，但後來的事實未如他所想望的。

英國之拒絕俄皇提議　英政府拒絕俄皇此項祕密提議，停止談判（一八五三年三月—四月）。因爲有俄皇與西摩之會談，英政府對於俄皇之用意，更懷疑慮。法蘭西政府雖未與聞祕密，但已猜到，而從二月以後，卽向英政府揭破之而大施攻擊。未幾俄皇之意向暴露出來，此縱不是由於俄政府之自白（俄政府始終否認對於緬什可夫之祕密訓令），至少是由於緬什可夫自己之示意，而尤其是土耳其國務員之洩漏祕密。緬什可夫於二月二十八日入君士坦丁堡，隨卽要求撤換排俄派之外交總長，而在英法兩國大使不在中，土皇阿蒲得美的覺得不得不讓步。最後在三月之末，土耳其國務員祕密向英法代理公使通知緬什可夫對土的提議（俄使原禁土政府宣布此項提議。）此等提議條件至苛酷。俄皇對土皇提議結一永久同盟，而要求土皇承認俄皇爲土耳其帝國內希臘教會之合法的保護者。

英法兩大使之活動 未幾英國大使雷得克利夫與法國大使拉庫耳（La Cour）抵君士坦丁堡，他們洞悉當時形勢，而又由各本國政府令其一致行動，卽時採用一個極巧妙的策略。他們明知緬什可夫提出的要求，但佯爲不知而認定俄國代表之使命是如他自己所公言的，專爲解決門的內哥羅及聖地問題。他們想將此兩問題之爭議了結，除去俄國與土決裂之口實。門的內哥羅之事，依墺大利之力，從二月以後，已告解決。（門的內哥羅得俄國之外援，於一八五二年七月以後舉兵反抗土耳其；土政府派兵征門的內哥羅，惹起歐洲的注意。墺大利恐俄國乘機干涉巴爾幹事情，自起而當調停之任，一八五三年二月卒得與土政府協定，維持現狀，和平了事。）至於聖地問題則雷得克里夫容易勸得法國結一可以滿足俄國之協定。迄至五月四日，似一切皆告結局。此時爲俄使計，只有兩個辦法：或則回國，或則揭開假面具，實行貫澈他的政策。俄皇對於他與英國之祕密談判既無希望，乃命令其代表卽時現出真面目來，公然迫土皇承認其要求。俄皇欲於英法未有餘裕協定干涉以前，威嚇土皇阿蒲得美的，而不知此兩國政府在幾星期以前久已防備，且久已教導土耳其政府如何行動。五月五日，緬什可夫突向土政府提出最後通牒，命土政府於五日以內答覆，是否願與俄國訂結條約，保障希臘教會以宗教的自由及俗務的特權。如其答覆爲否定的，卽俄皇之代表離君士坦丁堡，而俄政府自己卽將取必要之手段，以擁護其權利。

土政府之態度 土政府受英法兩國之鼓勵，於五月十日答覆俄使，聲明爲維持本國獨立計，決不能依一條約將內政置於一外國政府之監視與支配下。土政府依英法獻議，自行提議，以一公令保障國內一切人民以完全的宗教自由。但此在土政府方面爲主權的行爲;他於此並不對任何外國承認有何項義務。至於關於希臘教會之俗務的特權,則土政府絕對拒絕。緬什可夫後來再提出幾次通牒於土政府,而無結果,乃斷絕交涉,於五月二十一日憤然離君士坦丁堡。數日以後,俄國外務大臣聞緬什可夫出發,乃以俄皇名義向土政府致一最後通牒,命土政府承認緬什可夫之提議,限八日內答覆,過時不覆,則俄皇卽當自取必要之保障手段第一步卽當佔領摩爾達維窪拉恰兩州。最後於六月十一日,此大臣以文書通知俄國駐各國外交代表,說明俄皇取此重大手段之動機。

歐洲之殺機 俄政府此項行爲震動全歐。英國輿論尤爲激昂,則以俄皇佯爲求與英國協定,而隱祕緬什可夫使命之眞性質,最近尙約定非得英國同意決不在東方取何決定。英法兩政府團結日益堅固,此時急於派艦隊赴韃靼雷斯海峽口,以備一遇土皇請求,卽可駛入海峽(六月一日—三日)。未幾,土皇以一敕令給領內人民以宗教的自由,以表示對於耶教徒之好意(六月六日)。最後,法國外交總長本一八四一年條約之精神，提議歐洲五强集會，解決東方危機（六月十日）。

俄皇之軍事行動　俄皇聞英法艦隊開赴韃靼雷斯海峽之報，極爲憤怒。至接土政府對於他新提出的最後通牒之答覆，他向俄國人民發表宣言，將他的行動說作一種神聖義務之十字軍（六月二十五日）。而在他方面，則外務大臣列塞耳洛得（Nesselrode）極力向歐洲表白俄皇之敵愾心，不單是由於土政府，並且由於英法兩國之挑撥；無論就權利，利益上着想，抑就名譽上着想，均有動作之必要。俄軍從七月四日起，攻擊摩爾達維，窪拉恰兩州，數日之後即佔領之。但俄政府向列强聲明，此佔領不是戰爭行爲，但是爲滿足他的正當要求之一種實物的保障。

墺大利之調停　俄皇自信戰事如發生，他必能得普墺兩國之援助，但此亦誤信。墺大利此時唯一的用意，在防止戰事之發生。墺政府頗處於困難的地位，他雖不能忘一八四九年俄國之助力，並且欲長倚之以抵制革命運動，然同時亦不願覩俄國之支配土耳其運命，並且亦不敢公然開罪於英法。墺政府乃求取兩全的手段，爲緩和俄皇反對計（俄皇不承認歐洲有干涉他在東方行動之權，）墺大利表面上屏斥法國外交總長共同解決之提案，而提出非公式的調停案；俄皇欲將墺國牽入問題旋渦中，速即承認之，同時使土政府對於俄國之佔領摩窪兩州不答以宣戰，而答以單純的抗議（九月十四日，）爲將來留一妥協之餘地。墺政府第二步行動即在滿足英法提案，而在維也納召集列強大使會議（七月二十四日。）俄國不肯與會，但不拒絕就通牒開談判。墺，普，英，法四國大使在維也納協定一通牒，以爲可以滿足俄土兩方。此通牒僅重申『土皇承認開拉齊，亞得里亞羅堡兩條約於耶教保護之條文與其精神』。俄國以此通牒之含義朦混，可作有利於俄國之解釋而承受之。土政府則見條文用語曖昧，將來土政府必立於不利的地位，乃要求修改通牒。俄土之主張衝突，其結果維也納通牒拋棄。英法見戰事之迫切，命令艦隊進越韃靼雷斯海峽，以掩護君士坦丁堡（九月末。）墺政府方欲繼續調停，以求平和解決，而東方戰事發生。

土耳其之宣戰　土耳其受英法之助，從七月以來，極力爲軍事上的準備。在九月之末，一切準備完成，國內回教徒排俄之氣勢日張，土皇覺得不可不應聲而起。此時英法艦隊已開近君士坦丁堡，土皇乃決定對俄開戰（九月二十六日）；十月八日土將阿瑪柏奢（Omer-Pasha）迫令俄將哥恰可夫（Gortchakoff）於十五日內退出摩達兩州，二十三日土耳其宣戰。

俄國之防禦態度　土耳其之强硬的主戰態度並未足以威嚇俄皇，他始終信以爲可望普墺之好意的中立，而堅信英法同盟之不可能；他並且屬望於巴爾幹耶教人民起來反抗土耳其。俄國此時仍與西歐國家居於平和狀態，俄皇且宣言雖以土耳其之宣戰，他決不在摩達兩州取攻勢（十月三十日），俄皇態度如此，使墺政府有平和解決之希望：墺政府急詢俄政府是否願聽調停，以解決俄土間之爭議。及得俄政府答覆表示願意，墺政府乃重開維也納會議，從十二月五日以後，英，法，普，墺四國代表正式採決一議定書，似足爲平和談判之出發點。此項宣言表示他們一致主張兩個原則，認爲維持歐洲均勢必要的條件：（一）土耳其帝國之領土保全；（二）土皇之政治的獨立（列强請土皇改善並保障其耶教臣民之狀態。）於此議定書之後，附以一照會，請土政府表示其對俄談判之條件。

東方危機之增長　歐洲已希望可以平和解決俄土爭議，不期東方事件之危機因一新事變而增大。土耳其自宣戰以後，在歐亞兩面軍事上的勝利出乎俄皇意料之外，在黑海沿岸佔得俄國之要塞聖尼古拉斯（Saint-Nicolas）。俄皇得此消息震怒頓忘其十月三十日之宣言而命令俄國艦隊開赴小亞細亞方面土領海岸，十一月三十日在叙洛浦（Sinope）港內，完全摧滅土耳其艦隊。從此以後，土皇再不能與俄皇爭雄於黑海，並君士坦丁堡而亦無以擁護。幸而英法艦隊亦抵泊此城下，土皇見事機迫切，迫而求助於英法，正式請求他們命令其艦隊駛越玻斯佛拉斯海峽。十二月二十七日英法兩政府通告俄政府，說英法艦隊將佔領黑海，命俄艦退進港內。英法於此實已表示戰意，其所以未卽宣戰者，則以尙需數月方能完成軍事上的準備及組織同盟。

英法之宣戰 墺大利此時在外交上頗立於兩難的地位。一方面俄皇尙倚之爲後援，至少亦望其好意的中立；而他方面則英法力謀將他牽入對俄同盟。最後調停（一八五四年一月十三日墺政府將維也納會議議定的新條件轉致俄政府）已因俄國之拒絕而失敗；墺政府旣反對俄國政策，同時亦不敢積極加入英法同盟。墺政府取一種詭譎的外交手段，於二月二十二日示意英法政府，如果英法向俄國提出最後通牒，命俄軍於一定時期內撤出摩窪兩州，墺可助英法。英法兩政府隨卽依照此意思，於二月二十七日通告俄政府，限於四月三十日以前撤退摩窪兩州境內俄軍。三月十八日，俄政府宣示拒絕之意；二十七八兩日，法英次第對俄宣戰。其時始知墺國所允諾的援助僅在外交上，而普魯士亦與墺取同一態度。

英法土之同盟條約 英法與土耳其之間已依三月十二日在君士坦丁堡之條約，結成軍事同盟關係。英法約定以兵力防護土耳其，至於媾成和議，能保障土耳其帝國保全及土皇權利爲止。在土政府方面，則承認更改帝國制度，對於帝國內人民無分教派，一律保證其享受法律法庭之平等保護，及官職公開租稅公平負擔之制度。

四月十日英法約定對於俄國不單獨講和，在戰事中不謀特殊的利益；且制伏希臘，使不能煽動土耳其內地人民叛亂，暗助俄國。

四國議定書 四月九日，英法普墺四國代表在維也納簽定一議定書，決定未來談判之根本原則及條件。此等條件爲（一）土帝國之領土保全；（二）俄國退出摩寠兩州；（三）土皇之獨立及其自行對於耶教人民給與自由與特權。四國約定維持一致態度以處決懸擱的困難問題，而非將其條件經共同討究，不與俄國結何特別協定。此議定書在精神上極爲重要，俄國之孤立因此表露，而英法聯軍既確定中歐的態度，可以在戰事上放膽積極進行。

克里米亞戰役之性質 從軍事上說，克里米亞戰爭可算是戰役中一個最特別而最困難的。雙方交戰國家分處歐洲之兩極端，彼此不接觸，惟有從海上可以施攻擊，因之英法方面運輸極爲困難。在俄國方面，其困難亦略同等，則以俄國地大而交通機關不備，道路不良之故。

聯軍之間關於政策亦無一致的協定，英法軍事計畫各不相同。起初想作戰於達溜白方面，後以七月中俄軍退出摩窪兩州（六月二日墺政府曾令俄皇撤退摩窪兩州的俄軍）拿破侖三世乃想從事於大陸戰爭，而英國則謀派兵赴克里米亞，破壞塞巴斯托堡(Sebastople)之海軍兵工廠。克里米亞之遠征計畫既卒決定，而關於半島作戰計畫，聯軍意見復不一致。爲滿足雙方國民的自負心，同盟國家各保有其獨立的軍隊指揮權，無一個單一的統帥。在克里米亞聯軍統帥間，商定軍事計畫，其手續亦如同外交，則聯軍軍事活動之困難可以想見。從一八五四年九月十四日英法聯軍在塞巴斯托堡之北方一港上岸，以至一八五五年九月九日聯軍佔領此要塞，其間苦戰幾一年。英法雖達軍事上的目的，而聯軍損傷亦大；且尚有賴於薩地尼亞生力軍之助。（一八五五年四月之末，意大利之薩地尼亞軍隊一萬八千人開赴克里米亞助戰。）

戰時之外交活動　在戰事進行中，外交家之活動仍未停止。墺大利在此次東方問題中大施其巧妙的外交手段。墺政府注意的處所，在摩窪兩州；從七月三十一日俄國在此方面已開始撤兵，墺政府依據六月三日與土政府締結之條約，繼俄軍而佔領此兩州。墺大利之主要目的已達，不願更進而與英法共行動。墺大利急於重開談判，了結戰局。在八月中，墺大利與英法三國共簽一議定書，發表四條，認爲解決東方問題之基礎：（一）對於摩窪兩州及塞爾維亞以國際保護代俄國單獨保護；（二）達溜白河航行自由；（三）破滅俄國在黑海之優勢；（四）俄國放棄其對於土帝國內耶教人民之保護權。十一月俄皇命其駐墺大使依此四條討議講和條件;而於一八五五年一月之初,他決然承認依此基礎議和。三月十五日和議正式開於維也納。然在和會開會以前,有兩個大事變發生:其一爲俄皇尼古拉斯之逝世(三月二日),其他爲薩地尼亞之兵加入英法聯軍助戰。

維也納和議之失敗　俄皇尼古拉斯之固執,視爲克里米亞戰爭之禍因,他之死去,可說是消去平和之障礙,後繼者或能本調和之精神促成和議。當和會開會之初,一時似頗有希望。第一,第二兩條卽摩達諸州之保護與達溜白之通航問題,未發生何種困難。但議到第三條,俄國與英法之意見不相容。英法主張將黑海化爲中立以保障土耳其之獨立,而對於此層,墺土之贊助不力。墺大利只要能通訂第一,二兩條,他的目的已達;土耳其則注重在最末一條,因其可以免除俄國干涉土國內政之口實。俄國代表於是以爲在第三條上可以爭勝,他改提一議,主張或將黑海全然對一切國家船舶開放,或給土皇以自由容許外國軍艦通過海峽之權（至於關於俄國在黑海設置艦隊之權絕對不讓步。）然而英法反對此議，和會無成而散，戰爭繼續進行。

薩地尼亞之加入戰爭 戰爭再開，形勢已大變。拿破侖三世一面想牽入墺大利於英法方面，同時亦利誘薩地尼亞加入戰爭。薩地尼亞原來直接與俄國無衝突無開戰之理由。但薩地尼亞將來欲得參與解決東方問題之國際公會，與列强並列一堂，正式喚起歐洲對於意大利問題之注意，則此爲唯一入手的好方法。從一八五四年五月以來，法國大使已與薩地尼亞王耶瑪溜及其宰相加富洱（Cavour）商議訂結同盟，而其條約在一八五五年一月二十六日簽字。依此條約，薩地尼亞派一軍赴克里米亞助戰。英法聯軍得此一支生力軍，在軍事上獲助極大。

和議運動之再開始 九月初頭，聯軍攻克塞巴斯托堡，戰局大定，講和之時機復至。俄國戰敗，兵力疲敝，講和之心因之更切；拿破侖既獲得戰功，而漸感久戰財政負擔之重，亦極欲了結戰事。他說平和是他的目的。如戰事必要進行，他將給此戰爭一個新性質，而在波蘭或其他方面喚起民族運動，反抗專制君主。拿破侖之有意訴諸民族主義，給戰事以新性質，使英墺均有戒心。英國政治家如巴爾瑪斯登之徒，雖有意繼續戰事，但未準備在各地喚起革命。墺大利原來的目的已達，而亦感拿破侖喚起波蘭的民族反抗之危險。墺政府於是起而運動講和，向拿破侖開始交涉，於十一月提議向俄皇發一最後通牒。（此通牒經英國修正之後，於十二月十六日發出，限俄皇於一月十七日以前承認。）普魯士至此亦漸怕萊因方面戰事之危險，力勸俄皇承認講和。一八五六年一月十六日，俄皇亞力山大二世表示承認四條（包含黑海中立之一項）爲講和之基礎。二月一日，英，法，普，墺，俄五強代表在維也納簽定一議定書，包載此等條件，是爲講和預備條約。（最後的和約於三月三十日正式締結於巴黎。）

第二項　巴黎公會（一八五六年）

公會之性質　巴黎公會於二月二十五日開會，此會在十九世紀過去公會中，其重要之度僅次於維也納公會。此公會不僅解決東方戰事，並影響歐洲國際政治甚大。

和會召集之初，有兩個問題：（一）何國有到會之權？（二）會議地點在何處？關於第二問題，容易解決，列强皆以在此次戰事，法蘭西佔重要地位，爲對法國表示敬意，公會當然開在巴黎。至於第一個問題，則頗引起爭論。英，法，墺，俄，土之與會，自不成問題；但此外發生問題的，尚有瑞典，薩地尼亞，普魯士，德意志同盟。瑞典雖然在一八五五年十一月二十一日與英法訂有對俄同盟，但他未實際加入戰爭，容易承認自立於局外。薩地尼亞有到會之權，但墺大利不願其到會。然而墺大利亦不敢公然要求排斥他，他乃得安然到會。普魯士本於東方問題有關係，又爲歐洲强國之一，極欲與會。而列强，尤其是英國，反對他到會，則以其在戰事中未負責任之故。卒依拿破侖三世之援助，許其於和議條件議定後，議到海峽問題之時加入會議（因爲普魯士爲一八四一年關於海峽問題之倫敦協約之當事者。）至於德意志同盟則墺普均反對其加入會議，而其他列强亦無望其到會者，卒彼屏斥。

巴黎公會到會的列强代表主要者爲法之窪洛斯基（Walewski），墺之鮑爾（Buol），英之克列連敦，俄之阿羅夫（Orloff），薩地尼亞之加富洱，土耳其之阿里拍奢（Aali-Pasha）。依國際禮節慣例，推法國代表窪洛斯基爲議長（窪洛斯基．時爲拿破侖三世之外務大臣。）

會議之進程　列强關於東方問題已有協定，他們關於和約條件已有一致之意見，此莊嚴的公會不過正式登記已成之議；所以會議進行比較圓滿敏捷。惟關於摩爾達維州境界修正及其與窪拉恰州合併問題，頗有爭論。關於第一層問題，俄國卒讓步。至於第二層問題，則留在後來議決。從三月十四日以後，締約當事者之間協議十分妥定，公會命一委員會整理和約各部，其本文在三月之末逐條採決。十八日普魯士之代表蒙特菲（Manteuffel）加入會議，他惟有承認列强已定之議。

巴黎條約　巴黎公會締結之條約於一八五六年三月三十日簽字，其主要條件如左：

（一）土耳其帝國政府正式加入歐洲國際社會，參與歐洲公法，列强相約尊重並保障土耳其帝國之獨立及領土保全。土耳其與締約國之間如有爭議，當不訴諸武力，而先求其他締約國之仲裁。

（二）土皇自行對列强表示願改善他的人民（不分種族，教派）狀態之意思，而列强自行否認一切干涉土國內政之權利。

（三）黑海化爲中立，其海面及港灣許各國商船出入，但禁止軍艦出入；在黑海岸上無論俄土，均不得設置兵工廠。

（四）交戰國彼此占領的歐亞地方各退回原國。

（五）達溜白河對一切國家開放，而設一國際委員會管理之。

(六)倍沙拉比亞南部由俄國割讓於摩爾達維州。摩爾達維，窪拉恰兩州立於土耳其宗主權之下；俄國放棄其保護權而締約國共同保障其特權。此兩州當享有一國民的政府及保有國民的軍隊。在各州均應開一國民會議，以決定此兩州之最後的組織。

(七)塞爾維亞之自由亦同受保障。

附加條約　巴黎條約本約之外，尚附有幾種特殊協定。其一個重要的訂於英，法，普，墺，俄，薩與土耳其之間，重申一八四一年海峽條約之原則，聲明土耳其帝國之舊制：在土耳其平時禁止外國軍艦駛入韃靼雷斯玻斯佛拉斯海峽。

再一個附加條約，是所謂巴黎宣言(Declaration of Paris)。此雖與東方問題無關，然在國際法上成爲極重大的原則。依此宣言：私船捕獲制宣告廢止；中立國旗可以保護敵貨(除戰時禁制品外)，中立國貨(除禁制品外)在敵船內亦不得被捕收；封鎖須真有效，換句話說，卽須有適當的海軍維持之。

和議的結果 巴黎和議，在表面上有利於土耳其。土皇簽訂國際條約而不是承認土帝國之瓜分國權之減損者，在十九世紀中此爲第一次。一八一五年之維也納公會拒絕土耳其加入歐洲國際社會。今則土帝國正式加入歐洲國家團體，而其獨立與領土保全受列强之共同保障。英法既破壞俄國在黑海之武力，而禁其重新組織，更將土耳其置於安全地位。

墺大利與英國在此戰役中均收大利。前者覩俄國之離開達溜白，後者覩俄國海軍勢力之破滅，至不能出地中海侵害英國利益。但墺大利以忘恩之故，結怨於俄國，而以在外交上行動不貫澈之故，招英法疑忌。英國禁止俄國在黑海方面設艦隊，置兵工廠，未免過舉。俄國一時戰敗，不能不忍受此條件，一旦時機到來，他卽不惜破毁此約。

法國之所得的利益純爲精神的：在歐洲則他的威望回復，在東方則勢力復樹；至於物質的利益則原非其所望。但拿破侖究獲得一個良果，卽破壞俄，普，墺之專制國同盟，因而使意大利解放之思想可以實現。此事實至會議結末顯示出來；當時法國代表窪洛斯基於加富洱與拿破侖會商後，公然在會中提出意大利問題，說及教皇領內與雙叙叙利國內部之危險狀態，而結論有警告各邦君主之必要。惟墺國代表對此表示抗議。公會雖然未取何種嚴厲的決議，然而意大利問題從此以後成爲歐洲的問題，則無容疑。此不能不算是克里米亞戰事重要結果之一。

至於巴黎宣言之通過，則解決了海戰法上重大問題，於國際法是一個重要的貢獻。

而在他方面則巴黎和議實際的結果，有與表面的形勢相違者。土皇約給其一切臣民以宗教自由及平等待遇之勅令從未實行；黑海之中立僅能維持至一八七〇年，俄國所割讓的倍沙拉比亞一部分之地於一八七八年仍歸還之；而在是年土耳其帝國領土保全受侵逼之時，列強無一起而爲之防護者。土耳其之各州，大部分如尼古拉斯所願，變成自治的屬國。於此可說戰敗國之意見制勝。然而俄國終未因此而得支配君士坦丁堡。俄皇雖看清事變之趨勢，然究未料置於俄國保護下之自治的各州，遲早必脫離其保護者；他們不助俄國發展，反將爲俄國向玻斯佛拉斯方面的進路之新障礙。

第三節　意大利之統一

第一項　統一以前的外交活動

統一運動與外援　一八四八九年意大利革命運動之悲慘的失敗，給意大利人一個教訓，使知有變更政策與方法之必要。從前關於意大利統一，有三個不同的計畫；但皆基於一個假設，卽意大利可以獨力成就解放事業。瑪志尼想於一意大利民主共和政體之下，建設一解放的意大利國；裘倍遏（Gioberti）則主張於教皇主宰之下，組織一個聯邦，以達解放統一之目的；薩地尼亞之政治家，則視其君主爲抵抗墺大利唯一的希望。而一八四八九年之事變，已經證示此等計畫—共和聯邦，君主—非得外援，無一能實現者。首先看淸此事實，而用其手腕與決心以取得必要的援助之人，是爲加富洱。

意大利的狀態與耶瑪溜二世之政策　在一八四八年革命爆發之後，繼以一八四九年之反動，意大利似復歸於維也納公會協定的原狀。意大利人不能團結以爭回民族的獨立與政治的自由，在一八五〇年，似意大利去此兩個目的之遠，幾如在一八一五年。意大利半島仍受外國勢力之支配，專制政治到處復立。意大利人此時解放之希望已不在羅馬，而在狄林，則以此處爲意大利政治上唯一的光明地。從一八四九年以來，唯一的意大利的君主君臨是邦，而始終忠於國民運動，未曾復立專制政治。一八四九年薩地尼亞王阿耳倍軍事上失敗後，耶瑪溜繼登王位，對外對內均能維持一强健忠實的態度。他知外倚法蘭西之助，內得人民之愛戴，辟得蒙可成意大利統一運動之中心，在意大利半島專制主義得勢之時，耶瑪溜獨維持憲政，雖以一八四九年議和時墺大利之利誘，而不肯廢止一八四八年之根本法。辟得蒙此時成爲意大利革命志士之避難地。耶瑪溜漸接近法蘭西。路易拿破侖雖曾出兵羅馬，然對於意大利國民表同情，有意使之脫離墺大利勢力。在一八五二年之末，拿破侖三世對薩地尼亞之大使屢表示願爲意大利統一事業盡力之意志。

加富洱的政策 加富洱是當時第一流政治家，他於一八五二年十一月四日由耶瑪溜二世任爲國務總理。意大利統一之實現，主歸功於此大政治家。

加富洱具有遠大的眼光，敏捷的外交手腕，他不僅欲使辟得蒙爲一個政治清明之國，并且要致其國於富強，俾能得友邦之信任。而在他方面，則他不鼓勵革命黨之急激行動。他欲使歐洲大國君主，尤其是法蘭西皇帝，確信他的政策不至搖動他們的王位；而依制止并指揮革命之方法，反可以鞏固之。

薩地尼亞在克里米亞戰爭之活動 墺大利知薩地尼亞政策之傾向，急起而威嚇之，然而無效。

從一八五三年以後，因辟得蒙保護倫巴多的亡命者，維也納與狄林政府國交已壞。但加富洱時正謀求得兩大國之保護以對抗墺大利，對於此事亦不恐慌。英法兩國方預備對俄戰爭。如果墺大利皇帝加入英法方面，加富洱希望耶瑪溜取同一的行動，其意以爲墺皇在近東取得繁富的土地，可以將倫巴多威尼沙讓與薩地尼亞王。反之，如果墺皇不加入戰爭，辟得蒙之提供協助，更爲英法所歡迎，而戰後可望得更好的報酬。

英法對俄開戰（一八五四年三月）而不得墺大利之援助，且以後者之曖昧的狡猾的政策，聯軍不得不離開達溜白方面，而從事於塞巴斯托堡之遠征。於長時期失望的談判之後，英法知爲墺政府所舞弄，乃決計利用薩地尼亞之好意。從一八五四年十一月以來，拿破侖三世之密使已赴狄林，容易與加富洱協商妥定。加富洱以爲一經在克里米亞援助英法，薩地尼亞卽取得在戰爭結局列席和會之權利；在和會中他卽可向歐洲提出意大利問題；彼時可得英法之助，而在和會中必不至爲俄所反對，因爲俄國正欲報復奧大利之忘恩行爲：至於普魯士則他亦明知其決不會助奧。於是薩地尼亞與英法之間同盟成立（一八五五年一月二十六日）。爲將來取得較高的報酬計，薩地尼亞不願單以副手之資格加入同盟（英國原如此提議）而願與其他締約當事國立於平等地位，自備軍費共當危險。他於是提供一軍，獨立受薩地尼亞國將校之指揮，而以借款之名義向英國受領事費。意大利之統一可說是產生於此同盟條約。

辟得蒙之議會悟得此舉的實利，容易贊同加富洱之政策。瑪麥拉（La Marmoral）將軍統帥之軍隊於一八五五年四月中卽開赴近東，而在實戰中大具功績，有助於克里米亞戰爭之勝利的終局。奧大利畏拿破侖三世在歐洲大陸煽起革命危及奧國的地位，乃迫令俄國休戰講和，此時薩地尼亞之列席和會已無問題。從一八五五年七月以後，拿破侖三世已發表他的意見，願使薩地尼亞分擔戰事之福禍說：『危險，名譽，利益，一切當分擔之。』

加富洱與巴黎和會　在巴黎和會（一八五六年二月開會）薩地尼亞所佔的地位遠過於其實在的國勢。有許多難問題依加富洱之巧妙的手腕以渡過，他的信用迅速增加，同時其本國信用亦因以增加。所有到會之列强，除墺大利外，咸與之攜手。人皆知他的祕密希望受拿破侖三世之鼓勵。巴黎條約簽字以後，和會議長窪洛斯基有感於加富洱向他提出關於意大利危狀之一個通牒（三月二十七日），起而警告和會注意意大利之現狀。

隨後在巴黎公會結局之時（四月十六日）加富洱向巴黎政府致一通牒，明白提出意大利問題，而力言如再將此問題置之度外，不免危及歐洲自身的平安。他說意大利半島之情狀，因外國軍隊佔住與政治的反動之故，危險已達極點。其禍原尤在墺大利。維也納政府破壞一八一五年條約所創立的半島均勢，侵逼辟得蒙。薩地尼亞因之不得不維持負累很重的軍備，以備萬一。薩地尼亞是意大利唯一能抵制革命而同時仍保存獨立之國家。如果此邦傾覆，則無再能在半島抵抗墺大利之勢力者。西歐列强如欲防止此事變發生，應當注意。加富洱固知他們必注意者。他於一八五六年五月六日在議院報告他的政策，卽斷言縱令耶瑪溜王此時未因加入戰爭取得何等顯明的利益，然薜得蒙之金錢血肉，究未嘗純然虛擲，蓋竊示意於人民代表以將來的大希望矣。

拿破侖三世與民族主義 拿破侖三世是一個空想家，熱中民族主義，思破壞一八一五年之條約，修改歐洲地圖。俄皇亞力山大一世曾謀聯合歐洲帝王以維持均勢，而拿破侖則思團結解放的種族，各組成獨立國家，以樹立均勢。然兩者皆發生於抽象的觀念，而未計及所以實行之方法。拿破侖心目中的急務，是在使他所愛慕的意大利成一民族個體。他曾從事於是邦之自由革命運動；他猶帶有一八三一年老燒炭黨之情感。他的親戚亦幾全爲意大利人，求他起而幫助他們不幸的祖國。他的從兄弟拿破侖親王（le Prince Napoléon）一則爲本身的野心，一則動於革命的本能，亦促他幫助意大利。他自覺從派兵羅馬以後，半島方面大多數的舊友視他爲叛黨者。如果他不有以償他的過惡，本身亦不免危險。

而在他方面，拿破侖三世之實行意大利的政策，亦有須愼重考慮之處。在意大利喚起革命，未免驚動教皇，此則他曾以武力恢復其權力而約定不拋棄之者。如此不失去他的舊教僧侶之助力乎？如此不惹起選民之反對乎？如此不搖動帝國組織之根基乎？皇后及他的許多大臣，立法院一部分議員及貴族院大多數，皆反對他的意大利政策。但拿破侖三世自以爲得有一折衷方法，可調和他的思想與利益。在他的意中，解放的意大利，不當組成一個單一國家而當於薩地尼亞主宰之下組成聯邦，脫離奧大利，依附法蘭西。教皇失去一部分領地羅瑪尼（Romagne），仍然在位，而法蘭西無再以兵保護羅馬之必要。然謂半島的君主與意大利人民肯贊同此計畫；而依附維也納政府之各部君主肯降身而服屬薩地尼亞；意大利人民既被喚起自行組織解放運動，肯於半途而止；此誠未免是思想簡單，而拿破侖三世與法蘭西後來因之以受損失者不小。

意大利革命之先聲　巴黎和會閉會未久，意大利方面形勢頓呈險惡之象。羅馬教皇與雙叙叙利國王恃有墺大利之助，繼續施行專制政治。維也納政府絕對不肯放棄其在半島之優勢。薩地尼亞為在意大利唯一能抵抗墺大利之國家而恃有法蘭西後援者，此時更為墺政府猜防疑忌的目的。加富洱明對議會說，神聖戰爭開始之日卽在不遠（一八五六年五月）而墺政府則詆加富洱為革命之庇護者。加富洱不以介意而繼續其宣傳事業。在一八五六年，瑪林等組織有國民協會(Société Nationale)，卽依加富洱的主持；此團體所以集合國民中活動分子以備將來的大爭鬬者。他同時並極力擴張軍備。維也納政府深憤狄林政府之行動，而咎加富洱縱容辟得蒙的新聞攻詆墺皇。加富洱答以薩地尼亞之根本法，不容辟得蒙政府干涉新聞言論。未幾兩國的外交關係斷絕，戰爭似甚急切（一八五七年三月）。

此時戰事之所以未卽起，是因為拿破侖三世準備尙未完成，而巴黎公會以來的懸案（例如達溜白諸州問題）正待解決，一時使他擱置意大利問題。半島之狀態益危險。意大利對於墺大利及各專制君主之惡感，已成一般的事實。一八四九年失敗亡命的革命黨，復從各方面集合；加富洱縱容他們在辟得蒙方面之活動。他的計略是在恐嚇拿破侖三世，俾知如不急起為積極的行動，必落於半島民衆煽亂家之後；而拿破侖加富洱及耶瑪溜不能支配半島形勢，共和政體一旦能成立於意大利，不久必傳播到法國。

加富洱與拿破侖之密約　一八五八年一月十四日，有意大利人阿叙尼（Orsini）謀殺拿破侖三世之舉，此事及於拿破侖精神上的影響甚大，有以促拿破侖之決計速發；則以此人在獄中曾致書拿破侖，乞其為意大利自由盡力，以償其過惡，否則拿破侖本身將不免危險。拿破侖之密使正式召加富洱與拿破侖會商意大利未來問題。加富洱與拿破侖三世會見於普倫比耶（Plombières　一八五八年七月二〇—二一日），談判的結果，訂有魯倫比耶之密約（七月二十一日。）此實是一個真正的對墺陰謀，而一八五九年之戰爭所因以發生者。依此密約之協定，法蘭西與薩地尼亞合力驅逐墺大利人出意大利；戰爭在來春開始；薩地尼亞取得倫巴多威尼沙，甚至於帕瑪瑪迭那及教皇領地之羅瑪尼省以組成一個人口千萬至千二百萬之國家；法國取得里司與薩瓦（Savoy）；塔斯加尼可合併一部分教皇領地；意大利減爲四國組成一個聯邦，置於薩地尼亞國王之實際的霸權之下，而戴教皇爲名譽的首領。拿破侖親王（拿破侖三世思之以爲塔斯加尼王）當娶耶瑪溜之長女。

對於此項不貫澈的協定，加富洱幷不反對。他知革命一旦開始，拿破侖三世無法制止之。並且他自知所以鼓勵宣傳，而使之成不可抗的勢力之方法。國民協會隨時可聽他的指揮。

大戰爭之先機　加富洱離普倫比耶之後，卽赴德意志，而確定普魯士不願爲墺大利牽入戰爭，於是回到狄林，而在一八五八年之末，繼續從事於戰事之準備，及與法國之祕密談判。至於拿破侖三世，則對於要求對墺戰爭，解放意大利之新聞表示好意，已經使公衆疑其別有用意。隨後他自己揭破他的意志。一八五九年一月一日他在皇宮接見外交團，對墺大利大使說：他深以兩國關係不如以往之好爲遺恨。此語傳到維也納，驚動墺人。墺大利的軍團隨卽開赴倫巴多威尼沙。數日以後，耶瑪溜對議會言及形勢之險惡，宣布薩地尼亞之愛國的義務，而宣言對於被壓制的意大利到處嗟苦之聲不能置若罔聞。一月三十日，拿破侖親王與薩地尼亞公主之婚典舉行於狄林。同時發刋有題名拿破侖三世與意大利之一小册子，此出於拿破侖三世之授意，而不過是普倫比耶密約內容之變形。二月九日，加富洱在議會通過五千萬公債以爲辟得蒙之防禦費，戰事之緊迫更不容疑。大軍迅速雲集於意大利。墺大利軍隊之在迭散（Tessin）河上者近二十萬人。

英國之調停 英國對於意大利方面之危機不能坐視。英政府恐法國在戰爭中獲利太大。但他之調停爲提議拿破侖三世與俄皇（俄皇欲減損墺國勢力）

所破壞。俄國於三月中主張將意大利問題提交一公會解決。此實欲致此問題之解決不可能。維也納政府以爲自己在戰爭可操勝算，要求屏除薩地尼亞於公會外，而强是邦卽時解除武裝。狄林政府極力激怒墺政府，使之爲戎首。加富洱向意大利愛國者發一熱烈的檄文鼓勵新聞强硬的論調，而正式委任加里巴耳的(Garibaldi)組織義勇隊。從四月之開初，維也納政府已决計進攻，英國之外交努力，不過壓住他數日。加富洱一旦確知墺政府必首開戰端，覺得可以安然取讓步的態度。四月二十一日，他宣言贊同倫敦政府提議總解除武裝之原則。而在此時他知維也納方面已決計提出一最後通牒，迫令薩地尼亞單獨解除武裝，否則卽開始攻擊。實則此通牒從二十三日遞到，答覆期限只有三天，而在三天之末，薩地尼亞決然給以否定的答覆。其結果爲戰爭。法蘭西政府卽時宣言他不拋棄他的同盟國。英國尙爲最後一次的調停計畫，亦無成功；從四月二十九日（一八五九年）起墺軍渡迭散河。恰在同時，法軍先鋒隊越阿爾蒲司山。

第二項　意大利王國之建設

拿破侖之入米蘭　拿破侖三世於五月三日依一宣言，發表他願解放意大利至於亞得里亞海爲止之意志，而於十日離巴黎赴前敵督戰。他一抵意大利，聯軍卽取攻勢。瑪堅塔（Magenta）之役（六月四日），拿破侖大敗墺軍。四日以後，拿破侖三世與耶瑪溜入米蘭。拿破侖激於勝利，向意大利人民發一檄文，喚起他們愛國的努力，命其來集於耶瑪溜旗下，共成意大利解放之大業。

中部意大利之舉事　同時拿破侖三世覩英國達倍（Derby）內閣推倒，繼之者爲巴爾瑪斯登，較有利於意大利之解放。拿破侖與科修特（Kossuth）接洽，謀煽動匈牙利舉事。一時形勢似全然於他的政策有利，但不久他始覺悟他的政策不能貫澈到底。他在意大利激動革命，今見革命蔓延到半島的中心，而他已再不能支配之，制止之；加富洱不傾向於聯邦主義，而傾向於意大利的完全統一。四月以後，塔斯加尼，帕瑪，瑪迭那各國革命發生，統治者出亡；而教皇領地於墺軍撤退之後亦爲革命黨所支配；羅馬教皇及烈普耳幼主佛蘭西斯二世（Francis II）以有羅馬之法軍在，僅得維持其地位。拿破侖三世無反對各地革命之權利，因其第一效果，即增加法蘭西薩地尼亞聯軍勢力。然他深知革命的結果必致薩地尼亞合併革命的各國。無論在帕瑪，在瑪迭那各地，一切權力均握於加富洱部下之手。拿破侖三世驚恐。皇后及大臣窪洛斯基報告以國內可驚的情狀，謂富人階級及鄉村人民受舊教僧侶之影響，對於此侵害教皇利益之政策極爲不平；並且告以國外形勢亦殊可慮，德意志對於法蘭西表示威逼之勢。

拿破侖與墺皇單獨講和 一八五九年六月二十四日有沙菲利洛（Solférino）之大戰；此役由墺皇佛蘭西斯若瑟夫親督軍出戰，雙方軍隊數逾三十萬。激戰十五小時之久，墺軍至被包圍，在中央及左面有法軍，而在右面有薩地尼亞之軍，結果墺軍又遭大敗；受莫大的損失而退。

沙菲利洛之役，於聯軍爲光榮的勝利。但拿破侖卻急利用此機會向墺皇提議講和，大出乎歐洲之意外。拿破侖感於戰爭流血之慘（沙菲利洛之役法軍損傷萬人），眼見戰事前途進行之難關，而顧慮及俄皇之態度（俄皇不願匈牙利起革命）及德意志同盟之態度（德意志同盟開始動員），而尤其是法國國內舊教黨之對他表示惡感，乃不惜向墺皇開始交涉。墺皇既爲戰敗之人，而又不肯降身於普魯士之前，亦樂得講和。從七月八日以後，休戰條約成立。三日以後（七月十一日），法墺兩皇會見於維那佛蘭克（Villafranca），締結講和預備條約，其主要條件如下：倫巴多割讓於法國，由法國轉讓給薩地尼亞；墺大利保留威尼沙；威尼沙構成意大利聯邦之一部分；意大利聯邦戴教皇爲名譽的盟主；塔斯加尼大公瑪迭那公各回原邦；教皇當在其領土施行必要的改革。關於帕瑪（其統治者已逃亡）之處分則未説及。

拿破侖三世與意大利革命　維那佛蘭克之預備和約，於歐洲，尤其是於意大利民族，爲意外之舉。一般的意見，咸認墺大利在此戰事受損極少，他在半島之優勢如故。拿破侖三世回法蘭西後，忠告教皇及其他意大利君主使急爲必要的改革，而他們仍是仰望墺大利的保護。至於意大利人民深憤爲拿破侖所賣。到處反對拿破侖之聯邦計畫，謂爲不可能，因爲墺大利既仍構成聯邦之一部分，聯邦必不能有自由，而獨立戰爭遲早又須再起。合併於薩地尼亞，爲人民一致之要求。自意大利人視之，必須建設一强大的統一的國家，方可抵制墺大利。拿破侖所欲防止之事變乃因維那佛蘭克之預備和約而速其實現。

加富洱聞法墺預備和約之成立，表示憤慨，從七月十三以後卽辭職下野。但他退爲一私人，更有行動之自由，可以實行他的政策。實則從七月之末，佛羅倫斯(Florence)，瑪迭那，波洛加(Bologna)三處皆有臨時政府之設立，卽受他的主使；此等臨時政府表面上爲獨立的，但實受薩地尼亞政府之指揮，他們的使命是在使中部意大利的人民表決合併於薩地尼亞。

佛羅倫斯，瑪迭那，波洛加三處之臨時政府的行動，得英政府之鼓勵。維那佛蘭克預備和約簽字之時，拿破侖已表示希望召集列強公會協議一八一五年條約關於意大利部分之修改問題。從七月二十七日以後，英政府向歐洲發表意思，謂英政府在原則上不反對此一提議，但須依幾個的條件方肯與會其條件之主要者如下：（一）撤退教皇領內外國軍隊，法墺對於半島事情承認非干涉主義；（二）尊重中部意大利人民之自決權。此項宣言之結果，使加富洱及其黨徒敢於在塔斯加尼，耶米里（Emilie　包含帕瑪瑪迭那等地域）及教皇領地羅瑪尼舉行人民總投票（八月十六日—二十日），以表示此等地方如何希望合併於薩地尼亞。

拿破侖三世此時陷於困難地位。他向唱人民公決主義，而自居爲意大利之友，勢不能以武力反對意大利民意之自由表示，亦不能任墺大利去取反對革命之行動。結果他惟有用勸告方法，派人赴中部意大利，勸意大利人容各君主回國。而自己亦於九月十日之公報上發布的一個通牒上，正式主張遵行維那佛蘭克之協定。而在他方面，則他向英政府聲明，如果薩地尼亞合併瑪迭那及波洛加，則爲報償及回復均勢計，法蘭西應當取得薩瓦或則波那巴特家當在意大利取得一個王位（塔斯加尼。）英國之巴爾瑪斯登對此交涉不甚重視。他知薩地尼亞政府決不許拿破侖親王得立足於佛羅倫斯，至於薩瓦則他知法蘭西之合併此地，適爲意大利怨恨法蘭西之一個有力的動機。

英政府繼續激勵薩地尼亞之政策，於是中部意大利之形勢益加危急。在九月中佛羅倫斯，波洛加，瑪迭那之三政府合而爲一體，有共同的軍隊，由加里巴耳的統率。薩地尼亞王耶瑪溜正式接見報告人民總投票結果之代表（九月，）他不宣告合併已成事實，而約定向列强主張人民的意思，羅馬教皇與薩地尼亞斷絕一切外交關係。

意大利半島革命進行之中，法蘭西，薩地尼亞，墺大利三國全權代表會議於瑞士之爵利希（Zurich），議將維那佛蘭克之預備和約，變成正式和約。拿破侖三世致書耶瑪溜，勸其誠實執行維那佛蘭克之原則（十月二十日）。他向耶瑪溜發表他對於將來意大利聯邦運用之思想，謂此聯邦當戴教皇爲名譽的首領，而以薩地尼亞王爲實際的首領。聯邦之首都定於羅馬；意大利國會由各邦君主在各自議會中選任之議員組成之。薩地尼亞王對於此空想答以彼須酌量國民的意思，而中部意大利之國民的意思則要求合併。他並且力言如他不讓步，他必爲革命的潮流所壓倒，瑪志尼尚在半島，意大利統一將於共和之旗下成就。瑪迭那之政府亦取同一的論調。實則合併之事實已經成就。在爵利希之全權代表締結有三個條約（十一月十日），以執行維那佛蘭克之協定。此等條約並不似預備和約之正式規定各國君主各回原國，但以明文保留他們的權利。關於此層之最後決定，則委諸未來的公會。然而公會能召集乎？此是一個大疑問，則以在原則上英國不願奪去意大利人自擇政府之自由，而墺大利則以各邦君主先行復辟爲墺國到會之條件。

拿破侖之要求新土地

墺大利宣言如果辟得蒙繼續提倡合併政策，他卽不認再爲爵利希條約所拘束。拿破侖三世覺得合併爲終不可免之事，乃決定遷就情勢，於中獲利。因此從一八五九年十二月以來，他的政策經一過變化。他的教皇與公會（Le Pope et le Congrés）一書之刊行適在此時；在此書中他主張教皇拋棄其領地爲恢復意大利秩序之最良方法。拿破侖並且以親書向教皇爲同樣解決的提議。

有此一舉，公會之召集不復成問題。教皇辟斯九世對於拿破侖之提案表示抗議。墺大利亦如教皇然，不肯以意大利問題提交列强會議解決。拿破侖今將如何解決此難題？

在一八六〇年之初，拿破侖有意組成英法與薩地尼亞之同盟。此時（咸豐十年）法國正同英國聯合攻擊中國（爲一八五八年，卽咸豐八年，天津條約不履行之故，）且拿破侖正與英國談判締結一通商條約，合於英國自由貿易派之主張，有利於英國工業。但是此等事實尚不足使英政府決然與法同盟。英政府惟向法國提議關於意大利問題，依下之四個條件結一協商：(一)法墺以後非得列強許可均不干涉意大利內政；(二)於教皇政府組織有軍隊可以自衞之時，法政府撤退駐羅馬之法軍，法政府且須撤退倫巴多之軍隊；(三)威尼沙之內政組織屏除於列强談判之外；(四)薩地尼亞王不再派兵赴中部意大利，以待此地方依一正式民選議會重新表示合併之意思。

法蘭西在原則上贊成此計畫，但他爲稽延時日計，須待與列強協議後再正式承受之。拿破侖三世想利用此時期從事於薩瓦與里司割讓之祕密談判。我們猶憶加富洱在勃倫比耶已經許他以此兩省。在維那佛蘭克議和之後，拿破侖頗覺難於要求，因爲法國自己對辟得蒙已未完全踐約。然而現值薩地尼亞領土擴張至預定的範圍以外，拿破侖之要求乃振振有詞。他且覺爲鞏固他此時在法國國內漸搖動之信望計，亦有取得此兩省之必要。教會派之反對已開始，而在經濟社會則保護貿易派攻擊他與英國締結的通商條約。此時之急務在依外交的成功轉移輿論因之他極望取得薩瓦與里司。加富洱不惜忍受一切犧牲以期他的政策成功，願給拿破侖以此等土地。加富洱以爲惟依此代價，耶瑪溜乃有合併那些中部意大利諸公國之自由，而法蘭西一旦牽連於此交易，不能再反對薩地尼亞之最後的領土擴張。於是在窪洛斯琵去職之後，加富洱祕密與拿破侖三世協定關於里司薩瓦兩省之割讓問題（一八六〇年一月初。）一月二十日以後，加富洱復入爲內閣總理。二十七日他宣言擬召集一個議會，在此議會中中部諸公國亦得與辟得蒙固有的各省同派代表。而在二月三日，拿破侖三世在議院開會之時，公然宣言，如中部意大利合併於薩地尼亞，則法國在阿爾蒲司方面當重畫國界。

拿破侖與狄林政府 拿破侖上項宣言起初頗激起英國的惡感，然隨後英人亦悟法意協商將因前者對後者要求若大的犧牲而冷淡。墺大利亦依同一的理由不阻止薩瓦里司合併於法。拿破侖三世本可以卽時實行此項合併，惟須顧慮加富洱在意大利，尤其是在辟得蒙之困難地位，而取必要的愼重舉動。加富洱爲免於在國內喪失人望計，不得不裝作被逼迫之景象。拿破侖形式上要求薩地尼亞王放棄塔斯加尼，及在教皇領地僭充教皇之代理。狄林政府舉主權之原則與人民公決權以答之。塔斯加尼，耶米里及教皇領地之人民應狄林政府之要求，於三月十五日至二十日之間，幾以全體一致之表決，決定合併於薩地尼亞；耶瑪溜宣言承受此項決定，而召集新議會，於四月二日集會。此後加富洱卽須決定拋棄薩瓦與里司兩省，以加富洱表面仍示躊躇之故，拿破侖乃派遣一專使赴辟得蒙，其使命在嚴重催迫狄林政府實行割讓此兩省。耶瑪溜及加富洱乃若屈伏於一種最後通牒，而卒於狄林締結條約（一八六〇年三月二十四日）割讓薩瓦里司，但附以取決於人民意思之條件。此條件實際履行，而依四月十五日至二十二日之人民總投票，兩省表示願合併於法國。

羅馬與列普耳之命運　一八六〇年之事變以後，世人皆知羅馬與列普耳兩政府之地位岌岌可危。拿破侖三世有意防其滅亡，但亦願其自取必要之處置；然而兩政府之頑固態度，實有自取滅亡之道。教會拒絕拿破侖提出的革命之要求（一八六〇年四月）而組織軍隊。拿破侖憤教皇之態度，思召回法國軍隊，但又恐加富洱一得有口實即從事於新合併計畫。

在列普耳之形勢更壞。新主佛蘭西斯爲左右宵小所惑，肆行專制恐怖手段，拿破侖三世久勸其立憲及聯結薩地尼亞，而他置之度外。騷亂起於全國。敘敘利島首先叛亂（一八六〇年四月五日）。此運動是隨後革命黨爲意大利統一而起的一個大運動之先聲。加里巴耳的在吉諾亞組織義勇隊，以備侵入叛亂中之敘敘利島。加富洱與耶瑪溜本可以阻止其行動而故縱之：在他們的意中，此舉而失敗，他們可以否認其行爲；如其成功，則可取而代之，而以防止歐洲與意大利陷於無政府狀態爲名。於是五月十一日，加里巴耳的之軍隊得在敘敘利上岸。六月末，全島落於他的勢力中。

歐洲列強，尤其是法蘭西，聞叙叙利方面之事變，爲之震駭，深咎加富洱縱容加里巴耳的。加富洱否認有此事，而明言墺大利法蘭西既不禁其人民投效於教皇與烈普耳王之下，薩地尼亞自然不能獨對於前往援助被壓制的人民之本國人民，特加嚴禁。在七月末，烈普耳王已表示不肯實行立憲之約，大多數人民均屬望於叙叙利方面。

加里巴耳的雖以耶瑪溜之正式命其停止前進，不肯服從（七月二十七日）。耶瑪溜亦不堅執己見，而任其進行。英政府既得狄林政府保證不再割讓新土地於法國，對於薩地尼亞之新合併無異議。拿破侖三世既已承認非干涉主義，而此時又特別有與英政府保持一致之必要（爲中國方面的戰事），亦不阻斷加里巴耳的之進路。加里巴耳的乃於八月八日渡海峽。拿破侖三世僅以一通牒將未來重大事變之責任歸在英國。倫敦政府不欲與法墺決裂，急宣言如加里巴耳的攻擊羅馬或威尼沙他認爲不合法的行爲。但誰能保此事變之不發生？加里巴耳的向烈普耳急速前進，國王佛蘭西斯退向格特（Gaïta）方面。翌日加里巴耳的進入烈普耳城，建設臨時政府，表示繼續北進之意向。他聲言將在羅馬宮宣告耶瑪溜爲意大利國王。他此時已全爲急進派所支配。瑪志尼急赴烈普耳，他的徒黨集於此臨時政府首領之左右；意大利之革命原以王國之名義起者，似行將以共和之名義告成。

加富洱之收拾時局策 加富洱急欲阻止加里巴耳的，免其輕舉，貽誤意大利大事。在八月末，他遣使訪問拿破侖三世（時在薩瓦）說明加里巴耳的行將進攻羅馬，有制止他前進之必要；法國既不能以武力制止意大利之革命進行，亦不肯任墺大利獨爲反對革命之行動，不願再與此國有戰爭，則應任令薩地尼亞自行救護君主政治。辟得蒙之軍隊當開赴烈普耳國境。然如此則須通過教皇領地拉瑪契（les Marches），不免與教皇軍隊接觸。然此不違反國際公法乎？教皇軍隊不將公然侵逼教皇舊領地及塔斯加尼乎？薩軍經過地拉瑪契的人民不表示歡迎耶瑪溜乎？拿破侖口中不得不反對辟得蒙之新政策，然事實上不阻止之。

從九月七日以後，薩地尼亞政府令教皇政府解散軍隊，而在其拒絕之回答尚未到狄林以前，辟得蒙軍隊已越過教皇領內。九月二十九日教皇軍隊投降。法蘭西軍隊仍舊佔領羅馬及其附郭小部分地方，但辟得蒙軍佔領其餘教皇領地，在十月初，進至雙叙叙利國境界。

辟得蒙雖不與列普耳在交戰狀態，然軍隊竟越國境。加里巴耳的之態度，日益使薩地尼亞政府不安心。加里巴耳的似將延緩雙叙叙利之人民總投票，以俟攻克羅馬。他爲革命黨所包圍，此類人對於耶瑪溜及加富洱均無擁戴之誠意。加富洱爲抵制此等激烈派勢力計，召集議會於狄林，其第一件事卽在許國王合併新佔領的教皇領土，及雙叙叙利王國。加富洱在致歐洲列强之通牒中，聲言列普耳王佛蘭西斯既離國都，實際他自己拋棄王位；薩地尼亞政府有防止意大利陷於無政府狀態之必要。而對於意大利人民，則加富洱立論又異，他說：耶瑪溜對於各方面擁戴他之民意應當順從。耶瑪溜久已向雙叙叙利前進。十月二十一日，烈普耳國及教皇領地均以莊嚴的人民總投票表示服屬於他，數日以後，加里巴耳的讓位於他。此時佛蘭西斯逃避於格特；此爲他唯一未喪失的地方，將固守以待歐洲之援助者。

歐洲與意大利王國 法政府對於加富洱之舉動表面上表示不滿足，召還其駐狄林之大使；但仍留一代辦在彼處，以示此項決裂性質並不十分重大。普魯士政府對於加富洱之最近的行爲，亦只爲空言的抗議，而加富洱答以『他先示一模範，不久普魯士卽將樂於仿行。』惟墺政府則大有利用此機會對薩地尼亞起新戰爭之勢。如果墺大利能得俄國之贊助，必再攻擊薩地尼亞無疑。但俄皇雖反對薩地尼亞之侵奪烈普耳王位，然非至耶瑪溜取攻勢而且與法皇聯合，不肯承諾爲好意的中立。拿破侖三世對他聲明決不助薩地尼亞攻擊墺大利，而只爲他保障維那佛蘭克條約之利益；俄皇亞力山大二世乃於波蘭首都瓦薩之會見，阻止墺皇用兵（十月二十二日——二十六日）。而後者亦以國內亂機四伏，不敢堅持主戰政策。

同時（十月二十七日）英政府亦表示贊助願附耶瑪溜之人民，而宣言一切民族均當有更換政府之權利。此項宣言適對拿破侖三世而發，他本是一個提倡國民主權人民公決主義者，英政府卽以此塞其口。拿破侖三世猶對烈曾耳王表示保護態度，一則因爲教皇表同情於佛蘭西斯，一則欲藉以牽制耶瑪溜之行動。法國艦隊遊弋於格特之前，不許薩地尼亞封鎖此港。然英政府以非干涉主義之名義，要求撤開法國艦隊，而法國此時正爲中國方面之事須與英國提攜，亦覺得不能拒絕其要求（一八六一年一月十九日）。二月十三日格特陷落，佛蘭西斯退入羅馬，受教皇保護。

薩地尼亞勢力鞏固。耶瑪溜命新合併的土地選舉議員；意大利第一次國會乃於一八六一年二月十八日開會於狄林，隨卽宣告耶瑪溜爲意大利國王。加富洱之政策卒獲得良果。意大利半島之政治的統一，已成事實。惟有威尼沙與羅馬尙不在此新改組的國家以內。然而加富洱對於未來抱有十分的確信。在三月二十七日，他敢使議院宣告在原則上羅馬爲意大利之首都。

第三項 威尼沙與羅馬問題

拿破侖與羅馬問題 意大利是否當取得威尼沙，取得羅馬？依何種政治的方法以達取得此兩地之目的？此在一八六一年尙爲歐洲注目的主要問題。關於威尼沙問題，解決似不能卽時實現；欲此問題之能解決，須得普魯士與意大利同盟以抵制墺大利。關於羅馬，加富洱希望可以卽時得一解決。自由國家中的自由教會，是他所提出於教皇辟斯九世與拿破侖三世之計畫。此計畫不爲教皇所嘉納，而在法國不無成功；拿破侖現已欲撤回羅馬之駐兵。不過他不願與教皇失和。加富洱之驟死（一八六一年六月六日）驚動歐洲，而給意大利一個精神上的大打擊。此大政治家之事業似將受挫折，而事實卻不然。拿破侖三世不欲增長耶瑪溜政府之困難，乃急行正式承認此新王國，而派主張意大利統一之倍列迭湯(Benedetti)爲駐狄林大使(六月末)。意大利新內閣總理黎加索里(Ricasoli)以爲可依法政府之調停解決羅馬問題，乃於九月向法政府提出一保障教皇獨立之計畫，請法政府轉達教皇，使他放棄政權而取得大宗補助金及管理教會之自由。但拿破侖三世及其大臣等不敢以此計畫轉達教皇。在年終，法政府派一主張意大利統一之外交家爲駐教皇處之大使；隨後此外交家提議在教皇與狄林政府之間，當調停之任。但教皇始終執拗，不肯受調停。

教皇此項執拗態度，自然激動意大利之反感。革命黨復謀用武。加里巴耳的又準備舉事。未幾黎加索里辭職，拉塔齊(Rattazzi)繼任爲意大利內閣總理(一八六二年三月。)拉塔齊聲言願防止半島一切革命舉動，專依外交的方法以解決威尼沙與羅馬問題。法政府覺得應當起而爲之援助，而命法國大使正式向教皇提出一個妥協案：在意大利之領土現狀維持；教皇保留他的權利，但除於一小部分土地聖佩耳(Saint-Pierre)外不執行之；羅馬與狄林間之外交關係回復；舊教國家協定給教皇以適當的維持費；列強保障教皇領有羅馬城及剩留的土地，但要求他給人民以改革（一八六二年五月三十日）。教皇政府對於此調停案，仍是絕對的拒絕。

拿破侖三世憤教皇之執拗態度，巴黎與狄林政府之關係因之更密切。依拿破侖之助力，意大利王國得俄國之承認（一八六二年六月）；隨後此王國亦爲普魯士所承認，從此時起，人已預料意普兩政府之間將有協商出現。

加里巴耳的之輕舉 拉塔齊內閣之有利的地位，忽因加里巴耳的之行動而破壞；加里巴耳的之目的在進佔羅馬，不復能忍耐。七月十九日加里巴耳的率其黨徒由敘敘利下船，渡過美西拉海峽，宣言向教皇領地前進。意大利政府急起而阻其進路，至於用武。加里巴耳的受傷被擒（八月二十七日），他的小軍隊打散。

拿破侖三世與反動政策　拉塔齊內閣依一八六二年九月十日之通牒，向歐洲宣言意大利國民全體要求他們的首都，而現狀已不容持久，恐於意大利國王政府有極惡的結果，行將危及歐洲之安寧，及羅馬舊教之宗教的利益。對於此項宣言俄普取冷靜態度，墺大利則表示憤慨；惟英政府公然贊助此宣言，英政府此時樂觀法蘭西陷於難境。至於拿破侖三世本意未始不願順意大利人之意志。拿破侖親王及其與黨慫恿之。但皇后及窪洛斯基極力阻止此舉，而他們的意見制勝。拿破侖卒變計，召回親意派之大使倍列迭湯等，而以外交委諸多羅安得溜斯(Drouyn de Lhuys)，此人則與教皇政府接近者（十月十五日）。新外交總長即時表示無意贊助狄林政府解決羅馬問題。其結果則拉塔齊內閣倒（十二月五日）意法協商似已破裂。

一八六四年九月十五日之條約　在一八六三年及次年大部分，意大利政府專注意內政。同時而列强主注意於波蘭與丹麥事件。此等事件有失拿破侖威信，而引起墺普俄對法之敵視。拿破侖三世不能望得英國之助力，乃復轉而聯意。於是意法之間重開一八六二年已斷絕之談判，其結果有一八六四年九月十五日之法意協約；依此協約，意大利約不攻擊教皇之現在領地，且爲之防護；法蘭西約於教皇軍隊組成之後，撤退法軍，但至遲須在兩年以內。教皇可自由組織軍隊，但不得用爲攻擊意大利之工具。意大利擔負舊教皇領地公債之一部分。此項協約至有用意。如果革命起於羅馬，意大利政府卽可以恢復秩序之口實占領此城。但爲預防此項事變，法蘭西政府保留重新干涉之自由。拿破侖三世結此協約，未先商諸教皇，大招其抗議。教皇之態度適以堅意法之聯合。拿破侖三世爲延緩羅馬問題計，隨卽表示願助意大利獲得威尼沙。他起始謀促普魯士意大利兩國同盟以攻墺大利，繼見普墺一時妥協，乃轉而直接與墺大利祕密談判，勸其以威尼沙讓給意大利（一八六五年九月）。但墺大利拒絕此項提議。未幾普魯士政治家畢士馬克(Bismarck)赴比耶利仔(Biarritz)訪拿破侖三世;拿破侖一方面爲此政治家所說動,而他方面自以爲容易乘機立於普墺之間爲仲裁者,復承認耶瑪溜與普王威廉同盟以奪回威尼沙。普意之間於一八六六年四月八日締結協約,其條件是:意大利舉全力攻墺大利,但須在普魯士先取攻勢之後;普魯士可擇時機宣戰,但如果他未於三個月以內開始戰事,意大利政府卽認此條約爲無效;此兩盟國家不單獨休戰,而其一非取得威尼沙,其他非在德意志取得相等的土地決不息兵;普魯士王當供給耶瑪溜以百二十兆軍費。

普墺戰爭及威尼沙之合併 戰事復因外交上關係而延遲。拿破侖三世之政策日益混沌矛盾。他秘密與墺大利談判,而依六月十二日與此國締結之密約,希望使意大利以取得威尼沙單獨講和了事。畢士馬克恐意大利政府脫離同盟,決計及早開始戰鬬行爲,戰爭乃於六月十六日開始於德意志。於是意大利軍隊開始動作。意大利大軍直攻威尼沙前面(六月二十日)而遭大敗。開始一舉卽於意大利不利。但數日以後，普魯士在薩多瓦（Sadowa 七月三日）之大勝使意軍恢復氣勢。

大戰之翌日，墺大利急要求拿破侖之調停，而願割讓威尼沙於法，俾得轉交意大利。拿破侖三世極願使意大利休戰，而强普魯士如命議和。然他欲達此目的，須有軍事上的示威舉動，然而此則他所不能爲，而亦所不敢爲者。意大利始終忠於同盟，與普魯士共行動。意大利雖敗，不願休戰。在意大利政府自有他的用意：設使普魯士而敗，意大利或當承認拿破侖之調停，樂得取得威尼沙了事；然在薩多瓦戰後，他自信可以唱高調。他想依征服以得威尼沙。他並且不以此省自足，而垂涎於托里斯特(Trieste)與托連特(Trent)。然不意普魯士忽然不商同意大利，獨自與墺大利締結尼哥斯堡預備和約(The Preliminaries of Nikolsbourg 七月二十六日)，隨即繼以普拉克和約(The Peace of Prague 八月二十四日)。意大利聞此消息憤慨。他提出抗議亦無效。畢士馬克答謂普魯士只約助意大利取得威尼沙，其他非所問。而此地之取得則已保證於意大利。於是耶瑪溜不得不簽預備和約（八月十日，）嗣復簽正式和約（十月三日）。

一八六七年以後之羅馬問題　意大利王國依一八六六年普墺戰役獲得威尼沙，只待取得羅馬，卽可完成意大利半島之統一。在一八六七年之初，意大利人要求羅馬之聲更急，則以當時保護羅馬教皇之拿破侖三世已因普墺戰役對普談判失敗，喪去威望。當盧森堡問題緊急之時，拉塔齊復執政權（一八六七年四月十日）。拉塔齊原得拿破侖三世歡心，極力對法政府表示友誼。但一旦遇拿破侖三世正式促他聯法，他卽聲言法普兩國於意大利均有恩惠，在此兩國之中，意大利很難抉擇何所適從。實則他對於兩者皆無意爲之用。他的目的是在羅馬。加里巴耳的公然煽動教皇領地人民，組織新義勇隊；而拉塔齊任其進行，意以爲法普衝突，可給他以佔領羅馬之機會。

但法普衝突卒以倫敦會議（一八六七年五月）而延緩。薩瓦王室不得不停止他的計畫之執行，但他未拋棄其希望。加之，加里巴耳的之運動仍未停止。普魯士政府實鼓勵之因爲法意失和爲普之利。拉塔齊亦不阻止加里巴耳的之計畫進行，而一方聲言尊重一八六四年九月之協約，同時向拿破侖聲明他不能逕逆國民意思，恐因此激起革命因爲國民同要求取羅馬爲首都者。

教皇態度與法意關係　拿破侖急欲結束此困難之羅馬問題。在一八六六年末，他曾提議召集列强公會解決此問題而不成功。教皇政府不肯對於人民行何改革；教皇辟斯九世且公然擁護教皇大權。教皇如此的挑釁態度已令意大利人激昂，而拿破侖政府此時尚曲意見好於教皇。在教皇軍隊中不僅有大部法國兵士服役，且有一法國大將公然赴羅馬爲之檢閱並改組軍隊。

拉塔齊對於此事提出抗議。拿破侖三世允諾與此項軍隊不生關係，然同時關於加里巴耳的之義勇隊提出責問；此時加里巴耳的軍隊日益逼近羅馬。意大利政府給以空言的保證，而實際不阻止加里巴耳的運動之進行。

加里巴耳的之侵襲羅馬 加里巴耳的在一八六七年九月之初，自赴瑞士之日內瓦（Genève），對歐洲各地革命黨代表發表他佔取羅馬之意見。法政府爲及早防止此項暴動計，乃在加里巴耳的轉回意大利之時，向意政府要求對加里巴耳的取禁制手段。拉塔齊屈服，而命將加里巴耳的禁錮。但數日以後（九月二十七日），加里巴耳的之黨徒侵入教皇領地，直逼羅馬。拉塔齊當然宣言他與此事無關係，而提議由法意兩國軍隊共同保護羅馬（十月十三日）。拿破侖三世此時旣爲羅馬舊教黨所包圍，乃嚴命意政府尊重教皇國境。拉塔齊乃辭職（十月二十一日），而在意大利新內閣未成立之前，加里巴耳的已經走脫，復出現於塔斯加尼；他在佛羅倫斯發表宣言（十月二十二日），公然依一專車出發，加入他的義勇隊，侵入教皇領地，進逼羅馬。

此時拿破侖三世已不再躊躇；法國軍隊奉命由海道開赴意大利，從十月三十日以後，先鋒隊已抵羅馬。意大利全島譁然。意大利之新內閣爲緩和輿論計，亦派軍隊入教皇領內。加里巴耳的之義勇隊爲法軍所擊敗，而意政府亦速撤去其派赴教皇領內之意軍。同時意政府捕加里巴耳的，其義勇隊亦星散。然爲表示意政府之愛國心決不讓於加里巴耳的起見，意內閣乃於十一月九日發一通牒，決然主張意大利要求羅馬之權利。

拿破侖之新困難地位 拿破侖三世此時更處於困難地位，不知所以爲計。其將延長羅馬之佔領耶？意大利必不容他。其將撤退羅馬之駐防軍耶？舊教僧侶黨必抵死反對他。他於是又想到公會召集之一法。但許多國家（尤其是英國及普魯士）甚望此舉不能成事實。加之，他的大臣以他的名義在立法院宣言說，法政府決不令意大利得取有羅馬（十二月五日）；此在法政府方面，固將以見好於議院舊教黨之多數，然因此束縛了法國的政策，致公會之召集不可能。

此後法意親交不復能維持。歐洲協商亦不復成問題，且亦不再提及。一八六四年九月之條約，已成過去紀念。法蘭西軍隊繼續佔住羅馬，保護教皇。意大利原賴法蘭西國民之血而達解放之目的，今乃變成他的仇敵，專待他失敗衰危之日以攻入羅馬。

法墺意三國同盟計畫　然而在一八六八年，六九年之間，尙有些政治家不僅對於意法接近未絕望，並且謀鞏固此兩政府之團結。在普法戰爭（一八七〇年）未起之前，已屢次有實現此思想之企圖。此事始由墺政府發動，此時墺政府在畢士馬克的仇敵畢司特（Beust）主政之下，思報薩多瓦戰敗之仇，而視聯法政策爲實現此目的之最良的方法。拿破侖三世經過一八六六年，六七年外交談判失敗之後，竊打算對普開戰之計畫，亦甚願聯絡墺國，乃向之提議同盟。在一八六八年嚴正的談判進行。從此時後，畢司特認定非得意大利加入，法墺同盟勢不可能。僅有法國同盟，墺政府尙不敢對普作戰。墺國懼意大利從側面來攻擊，意大利固已從一八六六年以來，露出奪取托連特，托里斯特諸地之意者。反之，如果墺政府能調和拿破侖與耶瑪溜，而法，墺，意三國結成同盟，則可大膽對普開戰。但欲得意大利之贊同，必須允其佔取羅馬。畢司特不反對此舉，他此時已無見好教皇之必要。

拿破侖三世似當然贊成此計畫，因爲拿破侖三世自身對於教皇之態度已當不滿意；而在法蘭西國民亦頗不解拿破侖三世自居爲革命之產兒，何以繼續擁護此反動主義之教皇。然而拿破侖三世遲迴於兩個矛盾的政策之間，一方面對自由黨讓步（尤其是在一八六九年總選舉之後），同時又不敢公然與舊教黨決裂。在一八六九年之中葉，三國同盟計畫之祕密談判似將成一現實的協定。但阻力仍在羅馬問題。拿破侖不能如意大利之願以解決此問題。法，墺，意三强乃停止談判，而在八月僅含糊相約從事於共同的政策，意墺兩政府保留其在法蘭西無端發難攻擊普魯士之時，宣告中立之自由。

數月後，畢司特斷定普法戰爭必至，而恐爲拿破侖牽入旋渦中，竊思與意大利結一保障條約，使墺意兩國靜待時機，立於交戰國之間，取武裝調停之態度。拿破侖三世不僅知有此談判，並且竊願鼓勵之。然而畢司特之政策始終敗於一個阻力，卽拿破侖三世不能令意大利佔有羅馬。

普法戰爭與意大利政策　一八七〇年七月十九日法國對普魯士宣戰，此舉直接爲普法爭雄之決戰，間接給意大利以完成統一之機會。拿破侖從事於此冒險的戰爭而無一同盟國。從七月十一日，墺政府已警告他說，墺政府決不爲他牽入戰爭中，他須對於將來的決定全然自負責任。至於意大利政府則在法政府重邀意大利同盟之時（十六日），亦明白拒絕與法同盟，則以法國不肯給以羅馬之故。此時意政府所能與拿破侖三世協定者，則爲法蘭西軍隊撤出教皇領地；一八六四年九月之協約重行遵守（七月二十日）。但意政府猶望幸得墺政府之斡旋，可以自拿破侖三世索得他迄今不敢應允之犧牲。以畢司特之盡力，墺意同盟在七月末似有成立之望。其主要條件，爲墺意兩國聯合兵力以備實行武裝的調停；墺國派軍隊入敍列色（Silesia）及巴威利亞；在巴威利亞意大利軍可與墺軍會合。但墺意兩政府均要求六星期之期間爲動員之用，而非等到法軍已侵入德意志南部不肯發動。並且拿破侖三世須承認意大利有佔取羅馬之自由。最後一條全不能行。擁護教皇的一派人士向拿破侖三世說，如果他戰勝，他可以得意大利同盟，而不須給以羅馬；否則他無論如何犧牲，決不能得意大利同盟。當拿破侖三世出發赴前敵督戰之時（七月二十八日）他尚未決計。意大利之特使往會拿破侖三世於梅仔城(Metz)，拿破侖親王極力幫同意大利人進言，然而一切無效。拿破侖三世之惰性的抵抗，續繼至於八月五日。翌日法軍大敗，八日以後，普軍已進入法蘭西中心。法軍敗退，同盟再不成問題。拿破侖三世於八月八日猶求助於耶溜瑪，然亦無效。耶瑪溜未始不寄同情於拿破侖之末運，然他是一個立憲君主，他的大臣不肯往救拿破侖三世。意大利整備武裝，但不是爲助拿破侖三世，而是爲佔取羅馬，此則意大利今將無報酬得之者。拿破侖三世外遇敵軍之侵襲，內顧革命之發生，猶作最後的希望。他尙信任意大利，而於八月十九日派拿破侖親王赴佛羅倫斯，對耶瑪溜王爲最後的求援。然此舉無功如故。拿破侖三世即在此危急之時，猶不敢許意大利人佔取羅馬。然意大利人此時則更傲然主張他們佔取他們的首都之權利（八月二十九日）。

意大利人之佔取羅馬　塞丹（Sedan）之投降（九月二日），巴黎之革命（九月四日），卒使意大利人得安然佔取羅馬。法蘭西軍隊早已從教皇領地撤退。九月六日，意大利政府通告巴黎之『國防政府』以不能再遵守一八六四年九月協約之意，而巴黎政府對於權利問題未表示意見，而任令意大利政府自由行動。隨後耶瑪溜王向教皇辟斯九世下一最後通牒（九月八日），教皇絕對拒絕與意政府妥協。教皇自知無力可以阻意大利人來佔羅馬，然他須表示他非自己屈伏，惟遇着武力逼迫，乃始退讓。九月二十日，意軍安然佔得羅馬。數日以後，教皇領地內人民依全體一致之投票，承認此土地合併於意大利王國。

第四節　德意志之統一

第一項　普魯士與德意志統一的準備

德意志與意大利　在十九世紀下半期之初期，德意志如意大利然，由一地理的名詞變成統一的帝國。畢士馬克是德意志的加富洱；普魯士之爲德意志統一事業之首領，亦如薩地尼亞爲意大利統一運動之中心然。德意志之統一與意大利之統一事業皆成於戰場，不過前者全由國民自己的實力，後者利有外援。在此兩邦，政治的統一皆由抵抗墺大利而得來，而拿破侖三世又實直接間接有以促成之。德意志與意大利之統一，皆受法蘭西政治之影響，同時其統一的效果亦轉以影響法蘭西之國勢。不過此兩個十九世紀中政治的大革命事變，有一根本不同的點，卽德意志問題遠較意大利爲複雜，而其統一之阻力亦較意大利統一上遇著的阻力爲大；手造此大業之畢士馬克較之加富洱政治生涯長久，乃能於新造之帝國自當建設之任，其政策影響於歐洲政治者至大而且久遠。所以德意志之統一，是在法蘭西大革命以後歐洲政治史上一個最大的事變。

德意志統一之阻力　在十九世紀中對於德意志之政治的統一，有三個大阻力。其一是德意志各邦之傳習的地域主義之觀念太深，各邦不肯輕易放棄其主權，就治於一國民的中央政府；尤其是南部德意志諸國，極力擁護其獨立地位，而忌嫉普魯士之雄長德意志，侵害他們的主權。其二是德意志內部有利害關係不同，而向來相敵視之兩個强國，卽墺，普，互爭霸權，不能相讓；以他們之勢不兩立，不僅德意志的統一不能依兩國之合力以促成，而反因他們之敵視，至於一切統一計畫皆不可能。其三是在外有德意志人所視爲世仇之法蘭西，亦素忌在其東方國境有强大統一的國家出現；拿破侖三世繼承拿破侖大帝之思想，不利於德意志之統一，而樂覩其始終分裂；尤其是對於南部德意志諸國，極力謀所以羈縻之，使保存其獨立地位，以與普墺對抗。對於第一個阻力，則以普魯士組織德意志關稅同盟之成功，已經依經濟的統一促進政治的統一之思想，在適當的外交活動之下，尙不難打破；至於第二第三兩個阻力，則爲德意志統一之致命傷，非依決然的武力，不易打破。畢士馬克之精透的眼光，首先看清此層，而其對於統一事業之努力，亦注重在此。

畢士馬克之人物政見 畢士馬克可說是十九世紀中歐洲最有手腕的外交家，於德意志最有功的政治家。他認定德意志統一之業不是可以演說決議而成就，而是要依『鐵』與『血』而造成的。這是他和德意志一般自由主義的愛國家，統一運動者思想根本不同的處所。

在佛蘭克弗特之德意志國民議會失敗，德意志同盟復立（一八五一年）以後，畢士馬克代表普魯士出席於佛蘭克弗特之同盟總會。在佛蘭克弗特駐在八年，後來復出使聖彼得堡與巴黎。他在佛蘭克弗特之時，已看清墺普在德意志勢不兩立，德意志欲於普魯士主宰之下完成統一之業，第一步卽在將墺大利排出同盟。他不願靜待國民的衝動之遲緩的動作，蓋此雖未始不可以卒成統一之業，然其形式未必利於普魯士。他決計依戰爭之迅速的動作，將德意志造成一個國家，且受普魯士王室之支配。因爲普魯士所以有阿耳米仔(Olmtüz)之屈辱，(一八五○年十一月二十八日普魯士代表曼特菲耳 Mantenffel 與墺相什窪全堡 Schwarzenberg 會於阿耳米仔，普魯士屈伏於墺大利威脅之下，關於德意志同盟改組問題表示讓步拋棄自己主張的新同盟組織遷就墺大利意見，普魯士人視爲莫大的恥辱，)是由於俄皇援助墺大利，畢士馬克乃採定一離間德墺關係之外交政策；則以在敍列色維格和耳斯太因問題(Schleswig-Holstein Question)(俄國因爲王室親戚關係及波羅的海勢力關係與此問題有關，)及破壞哈蒲斯堡王室在德意志的優勢上，普魯士的野心皆可爲俄皇所妨害。

國際形勢之變動　克里米亞戰役變更國際形勢，有利於普魯士。此戰役爲俄墺關係變動之關鍵。在克里米亞戰役中普魯士躊躇於墺俄之間，然得列席於一八五六年之歐洲會議。墺大利在此戰役中之政策表示忘記俄國在匈牙利及在阿耳米仔之援助。墺大利採此種自利的政策，損壞對俄關係。

一八五九年之意墺戰爭，亦間接影響於普魯士的地位。倫巴多之喪失，損傷墺大利之威望。普魯士在戰事進行中，雖未能對於法墺兩方面取決然的態度，然其動員之舉已足以影響法墺之戰事政策。

畢士馬克與威廉王 一八五八年普魯士王弗列得力克威廉四世因精神病不能執政，命其弟威廉攝政。威廉於一八六一年一月卒繼弗列得力克威廉之位爲普魯士王(威廉後於一八七一年一月十八日宣告爲第一任德意志皇帝)。威廉執政後，普魯士政策的精神一變。威廉不似前王之柔懦，而實爲一具有壯志果斷之人。他執政後卽認定普魯士有創造一强大的陸軍之必要，而決心造成之。因爲此項確信與決心，他乃有使用畢士馬克及一個堅決的政策之必要。

畢士馬克於一八六二年九月應召入閣。他登時遇着一個重大的政治的危機；此危機之起，卽因爲國王欲不管議會是否同意，逕行取得普魯士利益上必要的軍備改革之決心。一八五九年之意墺戰爭已爲普魯士兵力之顯著的證據；因爲僅以他的軍隊之一動員，已經使法墺急於言和。威廉欲改組軍制，擴張兵力，使普魯士在歐洲中原成一强大的勢力。他欲實行此計畫，不能不要求增加預算上軍事經費。在一八六〇年五月，當威廉尚爲攝政之時，威廉卽以此要求提出於議會，而提議增加地稅，以充此費。但他的提案受自由黨（Fortchrittspartei）之決然的反對。自由黨不願增加國王之兵力，不願普魯士以武力取得帝位，而深信德意志民族主義可不需武力之助而制勝。而在他方面，威廉決意貫澈其主張，不肯與議會妥協。在一八六二年三月，議會取强硬態度，削除新軍費預算，至於新召集的軍隊不得不解散。威廉一時決計退位，後卒以有名的軍事家龍恩（Roon）之獻議，召畢士馬克組織內閣，從此時起（一八六二年九月）畢士馬克實際統治德意志者幾三十年。

畢士馬克之政策　畢士馬克最初的政策之要點，可以他自己的語表示之：德意志不需要普魯士之自由主義；『先普魯士，後德意志。』他深咎前王弗列得力克威廉之柔懦。畢士馬克曾謂政治的爭議當取決於武力，而不取決於權利。他已決計爲爭普魯士之霸權戰。實則他的目的在七年之中依三次戰爭以達到：一八六四年之丹麥戰爭；一八六六年之普墺戰爭；及一八七〇年—七一年之德法戰爭。

在畢士馬克政府之初期他決計貫澈威廉王之主張，組成他所需要之軍隊。他敢統治普魯士而不依議院多數；維持新增的軍備，而不顧議院之拒絕通過經費。他爲實行他的政策，達他最後的目的，不惜冒違憲之大不韙。

第二項　畢士馬克外交成功之初步

由一八六四年之戰爭至一八六六年之戰爭　一八六四年，丹麥戰事發生，此爲德意志統一之三個戰爭中的第一個。此戰事表現畢士馬克之外交手段於其國人，而致那非自由主義的態度漸與國民意志相融洽。畢士馬克於此事發生以前，已經在外交上獲有初步的勝利。他欲達普魯士政策之目的，必不可不防止俄墺或俄法協商之成立，兩者有一於此，皆有害於他的計畫之實行。恰值一八六三年有波蘭革命之事，給他以聯絡俄皇之機會。他對俄皇亞力山大約，普魯士決不許其治下的波蘭人得給俄領波蘭之革命軍以助力，他關於壓平兩國共通危險之叛亂一事，自認與俄皇協力。俄皇原有意給波蘭一個自由的政府，至此乃變計，而決然以兵力打平叛亂。因普魯士之此一番保證，俄皇對於法蘭西聯合英墺兩政府向俄政府提出共同抗議之舉，乃敢漠視。墺大利此時正謀博得德意志自由派之好意，以抵制普魯士之反動政策，欲强普魯士贊同他提出的德意志聯合改組計畫，而以畢士馬克反對普王赴佛蘭克弗特之德意志君主大會（一八六三年九月）其計畫卒歸失敗。畢士馬克政府之第一年中，已表示普魯士在德意志地位之大改善。

敍列色維格和耳斯太因問題　敍列色維格和耳斯太因問題，爲丹麥戰爭之起因。此兩州住民大都爲德意志人，然兩州隸屬於丹麥國王已歷數世紀。但他們都各保有其地方議會，未併合於丹麥國，一八一五年德意志同盟組織，和耳斯太因與羅奄堡（Lauenbourg 一八一五年劃歸丹麥王者）構成同盟之一員。在一八四八年一月，丹麥王克里斯丁八世（Christian VIII）死，其繼任弗列得列七世(Frederick VII)隨卽發表他給他的王國各州一共同憲法之計畫。和耳斯太因得德意志之助曾表示抗議。和耳斯太因人要求一特殊的組織同適用於敍列色維格。繼承權問題更給他們以要求特權的口實。弗列得列七世無子，其繼承者當爲女系，丹麥王位雖許由女子繼承，而和耳斯太因則適用男系繼承法。而屬於丹麥王室男統傍系之俄古斯丹堡公克里斯丁(Duke Christian of Augusten-berg) 視此州爲他應繼承的權利，兼要求敍列色維格。俄古斯丹堡乘一八四八年柏林，維也納革命潮流煽動和耳斯太因叛亂，組織一臨時政府，自爲首領（三月二十四日）而求助於普魯士。普魯士未嘗不樂得在北海與波羅的海之間，擴張勢力。於是普王弗列得列克威廉不經宣戰，無端派普軍進和耳斯太因。一月以後，他且佔取敍列色維格，幷侵到齊特蘭(Jutland)。

在德意志國民統一計畫失敗後，普普士威望失墜，歐洲列强（英，法，俄）亦表示援助丹麥王室之傾向，普王勢孤，乃從丹麥撤兵（丹普和約於一八五〇年七月二日簽字於柏林。）秭耳斯太因之革命軍失卻德意志人之助，隨爲丹麥軍所擊敗（一八五〇年七月。）丹麥王收復此兩州，而依一勅令（一八五二年一月，）宣告此兩州之聯合解散。繼承問題由列强依倫敦協約（一八五二年五月）處決之；依此協約，五强及瑞典保障丹麥王室之領土保全，格溜克斯堡公（Duke Christian of Glücksburg 丹麥王之姪女壻）繼承丹麥王土全體，包含敍和兩州。此約屛除俄古斯丹堡公之繼承權（他自己承認放棄之，）且約給全國以一共同的憲法。列强之干涉可謂如丹麥之意解決了此困難的問題。但此解決既不爲敍和兩州所承受，亦不爲德意志同盟所承認，亦不爲男系繼承人俄古斯丹堡公之後繼人所承認。在德意志惟有墺普兩國爲一八五二年協約之當事者。

恰在倫敦協約締結之前，丹麥政府聲明將對於王國全體施行一個共通憲法，但各部許設地方議會，依他們自己的政務員以管理與全體不共通的事務。丹麥國王於宣告此憲法之時，並且約諾決不將敍列色維格合倂於王國領土內。在一八五五年，上項聲明之共通憲法確然成立，施行於丹麥王領土全部；關於由地方議會管理純粹地方的事務之規定，仍然維持，但至於何項事務爲丹麥全體共通之事務，則決定之保留權在丹麥政府。敍和兩州人民及德意志對敍和兩州表同情之人均表憤慨。德意志同盟不承認此憲法在和耳斯太因羅奄堡有效，普墺亦攻擊此憲法。丹麥政府卒覺他的計畫在和耳斯太因之實行不可能，乃決變計，而有一八六三年三月之勅令。

在一八六三年之初，敍和兩州及羅奄堡問題仍是受一八五二年倫敦協約之支配。在同年三月三十日丹麥王弗列得列下一勅令，給和耳斯太因以獨立的議會，預算，軍隊，而宣言爲丹麥與敍列色維格發布一憲法（但弗列得列於此憲法未公布以前已死。）依此勅令，敍列色維格成爲丹麥之一省，完全與和耳斯太因分離。丹麥國王之此舉，自其敵人視之，有兩層違法的處所：第一，此新勅令加於和耳斯太因而未商得其人民代表之同意；第二，丹麥實行合併敘列色維格。前者漠視德意志同盟之權利，後者違反一八五二年之倫敦協約。敘和兩州問題因此復起，而成爲丹麥與德意志之衝突問題，是卽爲丹麥戰爭之起因。

丹麥戰爭　德意志同盟雖不是倫敦協約之當事者，但敘和兩州問題卻是一個民族的問題；蓋羅奄堡及敘和兩州之住民（除敘列色維格北部外）皆屬德意志人；而要求此兩州繼承權之俄古斯丹堡公弗列得列（對於其父在一八五二年之放棄權利未表承認者）亦是德意志人。至於普魯士，則畢士馬克正利用此問題以達他的政策之目的，他方有意在此方面擴張普魯士國境，且垂涎基爾（Kiel）之良軍港。同時他處此情勢之下，亦須特別愼重其行動。如果暴露普魯士政策的實在目的，必致給倫敦協約當事者之列强以干涉之口實；但如得墺大利共行動，此危險可減。加之，如專謀普魯士利益，不免與國民統一運動之愛國主義相違。於是關於此政策之執行，有使墺大利與普魯士分過之必要。

在一八六三年七月九日墺普兩國在德意志同盟總會通過一個決議，要求丹麥王弗列得列取消三月所發之勅令，回復一八五二年之狀態。墺普兩國行動一致，但動機不同。墺大利的最上策是在與同盟之諸小邦（他們對普惡感正深）聯結，以謀於敍和羅三州組成一個獨立的國家。但墺大利之欲使德意志不受列強干涉，則與普一致。但普魯士不願有獨立的國家之組織，則以在此諸州設立一獨立的統治者，必致因其畏普之故，依附墺國，在此方面新增出一個墺大利的屬國。一時列强未必肯坐視普魯士之侵奪丹麥國土。畢士馬克乃如墺大利然，寧願贊同同盟總會之緩慢的動議。一八六三年十一月十三日丹麥國會通過三月中所宣言之丹麥敍列色維格聯合憲法。

敍和兩州之反對丹麥 一八六三年十一月十五日丹麥王弗列得列七世死，克里斯丁九世繼位，形勢一變，敍和兩州問題更形紛糾。俄古斯丹堡公弗列得列不管其父之曾放棄其繼承權，而要求敍和兩州，此兩州之議會宣告他爲弗列得列八世和耳斯太因與敍列色維格脫離丹麥而合於德意志。德意志之愛國者贊助德意志的敍和兩州及弗列得列八世，反對丹麥。丹麥王克里斯丁繼承前王之政策，公布十一月十三日之憲法。

敍和兩州之行動激動德意志之熱狂。十二月七日同盟總會決議，派同盟軍隊（於一薩克遜將軍統率之下）去佔領和耳斯大因，英政府猶想調停，曾派特使赴丹麥，但丹麥政府關於合併敍列色維格問題不肯讓步，一則因爲丹麥之民族的熱狂方盛，一則因爲丹麥以爲英國可以助丹麥保全領土。一八六四年一月八日和耳斯太因爲德意志同盟軍所占，俄古斯丹堡公在基爾組織政府。

普墺之行動 其時英政府復起而調停，通告德意志同盟總會，要求開列強公會。在此次英國提議以前，拿破侖三世亦曾提議開列强會議以解決敍和兩州問題（一八六三年十一月五日），但英國以其提議中含有一八一五年條約失效之宣言，不敢與之共事。而此次則英國之提議不爲德意志同盟所容納，因爲同盟總會向未加入一八五二年倫敦協約，不願受列强之干涉（一月十四日同盟總會聲明否認倫敦協約，）畢士馬克乃覺干涉之時機已到。因爲普魯士爲倫敦協約之當事者，本可以離德意志同盟而獨立行動。墺大利因懼拿破侖三世之圖他，不能不與普交歡，乃與之共行動。一月十六日，普墺兩國政府協定對丹麥下一最後通牒，限於兩日以內，取消上年十一月之憲法。如果丹麥拒絕此要求，墺軍六萬人卽進取敍列色維格。至於敍和兩州取得後如何處置，則未說定；但兩國政府約『以相互協議』(by mutual agreement) 規律他們未來的行動。此項協定，實爲畢士馬克之大成功，他依此取得所希望之同盟，以解放敍和兩州，而復保有將此兩州附於普魯士之可能。墺國外交當局列希堡(Rechberg) 原想關於將來的行動有所商定，以免將來在北方發生轇轕，然以畢士馬克之不肯如他所願，不能不退讓。普墺之向丹麥發最後通牒，固明知丹麥必拒絕所求。於是普墺軍隊可以於德意志同盟軍隊占據敍列色維格之先，急速的攻入敍列色維格。普墺雖爲一八五二年倫敦協約之當事者，然依畢士馬克所說，他們之承認丹麥領土保全，是以丹麥王室自動的承認不合併敍列色維格之約諾爲條件。茲當由普墺軍隊佔住此兩州，以爲丹麥履行上項約諾之保證。實則普魯士政府當局之自始已蓄意侵併此兩州，可於畢士馬克之回顧錄中看出。（畢士馬克在他的回顧錄 Reflections and Reminiscences, Vol. II, Chap. XIX 自謂從最初起，他卽抱定合併此土之思想。）畢士馬克預料之事情發生：丹麥政府拒絕最後通牒之要求；普墺對丹麥宣戰；聯軍進逼敍列色維格。

英國之調停　英國政府亦非全未看破此層者。丹麥戰爭起後，英內閣之拉塞耳(Russell)卽向列强下一通牒，提議開歐洲公會（一月二十日）；及此提議無效，有意取强烈之手段。但俄法均不肯贊成此行動。俄政府既已感激畢士馬克之助。在一八六三年之波蘭革命中，俄國得普魯士好意中立之助甚大，於是畢士馬克在波蘭事件中對於俄國表示之友誼，產生一良果，卽俄國在敍和兩州事件中對普不取何項行動；俄國之友誼的態度容或更因爲未來的希望增強。而在他方面，則法蘭西在一八六四年關於敍和兩州事件不欲取强硬手段，半因爲他方有事於墨西哥方面，而半因爲英國旣在一八六三年關於波蘭問題拒絕與法國共行動，他不信英政府能堅執强硬政策。故値丹麥已示有被征服之勢之時，英政府（巴爾瑪斯登）以共同武裝干涉向法政府出一提議，法國外務大臣依一八六四年六月十四日之公文表示拒絕。此公文係對法國駐倫敦之大使而發，所以指導他對於英政府之態度者。在此公文中，法政府表示法蘭西不能與英國同盟，他說英國只專致力於支配波羅的海，而法國則須對墺大利與德意志之聯合兵力從事大陸的戰爭。

在英法不干涉之事尙未明確之時，已有許多事變發生。普墺軍隊繼續前進，迫薩克遜漢洛瓦軍（同盟總會派遣之軍隊）撤退，而佔領和耳斯太因（普墺聯軍與德意志同盟軍幸免於衝突。）而在二月之初，普墺軍別攻入敍列色維格。四月之中旬，聯軍佔有敍列色維格全部。

丹麥與普墺之和約　此時丹麥已完全在普墺武力之下。外國亦無起而援助丹麥者。卽英國亦除謀得召集列强公會（一八五二年倫敦協約當事者之諸國會議）外，別無能爲力。此會議於四月二十五日開於倫敦。會議所行的第一件事，卽在協定休戰（從五月十二日至六月二十四日。）而議到敍和兩州問題之最後解決，則普國要求兩州之政治的獨立及他們的聯合，而丹麥代表絕對不肯承認此主張。在六月二十五日，倫敦會議無結果而解散。倫敦會議失敗，戰事再進行。六月之末，普墺聯軍進入丹麥本土，容易佔齊特蘭(Jutland)全部。丹麥此時已知孤立無援，不能再抵抗，乃向普墺乞和；從六月二十日起休戰。五日以後，丹麥代表與畢士馬克，列希堡會於維也納議和。在此和議中，德意志同盟全被漠視。英法論理可以主張，關於敍和問題之和議與其處決，實爲歐洲之公共事務；但畢士馬克不使他們有與議的機會，而丹麥代表鑒於事機之緊迫，再戰之危險，又不能拖延談判。於是在八月一日預備和約簽字；依此預備和約，丹麥王放棄他對於敍和兩州及羅奄堡之權利，而以之讓與墺普兩皇。丹麥賠償此次戰爭中普墺所負之軍費。十月三十日普墺丹三國在維也納訂成正式和約，包載上項條件。於是依事勢之推移，原爲取得敍和兩州自治而起之運動，乃以兩州置於普墺兩國同盟支配下之結局。

普墺利益之衝突　丹麥戰事結局，維也納條約成立後，普墺利益之衝突，漸表現出來。普墺在戰前之協定（一八六四年一月）原期依『互相協議』決定敍和兩州之將來。然現値普墺共同管理敍和兩州，墺國始覺普魯士之意圖合併。墺國且覺此次與普取共同行動，有逆德意志國民意志。但得普魯士肯保障墺大利之非德意志的領土而讓以下敍列色（Lower Silesia）之一部分土地（墺國所希望者格拉茲（Glatz）），他寧願讓出他對於兩州之權利。値柏林拒絕此議，墺政府乃提議任俄古斯丹堡公領有此兩州。但此則大違畢士馬克之意志，不過他尚不敢明言反對耳。畢士馬克爲此提出條件，破壞墺大利之提議。他謂（一八六五年二月）保護俄古斯丹堡公抵制丹麥之侵逼，責任在普魯士，普魯士須有交換條件，因而要求敍和兩州加入關稅同盟；基耳港割讓於普魯士；而由普魯士代管軍隊，郵政，鐵道及各種要塞軍路。此等條件，是將敍和兩州化成普魯士之屬地。

加斯太因之協定　畢士馬克雖準備與墺衝突，完全將他排出敍和兩州，然一時尚不欲開釁。他對於拿破侖三世之態度尚未有把握；他尚須取得意大利之同盟。適値墺大利正在內政改組之危機中，欲於對普決鬪以前，先與匈牙利人調和，向普魯士提議妥協辦法，畢士馬克乃亦承諾之。於是一八六五年八月十四日普墺兩政府在加斯太因(Gastein)締結有一協約。加斯太因之協約，在墺大利爲退讓，而於普魯士爲勝利，魯普士至誇爲『未流血的戰勝』。依此協約，普墺保留他們對於敍和兩州之共同權利，而分任兩州之治理：敍列色維格之治理屬普；和耳斯太因屬墺。此外則普魯士依一小額的代價（二百五十萬丹麥幣，）取得羅奄堡之完全領有權。此協約滿足畢士馬克之意願，然而墺大利則以此更陷於紛糾的問題中，失去其他德意志各邦君主之好意，至少在表面上有拋棄俄古斯丹堡公之嫌。俄古斯丹堡不承認此協約，普魯士聲言如他出現於敍列色維格，即當捕之。

畢利仔之會見 普墺之處決敍和兩州問題，可以說是從精神上破壞一八一五年之德意志同盟，而引起更重大的德意志新組織問題。畢士馬克已有俄國之友誼可靠，但尚須確定法蘭西之態度。普魯士與巴黎協商，即有接近意大利政府之利益。畢士馬克自知不久須與墺大利決戰；他知對墺戰爭之時，決不利於有法蘭西之爲敵，所以在加斯太因之後，他即往訪拿破侖三世於比耶利仔（Biarritz），正如七年以前（一八五八年七月）加富洱赴普倫比耶(Plombières)之故事。畢士馬克於一八六五年十月四日抵比耶利仔；他與拿破侖三世爲數次之會談。兩人之談論均是口頭的，全未筆記出來；然而他們會談之大概性質是明白的。在此會談中，拿破侖極欲問明者，是究竟於公表的加斯太因協約之外，有無祕密協定，尤其是究竟普魯士是否保證墺大利保有威尼沙州。而此層則畢士馬克斷言其無者。拿破侖深信法蘭西支配當時局勢，德意志不足畏，墺軍必勝。他斷定酌量情勢，他可以給法蘭西以乘機干涉之機會。而在他方面則畢士馬克深知拿破侖三世如願取決然的行動，縱不至打破普魯士對墺之計畫，亦可以妨害之。他知拿破侖主要的用心，是在再依取得里司薩瓦之方法，博得國內人望。畢士馬克願承諾一提案以換得拿破侖之中立，而衷心仍打算見機避脫默認的或現實的義務。雙方均視此次會談爲滿足。拿破侖承諾守中立；表示希望增加領土以爲報酬，而允勸意大利與普魯士協同行動，自不容疑。畢士馬克因未承受有何項特別具體的義務，然實有以使拿破侖三世誤信以爲法國必能因其好意獲得報酬。實則拿破侖三世之威望，曾爲墨西哥事件損傷，急欲立功以恢復之。然而畢士馬克固已確知普意聯合必敗墺大利，而蓄意欺騙拿破侖三世，使不能得預期的分贓。

普魯士之武斷政策 紛糾不能解決之敍和兩州問題，於一八六六年之初，給畢士馬克以對墺挑釁之機會。墺大利惟有德意志小邦之後援可恃，順從他們對於兩州問題之意見，鼓勵和耳斯太因之俄古斯丹堡黨，而任令俄古斯丹堡公弗列得列立足於基爾。一八六六年一月二十三日，在阿托那（Altona 在和耳斯太因）有羣衆集會攻詆普魯士，畢士馬克登時向維也納致一通牒，表示抗議。他咎墺大利政府違背加斯太因之協定，損傷普魯士對於和耳斯太因之共同管理權，而鼓勵彼妨害普魯士在敍列色維格的行政之革命的宣傳。墺大利辯護其行爲，謂加斯太因之協定，不許墺大利之外再有何項權力可干涉和耳斯太因之事。二月二十八日普王在柏林開御前會議，公然攻擊墺大利之行爲，而認敍和兩州之合併爲普魯士國民的意志。政府多數認戰事爲不可免的。毛奇（Moltke）將軍論對墺戰爭，意大利之協助爲必要，因之普魯士駐意代表與意政府開始談判。而從巴黎方面，有法蘭西皇帝贊成意大利與普同盟，從墺大利收得威尼沙之報告；於是戰爭準備之第二步，卽是有名的意大利之果窪魯(Govone)將軍赴柏林，而締結有四月八日之普意同盟條約。依此條約，在三個月之內，如果普軍開始攻擊墺大利，意大利卽加入普軍方面對墺作戰；同盟繼續至於同盟國家各達到目的為止。

一八六六年之普墺戰爭　普墺戰爭之根本原因，究不在敍和兩州（此雖是一個重要的助因）而是在另一個事實，此卽是德意志同盟在其存在之五十年中，運用日益困難，則以普墺兩國在一處勢不兩立之故。為救濟此事實狀態，必須改組同盟。然唯一利於普魯士的改組方法，是在排出墺大利；而此則非經一戰不能實行者。在三月二十四日當兩方正調動軍隊之時，畢士馬克已致通牒於德意志各邦政府，提出聯邦改組問題。

在四月中期維也納得意大利大軍調動之消息；四月二十一日墺大利南部

軍隊動員。畢士馬克通告維也納政府說，普魯士不能坐視意大利之受侵擊，大約墺大利此時始知普意同盟，此同盟條文原守祕密。四月二十六日意大利軍隊動員，於是德意志次等國家開始武裝。

畢士馬克曾通告墺國，拒絕以兩國爭議交付同盟總會處決，雙方各從事於戰備。在此時期中，拿破侖三世復自居調停人之地位，提議召集一歐洲公會，解決此爭端。他提議將敍和兩州，威尼沙問題，德意志同盟改組問題為公會之議題。普魯士，德意志同盟與意大利均表示願意加入。但墺大利明言拒絕承認增加何方領士之提議；他之加入公會，附此一個條件，是卽使意大利之威尼沙問題不能付公會討議（一八六六年五月）。墺大利之條件根本的反乎意大利，普魯士與拿破侖三世之目的，公會召集之舉乃作罷論。拿破侖後再為一度限制戰爭範圍之企圖：六月十二日他與墺大利締結一祕密條約，規定，法國守中立，墺大利於戰局得利可以讓步而不損名譽之時，卽可割讓威尼沙於法國，轉交意大利，以便自由對待普魯士。意大利不願承受此不可靠的利益，不願從拿破侖獲得威尼沙而堅守與普魯士之盟約。

因拿破侖干涉而中斷之形勢趨近於危機。一八六六年六月一日，墺大利聲言將敍和兩州之命運交付同盟總會處決，而同時召集和耳斯太因之議會。畢士馬克隨卽宣言加斯太因協約失效，共同治理權復舊，而派兵入和耳斯太因。俄古斯丹堡公退走阿托拉。六月十日，畢士馬克提出普魯士要求的聯邦組織計畫。他提議排出墺大利；設立一依普通選舉制選出之國會；設置一聯邦行政部，綜理大政，主持外交；設立一聯邦艦隊；設置一共通軍隊由普王與巴威利亞王分領之。畢士馬克聲明如他的提議否決，普魯士卽將脫離同盟，而認凡贊成墺大利提議之邦爲敵國。墺大利在和耳斯太因與德意志同盟兩方面之地位均受攻擊。在六月十一日，墺大利攻詆普魯士之行動爲破壞同盟法律，而要求同盟軍隊動員。

墺大利之動議經巴威利亞稍修改之後，於六月十四日通過於同盟總會

（以九票對六票之多數。）薩克遜，巴威利亞，漢洛瓦，瓦顛堡之對墺大利方面投贊成票，因爲根本的反對普魯士之霸權。拉素（Nassau），巴顛，赫塞加塞耳，赫塞達姆斯打特之反對普魯士，則因爲他們的土地介於普魯士本部與其萊因省分之間，懼於普戰勝時爲他所吞併。同盟總會決議通過，普魯士卽時宣告退出同盟，六月十五日普魯士對在總會袒護墺大利的各國家下一最後通牒，限令數小時內解除武裝，及被拒絕，乃行進兵。實則在敍和兩州之國境已發生衝突；普魯士進兵最先，六月七日普兵已開入和耳斯太因。墺大利之宣戰書發表於六月十七日，普魯士宣戰書發於十八日，意大利之宣戰則在六月二十日。

尼可斯堡預備和約及普拉克和約

在普墺戰爭中，普魯士雖有意大利之助，然在德意志方面陷於孤立地位。普魯士之敵方，有墺大利，薩克遜，巴威利亞，瓦顛堡，漢洛瓦，巴顛，赫塞加塞耳，赫塞達姆斯打特，拉索及佛蘭克弗特自由市。然而此不過是一個短時期的戰爭。普軍到處戰勝，戰局定於一八六六年七月三日之薩多窪(Sadowa)或克利希格拉仔(Königgrätz在波赫米亞)之大戰，此役墺軍主力破滅，普軍優勢完全樹立。

普魯士戰勝之速完全出乎拿破侖預料之外，而使墺皇無復有獲一軍事上勝利，使其能拋棄威尼沙而不至大損聲威之希望。薩多瓦戰敗之翌日（七月四日）墺皇請求拿破侖三世出來干涉，而以威尼沙交付於他，冀以賣退意大利。此時拿破侖如能決然勇斷，尙或可以操縱時局。拿破侖三世雖尙未準備直當戰勝的普軍，但他如能與墺大利或且與意大利協定，可以妨害普魯士勝利之完成，而防止有一在普魯士王室主宰下之統一的德意志產生。畢士馬克知此危險，乃贊成與巴黎政府商議時局，而以意大利共同休戰爲條件。但意大利報仇心切，於薩多窪戰後一星期內繼續戰爭；拿破侖惟禁止意軍侵入威尼沙，因其此時已成法國領土。拿破侖三世此時耗費時光於無益的談判，他的遲疑不決的態度，使畢士馬克有完成對墺勝利之餘裕。

畢士馬克在普墺戰爭中，更表示他在政治上遠大的眼光與果斷。他知利用勝利之限度。新進氣銳之普軍初獲大勝，尚要進攻維也納。然而畢士馬克却敢決然停止此戰勝的軍隊進行。他之爲此，大有深意存乎其間；他不欲過傷墺國皇室的感情，而留爲將來妥協之地步。依他的意見，則與其徒然攻陷維也納，損傷墺國體面，毋寧表示寬大精神，獲得普國必要的利益了事。加之外國政府，尤其是拿破侖三世之態度尚不可逆覩，更不利於久延戰局。所以畢士馬克希望和議成立之心甚切，卒能打破普王及各將校之戰爭熱，而決定和議。（七月十二日及二十三日普王曾在大本營開御前會議，討論和戰問題，畢士馬克之意見孤立，後卒得皇太子之贊助，說動國王主和。）墺皇要求拿破侖干涉後之十日（七月十四日），拿破侖三世以調停者之資格與普魯士駐法大使果耳仔(Goltz)之間，商定之和議條件成立，二十二日普墺休戰，二十六日畢士馬克與墺國代表在尼可斯堡簽定預備和約，其主要條件卽是拿破侖三世與果耳仔在巴黎所協定者。依此條約，墺大利獲有領土保全之保障，（惟除威尼沙，此地應歸意大利，）薩克遜之領土保全亦被承認；墺大利交付約當英金三百萬鎊之賠款。此等條件似未能全然如普王之意願，然畢士馬克全然獲得他所需要者：墺大利承認德意志同盟之解散，承認在緬因（The Main）以北組織一新同盟，而墺大利不在內；墺大利承認緬因以南之國家可以特別組成一同盟，而可依條約與北部聯結；墺大利放棄對於敍和兩州之權利，而許普魯士對於緬因以北墺大利的同盟（除薩克遜外）行使合倂。實際說起來現代的德意志帝國（一八七一—一九一八年）之基礎，卽樹立於尼可斯堡。

最後正式和約訂立於普拉克（一八六六年八月二十三日）。普拉克和約第一條，載有普通的平和修好條項。第二條規定威尼沙割讓於意大利。第四條規定解散德意志同盟而承認在緬因以北組織一新同盟，墺大利不加入。第五條規定墺皇將他對於敍和兩州之權利轉讓於普王，但規定敍列色維格北部人民如依人民總投票表示願屬於丹麥，卽當將此地方交還丹麥。（此條件爲拿破侖三世與普國大使在巴黎協定的，然始終未爲普魯士所履行，而卒依一八七八年十月十一日之普墺條約取消。）其他列於尼可斯堡預備和約之條件均載入此和約。於是墺大利及薩克遜各得享有領土保全；但漢洛瓦，赫塞加塞耳，拉索及佛蘭克弗特自由市則全被普魯士合併，而在巴威利亞及赫塞達姆斯打特亦有極小部分地方合併於普魯士，爲普魯士在德意志中部之領土與西南部之領土間開一通路。意墺和約於一八六六年十月三日成立於維也納。

一八六七年之北德意志同盟

尼可斯堡預備和約簽字以後，畢士馬克重申組織新同盟之議，而主張以六月十日提出同盟總會之案爲基礎。一八六六年八月四日普魯士邀北德意志各邦與他訂結同盟組成臨時的聯合，以一年爲期，以俟和約上規定之新同盟組織協定成立。德意志各邦代表於十二月十五日至翌年二月九日之間，會議於柏林，討論新組織計畫，而承受畢士馬克之提案。在一八六七年二月十二日，各邦舉行選舉，選出一具有制憲權之國會。國會於二月二十四日開會於柏林。在四月十七日新同盟憲法經國會通過，於是提交各邦議會得其承認。七月一日此憲法正式發布而有名的北德意志同盟（Norddeutscher Bund, North German Confederation）告成。

在一八一五年之德意志同盟（Deutscher Bund）之建設與一八六七年七月一日北德意志同盟成立之期間，德意志國家分子變化甚多。一八一五年之三十九邦在一八六七年七月一日已減成二十七邦，（或是因爲被合併於普魯士，或是因爲王室繼承關係相互合邦，）而在此二十七邦中，有五邦完全立於北德意志同盟之外，卽墺大利，巴威利亞，巴顚，瓦顚堡與利希顚斯太因（Lichtenstein）；有一邦部分的屬於此同盟，卽赫塞達姆斯打特（緬因以北的領土。）因之北德意志同盟包含二十二邦。

一八六七年之憲法爲德意志組成一聯邦，以代一八一五年創立之邦聯

(Staatenbund)：一八七一年德意志之聯邦組織卽繼承一八六七年之北德意志同盟憲法者。北德意志之組織完全出自畢士馬克之立案，適以便於普魯士行使霸權。北德意志同盟之機關有三個盟長 (Präsidium)，聯邦參議院(Bundesrat)，帝國議會 (Reichstag)。盟長由普魯士王任之；他有對外代表同盟，宣戰，講和之權。盟長統率一切軍隊，公布法律，任免官吏，命令議會閉會。盟長之下有聯邦宰相(Bundeskanzler)輔佐盟長執行政權，而對盟長負責任；聯邦宰相爲聯邦參議院之議長。聯邦參議院繼承一八一五年之同盟總會；參議院以四十三個代表（代表二十二邦）組成；就中普魯士得出十七個代表，換句話說，卽有十七個表決權。國民議會依直接，祕密普通選舉制選出，其權能有限；議會對於財政上之監督限於可決新租稅；其通過之法律，須經參議院同意，始有效。

北德意志同盟之權力及於一切軍事上，政治上，商業上的問題。同盟之財政依兩個財源以維持：其一爲關稅，郵政收入，及間接稅；其他爲各邦的臨時貢輸。如第一項收入不足時，則自各邦（依人口之比例）徵集之。各邦保有自治權，維持其關於宗教教育公共工事司法之權能，惟對於中央政府方面之侵權，未有充分的保障。

南德意志諸國之同盟・普拉克和約第二條規定，緬因以南之德意志國家當組成一同盟，其與北德意志同盟之聯結，當依後來的協商定之。法蘭西政府對於此項分立視爲極重要，而謂如此將德意志分裂爲三：北德意志同盟，南德意志同盟，墺大利，優足以抵消普魯士之擴大。但南德意志同盟究未產出。巴威利亞及瓦顚堡均忌有此，因恐同盟之組織便於普魯士之兼併南部德意志。但畢士馬克之揭破拿破侖要求取償於南德意志之提案，大有以影響南部諸國對普之意向。南部地方割據主義，爲民族愛國心所戰勝，而普魯士正利用之，以達其聯絡南部諸國之目的。在一八六六年八月，巴威利亞，巴顚，瓦顚堡與普魯士結成軍事同盟，同盟當事者相互保障他們的領土保全，而相約戰時舉其全力助戰。此項同盟條約，迄於盧森堡問題發生之時始發表於歐洲。而依一八六七年六月四日之協約，關稅同盟中之南德意志諸邦及北德意志諸邦（除三自由市外）結成一個關稅議會（Zollparlament），由南德意志諸國依直接普通選舉制選出之議員加入北德意志國民議會組成，以討議關稅問題；是無異北德意志國民議會之擴大。此項條約實以表示經濟的統一之再進一步（關稅議會繼續到一八七〇年）而爲南北兩德意志之一個連鎖。

第三項　普法戰爭與佛蘭克弗特和約

拿破侖之失望　在薩多窪之役以前，拿破侖三世有助於普魯士，他是贊成普意同盟者。在此大戰之日，他尚對普國大使果耳仔說，若不是法蘭西守中立，普魯士之如此大活動勢不可能。然而拿破侖三世不願，且未想到，墺大利有一敗塗地之事。所以薩多窪之戰報，於法蘭西好似一個極大的慘變。此時再不許靜觀事變之成行，而當取敏捷的行動。七月五日拿破侖三世開御前會議，其外務大臣魯易斯(Drouyn de Lhuys)向以聯墺爲政策者，主張取堅決的行動，調集大軍於東境：如是則或至開戰，或調停成功。但拿破侖遲疑不決，久無成議。

拿破侖三世亦不能採絕對鎭靜的政策：他仍欲向畢士馬克要求報償。法國大使倍列迭遏(Benedetti)受命辦理此事。倍列迭遏由柏林經過薩多窪，抵普魯士軍大本營(七月十一日)。畢士馬克以優禮相待，但談判不得要領。畢士馬克希望得法政府之贊同以行其所計畫的大兼併政策。倍列迭遏繼續其旅程，抵尼可斯堡。他似未從拿破侖得有明確的訓令。同時普國大使果耳仔在巴黎與拿破侖維持親交而獲得內密消息。在其與普國大使之數次會議中，拿破侖首先表示贊同德意志同盟之改組(七月十一日)，後復認可普魯士合併德意志次等國家之土地，惟除薩克遜(七月十三日)。拿破侖之此等行爲殊出執外，他決定此重大的外交問題而置其外務大臣於度外，而且他自己亦未有確定的意見。且拿破侖三世既在巴黎對普國大使爲種種的許諾，然則倍列迭遏之與畢士馬克從事於困難的談判，又有何用？

最後拿破侖三世明白表示態度：他採定一個報償政策。此政策如發動在開戰之前，普魯士正圖使其政策進行無阻之時，或當可以實行，但在普魯士全勝之後，拿破侖三世自己既表示無意用兵之時，此政策之實行殊不可能。而且以調停人而爲此要求，更爲滑稽的政策。

在尼可斯堡之時，倍列迭湯奉訓令對於普魯士領土之新增加，要求報償。當倍列迭湯轉回柏林之時，他接到更確定的訓令：卽他須提議與普魯士締結一密約，將萊因左岸與緬陽司（Mayence）割讓於法蘭西（八月五日）。此項土地主屬於普魯士，但亦包含有巴威利亞及赫塞達姆斯打特之小部分地方。倍列迭湯以書面將此提案通告畢士馬克。而在第二次會見（八月七日），畢士馬克決然拒絕商議德意志土地之割讓，但示意可以在別處給法國以滿足。（畢士馬克將此提案詳細通告南部德意志諸邦政府，使知法國之不可靠。）

倍列迭遏報告細陽司案失敗。他從巴黎政府接到的第二道訓令，更爲嚴重。他受命要求蘭陀（Landau），薩蒲溜克（Saarbruck）與薩洛邑（Saarlouis）及盧森堡，如不得盧森堡，卽要求比利時（八月十六日）。

倍列迭遏持此提案走訪畢士馬克，要求同意。畢士馬克要求寫成文書。倍列迭遏乃執筆書成一普法條約草案：依第一條，法蘭西承認普魯士在上次戰役結果合併的土地；依第二條，普魯士約助法國取得盧森堡；依第三條，法國承認將組織的新德意志同盟；第四條規定，普王值法國皇帝爲情勢所促迫，派兵入比利時，或征服此邦之時，當給法國以軍事助力，而當舉海陸軍全力助之抵抗一切對法宣戰之國家。第五條規定普法結成攻守同盟。此是畢士馬克從倍列迭遏索得的第二件重要文書。老練的畢士馬克保存此等文書，以備將來利用。在此期中，談判止於此，未再進行。（隨後倍列迭遏請假赴加耳斯巴特，當他回柏林時，畢士馬克自己亦出外休養。）

盧森堡問題　盧森堡事件是拿破侖的報償政策最後努力的結果。盧森堡(Luxemburg)由一八一五年之維也納公會，建爲大公國(Grand Duchy)，而以之交給荷蘭王。維也納公會當時將此大公國加入德意志同盟，而宣言盧森堡爲同盟的要塞。德意志同盟既無常備軍，此要塞乃從一八一五年以來由普魯士軍隊當守備之任。當普魯士組織的關稅同盟發展之時，此大公國亦加入在內。拿破侖三世欲取得此小邦，爲對於普魯士國土擴大之報償。

拿破侖三世之計畫不是全然未見機的。普拉克和約成立之後，普魯士政府於一八六六年十二月召集北德意志各邦代表於柏林會議，建設北德意志同盟。德意志之新組織影響於盧森堡之問題，因爲此大公國雖屬舊德意志同盟之一員，而不在新同盟組織之內。因之普魯士再無駐守盧森堡要塞之理由，而盧森堡大公（荷蘭王）有任意處分此大公國之自由。適値此時，荷蘭王困於債務，不惜割讓此邦以換得金錢上的補償。盧森堡問題乃牽動歐洲外交政局：拿破侖三世久有意覬覦此邦，值茲好機會，乃施其買收之計畫。

法蘭西之外務大臣魯易斯(Drouyn de Lhuys)於一八六六年八月退職，此人為一抱有健全政策而主慎重行動之政治家。窪列特(Valette)代理外務數月；在他在職的期中，他曾發書於法蘭西駐外代表，表示法蘭西承認既成的事實之政策(一八六六年九月十六日)。同時拿破侖三世政府謀合併盧森堡以補救既成的事實。新外務大臣摩斯湯(Moustier)纔自君士坦丁堡回法就任，已值盧森堡事件正在進行中。他須極力使之成功；而嗣值買收計畫失敗，他須使法蘭西退出此事件而不損傷威望。摩斯湯在此事件之行動，於挽回法國外交危局很有力。

在一八六七年之春季，法蘭西之計畫已似將成功。法政府與荷蘭王之間，協議漸有頭緒。荷蘭王願賣去此大公國。法蘭西政府擔任取得普魯士王之同意(荷蘭王對於普魯士方面自然很有顧慮)，而盧森堡之向背須依該地人民總投票決之。一八六七年三月二十六日荷蘭王威廉以手書通知拿破侖三世，表示承認割讓。此後惟待正式簽約。

然而此事又有令拿破侖三世大失所望者。承認之手書雖然繕發，而條約則迄未簽成。盧森堡割讓於法蘭西之緊急，激動德意志國民感情。在北德意志同盟之國會中許多詰問抗議提出。畢士馬克於三月二十七日親語法國大使倍列迭湯，謂盧森堡之事或不免爲普王遊巴黎的計畫之阻力（時巴黎正將舉行大博覽會。）同時普魯士駐海牙之公使雖然承認荷蘭王處分盧森堡之權利，但警告荷政府說，此項割讓之事激動德意志國民感情，請其注意。荷蘭王因悟此項警告之意：他以一小邦而國境開放，無防禦，勢不能與普魯士失和。於是荷蘭王拋棄他與法政府之尚未完成的交易，而拒絕簽定割讓條約。荷蘭王之爲此，亦在他的權利範圍之內；因爲法蘭西迄未能履行他分內的條件，即取得普魯士之同意。

於是拿破侖三世又一度徒勞無功；畢士馬克又一度居於勝利者之地位。在此種情勢之下，法蘭西新外務大臣摩斯湯收拾此事件之外交手腕，有功於法蘭西不小。摩斯遏通告關係各國政府，謂法蘭西今已不再圖擴張領土；他已拋棄兼併盧森堡之思想，但普魯士當取同樣的政策：卽普魯士當撤退駐守盧森堡要塞之軍隊。如此提議，則法蘭西之主張一方面表示溫和，而同時亦示其强硬。實則法蘭西已無異說普魯士必須撤除盧森堡之兵，否則須預備開戰。如果普兵因此撤出盧森堡，世人將覺得不是法蘭西遇普魯士之威迫，退去盧森堡，而是普魯士遇着法蘭西之要求而退去盧森堡。

在數星期中，歐洲政治上有一個真正的危機存在。拿破侖三世最後卒決定一個堅決態度，他提出一明確的要求，要求不遂，必致戰爭，此爲顯明之事。畢士馬克雖久已預計戰爭必有一日發生，彼時適給他一個開戰之機會。但他不爲此，容或是因爲彼時戰事機運尚不利於他。於是他乃任令法蘭西獲得一個外交的勝利。

歐洲列强此時亦皆爲平和盡力。英國政府提出召集公會之議，極力主張實行。女皇維多利亞(Victoria)親致書普王威廉（一八六七年四月二十四日，）明說如戰爭發生，普王從英國方面並精神上的援助亦不可得。加之墺大利新任宰相畢司特（Beust）亦依其駐柏林巴黎兩處之代表，竭力謀保平和。畢司特方謀墺大利之恢復元氣，歐洲戰爭不免有以遲誤其事。最後則俄國政府於宰相科耳恰可夫（Gorchakoff）之下，久守沉默，亦急宣言反對普魯士繼續駐守盧森堡。四月二十五日科耳恰可夫向列强發通牒，正式提議召集公會。普魯士此時絕對陷於孤立，別無他法，他惟有承受召集公會之提議。

五月一日，以荷蘭王之名義，發通牒於一八三九年倫敦條約（此條約承認比利時與荷蘭之分離，重立盧森堡大公國）之當事國及意大利。五月七日公會開於倫敦。公會議事進行迅速，四日之間，全部事件議決，而一八六七年五月十一日之倫敦協約成立。依此協約第二條，盧森堡大公國定爲永久中立國，受締約列强之共同保障（Collective Guarantee）。盧森堡大公國既化爲中立國，不需再有要塞與守備兵，於是普王承認撤去他的軍隊（第三第四條）；荷蘭王仍保有盧森堡大公國。

盧森堡事件依歐洲公會如此處決，實使法蘭西能保全威望，退出他那不幸的報償政策，普魯士承認讓步，撤退多年駐守此大要塞之軍隊；而在他方面則有一歐洲保障的中立國家存在，可爲法蘭西東北國境之防護。

普法衝突　盧森堡事件解決，拿破侖三世的報償政策告終。然而普法關係不因是而示改善之兆。從一八六七年到一八七〇年之時期中，普法之間繼續暗鬭。普魯士成長鞏固之程序尙未完成；稍待時日未必不可從容完成畢士馬克之事業，然而他寧願手造此大業，而依更迅速的手段行之。謂普法戰爭爲絕對不可免的事亦未必然；但欲免此戰爭，需要一個大政治家的手腕。尤其是法，墺，意三國之間，如有一堅固的協商存在，或可以使畢士馬克拋棄戰爭政策，至少亦可使戰爭之發生時期延緩。不幸而此項協商不存在。墺大利之畢司特爲唯一看透畢士馬克野心之人，但亦未十分熱心承受法蘭西同盟之提議。亦不能說拿破侖之從事於一八七〇年之戰爭全然是冒昧之舉。他的政府準備戰事已兩年，不過是常有躊躇不決與政策更動之嫌。法蘭西外務大臣摩斯漒於一八六九年逝世，其後繼者爲格納蒙公（Duc de Grammont），此人亦由外交官出身，而持聯墺政策者。但格納蒙是一個好外交官，而不是一個政治家，他是以外交官做政治家而失敗的一個好例。

拿破侖三世之同盟計畫　一八七〇年之春季已終，夏期半過，戰爭之徵兆尚未出現。六月猶保有平和之狀態。拿破侖三世之政府固已戒備一切。意大利政府之意向，已曾窺探，但在法蘭西軍隊駐防羅馬之期中，此方面之同情殊少希望。從墺大利方面究尚有所希望。在三月，墺大利軍隊中要人阿耳倍（Albert）親王赴巴黎，大受高級將校之歡迎。而在五月之末，法國陸軍大臣魯不倫元帥（Maréchal Lebrun）持拿破侖三世親書赴維也納訪謁墺皇佛蘭西斯若瑟夫。魯不倫元帥曾與阿耳倍親王會談數次，與墺皇會談一次（六月十六日）但此兩政府之協商只於籠統的空泛的原則。墺皇不肯結確定的條約；他恐普魯士利用德意志國民的感情以對待他而至於七月，則歐洲空氣為西班牙王位問題所擾亂。

西班牙王位問題　西班牙王位問題之爭端，產生於西班牙革命。一八六八年九月，在西班牙有海軍謀叛，釀成革命，女王伊沙倍耳逃難於法國。於是兩年之間，西班牙王位無主，西班牙政府在普林將軍（General Prim）主持之下，於歐洲四處尋求新君主。有許多候補者提出（路易菲利普之子與女王之妹結婚的蒙潘西公亦在內）然或以本人決然拒絕，或因為不能得本國承受，皆無成議。惟有普魯士王室郎和顯佐列倫(Hohenzollern)家之一親王，名列俄玻耳特(Leopold)者，有希望。列俄玻耳特親王之兄弟為羅馬尼亞王。起初列俄玻耳特猶表躊躇，後在柏林開家族會議（羅馬尼亞王亦列席）之結果，他決然拒絕受西班牙王位（一八七〇年三月十五日）於是西班牙政府次向列俄玻耳特之弟弗列得列

(Frederick)交涉，他亦拒絕。

西班牙王位問題之交涉，當然爲法蘭西政府所注意。有一巴黎新聞在一八六八年十一月已發表和顯佐列倫候補者之新聞。倍列迭湯亦注目於柏林之西班牙密使。他於一八六九年之春，已詢諸普魯士外交部時畢士馬克不在柏林，外交次長答以普魯士政府絕對不與聞和顯佐列倫候補問題。但下一個月，倍列迭湯遇畢士馬克之時，畢士馬克之所說，就不如是之明顯。

畢士馬克之侵略的外交 但列俄玻耳特親王已經表示拒絕，其事可謂已告終局。然此問題忽爲畢士馬克自己所挑發。他於一八七〇年六月之初，致書西班牙政府首領之普林，示意對於列俄玻耳特之招請，可再提出。於是普林得西班牙議會之同意，再派人請列俄玻耳特爲西班牙王。此次則列俄玻耳特承受之；其向來躊躇不決之心志卒決定，其得有柏林方面助力之保證，可以想見。

法普之交涉 七月二日西班牙政府向法國駐西大使宣告列俄玻耳特承

受西班牙王位之事，法外交當局格納蒙即起而反對。西班牙方面之消息傳到巴黎，法人譁然。格納蒙向議會宣言表示強硬的態度。（政治家如鐵耳者大不以其宣言爲然，謂爲發狂。）格納蒙之欲撤退和顯佐列倫之候補使普魯士政府承諾此舉誠是正當之舉。但執行此舉之正當的方法，是在如何使彼自負心甚強之普王及其人民能圓滿的退步。然而格納蒙則在此最困難的談判中，如此的堅執，且近於威脅，殊不是大政治家的態度。

七月七日，倍列迭遏接格納蒙訓令，赴耶姆斯（Ems 時普王在此避暑。）當他啓行之後，在途中接得法外交部確定的訓令。在此訓令中，平和與戰爭之問題說得極明確。訓令中有一節，明說，如能得普王取消列俄玻耳特親王之承認，此爲一大勝利，且爲大功績；而普王亦可保持歐洲平和。否則即是戰爭。

七月九日倍列迭遏會普王於耶姆斯，述及和顯佐列倫親王候補西班牙王位之事，如何在巴黎激動人心，而示意如由普王表示否認，必有一鎮靜的效果。普王威廉似亦承認此情形，同時明言格納蒙在議會之挑釁的演說，致普王之此項行爲稍感困難。實則此時普王正待列俄玻耳特家之消息，於是他命法使暫退，約接到消息之後，再接見他。七月十日倍列迭遏連接到巴黎兩道訓令，催其急速從普王取得確定的答覆，明言如普王拒絕勸列俄玻耳特辭退王位，卽要登時開戰，數小時內，法軍當抵萊因。七月十一日，倍列迭遏再見普王，而普王答以列俄玻耳特家之消息尚未到，實則其時普王已致書列俄玻耳特親王之父 (Prince Antoine of Hohenzollern-Sigmaringen) 勸其撤消其子候補之事。格納蒙之堅執，已幸得結果。七月十二日，列俄玻耳特之父電告西班牙政府，聲明其子接受西班牙王位之舉已取消；同時他以同文電報發寄駐巴黎之西班牙大使，此大使卽時告知法國內閣總理。法總理俄里維 (Ollivier) 大爲寬懷，謂平和已得，不可再失。然則後來戰爭果何由爆發？是則彼要求保證之一舉，敗壞大事。

普法之開戰 所謂要求保證，是謂普王應當正式表示認可列俄玻耳特候補之取消，而且保證以後不許重提出此項候補之事。此思想不出自拿破侖三世，他與俄里維皆信戰機已過。此要求首先見諸新聞，而後有人在議會提出，格納蒙採定此保證主義，而得拿破侖三世同意（七月十二日），乃於當夜重發訓令於倍列迭邊，使之向普王要求承認取消上項候補，幷保證以後不許重提此項候補之事。七月十三日，倍列迭邊會見普王。提出此項要求，普王登時拒絕，不肯繼續再談此事，而散。次日普王命一副官通知倍列迭邊說他證實列俄玻耳特候補取消之消息，而認和顯佐列倫候補之事於此已告結局。

在此種情勢之下，如果法蘭西政府再堅執其要求，戰爭必啓，其事至明。乃法政府依國務會議之多數決定，仍堅執原來的要求。如是則卽令未有畢士馬克之有名的刪改耶姆斯電報之挑戰行爲，普法戰爭此時亦將不免發生。

耶姆斯電報 所謂耶姆斯電報之事，正以見畢士馬克之狡猾。畢士馬克於六月十二日從暑地回柏林，聞知普王繼續與倍列迭邊談判，頗爲失望。他嗣接得列俄玻耳特親王撤去候補承認之消息，以爲損傷德意志威望，憤而有意辭職。十三日他接耶姆斯方面發來一急電，報告普王與倍列迭湯在耶姆斯會見經過情形。電報中言及最後會見一節，說普王既告倍列迭湯，他正在等候列俄玻耳特家之回報，乃決定關於上項要求不再接見法國大使，而但由一個副官去通知他說：國王業已從列俄玻耳特之父得有回報，證實其撤退候補之事，對於該大使再無可說者。畢士馬克卽利用此節情形，而於語句中略加删改，（卽謂普王已決計不再接見法使，而命一副官通知他說，王再無事可通知他，）送諸新聞上發表。原電如其發布在新聞上（本屬普王與其大臣之私電）已經可傷法人感情，而經畢士馬克之删改，事情更爲重大。電報經此一番修改，表示談判全然決裂；一經發表於新聞，在巴黎惹起極大的反感。畢士馬克之爲此舉，則依他自己所說，是因爲鑒於法蘭西之態度，爲保全國民名譽，不能不一戰。普王自身並無敵意；當倍列迭湯與普王在耶姆斯相別之時（七月十四日，）普王威廉猶以禮貌接見他，與之握別，而倍列迭遏自身，亦未以爲他的政府受侮辱。

卽在耶姆斯電報發表，人心激昂之情勢中，如法政府持鎭靜態度，徐待詳細的說明，亦不難揭明事實之眞相，打破畢士馬克之詭計；然而格納蒙不能靜待。他已憤不可遏。値英政府提議法普兩國請第三國出來調停（七月十七日，）而他不容納之。七月十八日立法院議會可決戰事經費十九日法政府對德宣戰，同日普王威廉命德意志國民效他們的祖先，爲他們的自由與權利而戰。

普法戰役中之外交活動　在戰役中，畢士馬克之注意，在防歐洲列强之干涉。縱令無干涉之機會，他亦不欲逆歐洲的公論；尤其是英國之公論視爲重要。於是他第一件毀壞法蘭西信用之事，就是給倫敦泰晤士報以一副法國合併比利時之條約草案（倍列迭遏在一八六六年交給他手的。）此條約草案登載於一八七〇年七月二十五日之泰晤士報。此文件發表，法人大失英國的同情。英國之格蘭斯頓（Gladstone）雖忙於改革內政，不注重外事，至此亦決心保全比利時。因此他於戰爭中與普魯士（八月九日）及法蘭西（八月十一日）各訂一條約，約定英國對於侵犯比利時中立之任何國家當舉海陸軍全力以攻擊之。

法蘭西希望結一歐洲同盟，敵對普魯士之事，全然失望。他完全算錯南部德意志之形勢；南部諸國家之畏法蘭西，過於其對於普魯士之疑忌；而法政府之在一八六六年要求巴威利亞及赫塞達姆斯打特領土，與其對待和顯佐列倫候補問題，激起此等國家對法的反感。在普法開戰的時候，南部德意志之瓦顛堡，巴顛及巴威利亞登時會合普軍，致法蘭西作戰計畫根本齟齬。法軍不能取攻勢運動，直入南德意志，以鼓勵墺大利及意大利之協助，而乃不得不沿摩佐耳沙耳(Moselle-Saar)戰線取守勢，以禦進攻的德軍。在普俄之間，已有協定存在。畢士馬克承認在東方贊助俄國之計畫，而俄宰相科耳恰可夫則約定如墺助法，俄卽從背後攻墺，因此使墺不敢輕動。拿破崙赴前敵督戰之時，他尙未能與墺意結成他所久希望的同盟；但三國政府談判結果，產有一個協定，然戰事之急速發展，致此協定不能生效。墺意聲明他們的軍隊非至九月中不能加入戰線，墺意兩政府約定，如法軍在南部德意志取攻勢，他們的軍隊卽開赴巴威利亞及敍列色。意大利且附一條件，卽須拿破侖三世承認意大利取得羅馬。但卽在急需意大利助力之時拿破侖三世因有羅馬舊教黨及皇后之阻力，仍不肯拋棄羅馬。拿破侖拒絕意大利之條件，法蘭西乃至於獨力以與德意志戰。在七月二十日及二十五日，墺大利及意大利宣告中立。畢士馬克又復算中歐洲之形勢。

戰爭的結局　普法戰爭（實則是德法戰爭）於一八七〇年八月二日開始，至於九月二日拿破侖三世在塞丹（Sedan）舉全軍投降，德軍完全制勝，戰爭的主要部分實際可謂已告結局。九月四日，法蘭西經一個平和的革命，剛必大（Gambetta）在立法院宣告廢黜路易拿破侖及其一家的皇位而法蘭西復宣布共和政治。後來雖『國防政府』（Gouvernement de défence Nationale）猶繼續在各省從事一種壯烈的戰鬬，堅守巴黎，然大勢已不可挽回而至於一八七一年一月，戰爭最後的日子到來。一月二十八日，『國防政府』與普軍間之休戰條約成立。二月二十六日法蘭西共和政府之首領鐵耳與畢士馬克在烏塞訂成預備和約。在預備和約之談判中，畢士馬克挾戰勝之威，持强硬態度，其所提出之苛刻條件，絕少談判之餘地，但鐵耳竭盡心力，得使他承認減少賠款（由六千兆法郎減至五千兆法郎）及爲法蘭西保存倍耳佛特（Belfort）城。

一八七一年之佛蘭克弗特和約　法德之最後正式的和約，於一八七一年五月十日訂立於佛蘭克弗特。此和約承認烏塞預備和約之條件，而補充其執行上必要的規定，並其他項關於兩國恢復平和關係之要項。依此和約，法蘭西割讓阿耳沙斯羅連（Alsace-Lorraine）兩州（阿耳沙斯全州，惟除倍耳佛特城；羅連州之大部分，包含美仔Metz城）於德國，且認賠款五千兆法郎。

德意志帝國之成立　塞丹戰役之後，南部德意志國家已與普魯士開始談判，準備加入北德意志同盟。巴顛首先向畢士馬克提議，而瓦顛堡及巴威利亞隨之。至十一月二十五日，畢士馬克與南部四國之談判已告完成。依其所協定，巴威利亞當在聯邦參議院有六個投票權，瓦顛堡四權，巴顛及赫塞達姆斯打特各三權。巴威利亞所得之權利雖未能完全如他所願，然較之他邦保有較大的獨立地位，而獲得參議院之外交委員會長。此四國依一八六七年採定的人口比列，得派代表八十五人於國會。於是北德意志同盟之二十二邦，今乃增加兩王國，一大公國，（其他一邦，卽赫塞達姆斯打特，以其緬因以北的領土之關係，原已爲同盟之一員）共成二十五邦。佛蘭克弗特條約又爲德意志增加一個新分子，卽阿耳沙斯羅連；此地雖享用聯邦憲法而派代表於國會，然迄於一九一一年，在參議院無代表，而以帝國領土（Reichsland）之資格受統治於一總督。

十一月二十五日，北德意志同盟與巴威利亞聯合條約成立，南北兩德意志聯合完成，德意志國民最後政治的統一於以告成；自此日以後，北德意志同盟改用德意志帝國（Deutsches Reich）之名號，而在十二月十八日請普王威廉進受帝號。南部諸邦議會，除巴威利亞以外，卽時贊同。巴威利亞獨遲久不決，延至一月二十一日始以很小的多數承認之。一八七一年一月一日德意志新憲法實施，而在其尙未得巴威利亞承認以前，在一月十八日，德意志帝國乃於法國之鳥塞宮正式宣告成立，普王威廉進登德意志皇帝之尊位。三月二十一日，德意志帝國之第一次國會(Reichstag)在柏林開會。

北德意志同盟變成德意志帝國，其憲法並未修改，不過擴張之而已。同盟(Bund)之名雖易爲帝國(Reich)，德意志仍是一個聯邦。一八六七年創立之制度，如聯邦參議院及國會，皆保存未改動，不過人數增加而已。選舉權制度亦未因此改變。帝國之首領仍保存其專制的權力。他依其十七投票權，在聯邦參議院佔優勢，而帝國宰相(Reichskanzler)受他的指揮。全德意志之軍備均受他的支配。此新造之德意志帝國，於普魯士之主宰下，在歐洲大陸形成一個大勢力，不僅侵逼法蘭西，並且根本的破壞歐洲均勢。

第三編 帝國主義時代

第八章 帝國主義之發達

第一節 一八七一年以後之國際政局

歐洲之新勢力 一八七一年一月十八日德意志帝國宣布成立，畢士馬克從一八六四年侵入敘和兩洲以來之事業告厥成功。普魯士繼續三次勝利的戰爭，（對丹麥，對墺大利，對法蘭西）根本的改變歐洲政治生活。德意志向未搆成一個政治的勢力，（因爲舊神聖羅馬帝國之性質是國際的，而不是民族的，）忽成爲歐洲之霸國而繼續保有此地位，以至於一九一四年之歐戰。普魯士爲新德意志之主宰，輸入德意志素所缺乏的紀律與組織。從此以後，屹立於歐洲中原的强國，就不是一個單獨的普魯士而是一個大一統的德意志。換句話說，全德意志在政治上皆已經普魯士化。如此一時在歐洲政治上產生一個强大的新勢力，舊來的國際均勢完全推翻。所以一八七一年德意志帝國之建立，可說是十九世紀中一個最大的政治事實。凡欲了解最近國際政治外交關係者，皆不能不追溯到此事。

新歐洲與舊歐洲　從普墺戰爭以至普法戰役結局（一八六六—七一年）之五年間國際形勢所生之變化如此其大，實破壞梅特涅建設之舊歐洲及其條約，而產出一個新歐洲來。一八七一年之歐洲對於一八一五年之歐洲有一個優點，卽此新歐洲是建立在制勝的民族上；意大利與德意志在維也納公會之時，視爲僅屬地理的名詞，今乃完成民族的統一，組成鞏固的國家。然而對於此優點，亦有其劣點，卽一八一五年之決定爲國際的，而一八七一年之決定則由單獨一國之意志所强致者；維也納條約至少表面上係根據確定的公認的原則，而一八七一年佛蘭克弗特條約則純爲一個戰勝國的利益而訂立。德意志帝國完成本國民族的統一，但全不爲異民族之利益設想，而且全然漠視之，蹂躪之。因爲政治上軍事上的理由，他從法蘭西强索得阿耳沙斯羅連兩州，從丹麥奪得敍列色維格，而其治下之波蘭人亦從十八世紀以來，始終屈伏於其壓制政治之下。尤其阿羅兩州之割讓，於法蘭西爲莫大的損失與恥辱；法蘭西國民雖咎拿破侖三世之誤國，然深憤德意志之驕横强暴，認爲不共戴天之仇。從一八七一年佛蘭克弗特條約締結以後，法德兩國互有敵視，無融洽之地步；此後四十餘年武裝和平的局面可說是在此處種的禍根。

民族的發展與衝突 普法戰爭直接的結果，完成德意志統一，建設德意志帝國；而其一個間接的結果，則是完成意大利半島統一。在戰爭中，法國駐防羅馬保護教皇之軍隊撤回，而値塞丹戰役以後，意大利敢公然進兵羅馬，取爲意大利王國之首都；於是意大利人多年渴望的統一事業乃告完成。普法戰爭的再一個間接的結果，就是俄國恢復他在黑海的支配權。黑海中立化，換句話說，卽不許設置兵工廠與海軍，本是一八五六年巴黎條約所規定的。俄政府乘普法戰中而得普國的好意贊助，乃公然宣言巴黎條約關於此層之規定作廢，恢復俄國在黑海行動之自由（一八七〇年十月二十九日）。巴黎條約當事國（尤其英國）雖憤俄國之行爲，然亦無法抵制，惟有任巴黎條約破壞，而以一八七一年一月十七日之倫敦議定書立一『公約不得由一方單獨廢止』之宣言，敷衍面目了事。三月十三日之倫敦協約廢止巴黎條約關於黑海中立化之一條，以適應旣成的事實，惟韃靼雷斯海峽不許外國軍艦出入之原則仍舊保存。俄國從此恢復黑海權力，亦是近東問題再起紛爭的張本。

從全體上看來，一八一五年維也納公會建造的歐洲政局，到一八七一年全然推翻。從一八七一年以後，歐洲的政治問題，已不是關於此一國的王位繼承，或彼一國的革命撲滅，甲民族的解放運動，或乙民族的統一完成等項局部的問題，而是新舊國家勢力衝突問題，獨立的大民族對外發展，彼此爭霸的問題。所謂大德意志主義，大斯拉夫主義，大英帝國主義，乃至未恢復的意大利（Italia irredenta）運動皆是以民族利益的名義，從事帝國主義的政策者。從一八七一年以至一九一四年，雖然在歐洲的强國彼此尙未有互相戰爭之事，然武裝平和之負累，較之前一時代的戰爭，更爲難堪。

戰後畢士馬克之外交政策 德法戰後之四十五年間，德意志帝國爲歐洲政治之主要的因素。畢士馬克主持新帝國之政府，對於德意志之地位亦頗不能安心。他在對外關係上一件最苦心的事，是在如何鞏固此新帝國之地位。他要鞏固德國在歐洲的地位，不能不設法減少外敵，多植與國。他要在德意志勢力之下組成一個親德的聯合，以防其仇敵法蘭西之復興。此時希望可以積極爲德意志之與國者，惟有俄，墺，意三國。意俄兩國比較的容易聯絡，惟墺大利方面之協定一時煞費苦心。而畢士馬克之事業，則因畢司特之去職而臻於利便；畢司特雖不是一個大政治家，然他是始終極力反對畢士馬克之唯一人。畢司特之去職，殆因爲墺皇覺得與德意志帝國對抗已無成功之望，而採定安德塞（Andrassy 匈牙利政治家）主張的東向侵略巴爾幹政策。於是畢司特外調倫敦大使而安德塞伯入爲墺國宰相。

三皇同盟　在一八七二年九月，墺皇佛蘭西斯若瑟夫帶同安得塞親遊柏林。俄皇同時亦帶同科耳恰可夫赴德京。所謂『三皇同盟』卽訂於彼處。嚴格說起來，此不是一個同盟，而不過是一個協商：德，墺，俄三國宰相交換文書，約定維持既存的歐洲形勢；協同處決歐洲東南部的紛爭；共同抵制革命運動（時俄皇亞力山大畏懼虛無主義 Nihilism）。

德法的關係　此時法蘭西勢力之漸回復，有以使畢士馬克抱不安之念。塞丹戰後之第三日（九月四日），巴黎起一個平和的革命，推翻帝政，建設臨時的國防政府。一八七一年一月二十八日巴黎降伏，與德軍締結休戰條約。二十九日，臨時政府以命令宣布於二月八日舉行國民議會之選舉，定於二月十二日開會於博多城(Bordeaux)。二月十六日，國民議會舉鐵耳爲法蘭西之行政首長。國民議會議決廢黜拿破侖，對德講和兩事之後，決定移於烏塞開會。三月二十日，國民議會在烏塞開第一次會議。國民議會與德國締結佛蘭克弗特和約(五月十日)，結束戰事以後，又須對待巴黎之急進黨叛亂，而於流血之慘狀中打平之(五月二十一日——二十八日)。國民議會旣完成此項困難事業，乃從事於回復法蘭西元氣，及爲法蘭西制定永久的國憲。鐵耳於此表示其爲一富於熱誠毅力的政治家。法蘭西在他的統治之下，回復元氣之速，出人意外。不到一八七三年年終，對德賠款已付淸(一八七二年法蘭西政府所發之公債應募額超過十四倍)；而在同年七月，德軍全然撤出法境。在同時期中，一般兵役制採定；地方政府改組；國境防禦增强；工業與信用回復。最後在一八七五年麥瑪韓(MacMahon)元帥執政時代(麥瑪韓於一八七三年繼鐵耳爲總統，)法蘭西國憲制成，第三共和成立。

法蘭西如此積極進行的情景，不免大招德國的疑忌。畢士馬克從法國索得阿羅兩州，於佛蘭克弗特課以苛酷的條件，原想一舉打落法國，使不能再與德爲敵。今見法國漸漸回復元氣，國力增强起來，於是又要施其侵逼手段。一八七五年爲法蘭西樹立第三共和之年，而法國議院又適通過增加軍備之議案，德意志政府以爲此是法蘭西各黨一致準備復仇之兆。畢士馬克表示開戰之意，而德意志軍人又爲攻擊法國之準備。一時法德戰爭，似將復起。幸而俄英兩國政府起而干涉，公然對法表同情，制止德政府之行動（一八七五年四月），畢士馬克乃不能達到欺壓法國之目的。法國因此得立足於西歐，安然作生聚教訓之計。德政府與俄國之感情，自此亦漸疎隔起來。此事亦可說是俄國對外傾向移動，歐洲國際關係變化之一個轉機。

第二節　東方問題與柏林公會

第一項　東方問題

克里米亞戰後之近東政局

克里米亞戰爭結局，近東爭端並未根本解決，歐洲仍舊有一個紛糾的東方問題在。在一八五六年之巴黎公會，歐洲列强正式招請土耳其帝國參與歐洲公法，承認保障土耳其之獨立與領土保全，而不干涉其內政，而土耳其政府亦自認對於國內耶教人民在政治上宗教上改善其待遇，保障其自由。則似土耳其對內對外可以維持平和安甯的狀態，不至再起紛爭。然而言行之矛盾有出人意表者。土耳其政府在巴黎公會閉會以後，在國內迄未實行其承諾之改革，而列强亦從未真實的放棄干涉土耳其內政之政策，甚且思利用其內亂而達侵略之目的。巴爾幹諸民族騷動之度日增，不免受有意大利德意志民族統一之刺戟。巴爾幹人民在半世紀之間已增進其自覺心。塞爾維亞，保加利一步步的爭得其自治權利，實際有完全脫離土耳其支配之勢。加以所謂大斯拉夫主義（Pan-Slavism）之氣勢日益張大。從克里米亞戰爭以來，大斯拉夫主義之提倡者（大部爲俄人），盛行其宣傳運動於其同種同教之人民中。一八六七年有一個大斯拉夫會議開於莫斯科。此運動隱然有政府的贊助。在民衆宣傳之背後，有外交之勢力。凡在巴爾幹半島之俄國領事，幾無不是大斯拉夫主義者；而最熱心的大斯拉夫主義者伊格拉遏夫（Ignatieff）乃被任爲俄國駐君士坦丁堡之大使。

東方問題禍根伏得甚深遠，一遇有導火的事變，隨時皆可爆發。從一八五六年至一八七〇年之間，近東尙未發生重大的危機。至於一八七〇年—七一年，則俄國破毀黑海中立之條款，重開東方問題爭議之端；此事雖幸和平解決，然已大足使巴黎公會之協定根本動搖。及至一八七五年，則巴爾幹禍亂大作，東方問題復成歐洲政治爭鬭之中心，而惹起國際關係之危機。

一八七五年之叛亂的起因 在一八七五年之夏季，土耳其領地赫洛仔果維那（Herzegovina）州之斯拉夫人民之叛亂，爲巴爾幹亂事爆發之導火線。隨卽牽動土耳其國內斯拉夫邦土之全部，而在此亂事未平之前，已惹起俄土開戰，幾激成歐洲大戰禍。

赫洛仔果維那叛亂之最初的原因，與其說是政治的，毋甯說是經濟的，社會的；叛亂之強力，不必全基於民族精神，而土耳其官吏與土著的地主所課於住民的租稅負擔之繁苛難堪，實有以激發反抗之氣勢。一八七五年七月，赫洛仔果維那之農民忽拒絕納稅及提供勞役，而遇土耳其軍隊來攻，則迎擊而大敗之（七月二十四日。）同情的人來自塞爾維亞，門的內哥羅及達瑪過亞（Dalmatia），及至列強領事起來干涉，謀調停於土政府與其不平的人民之間，則事勢漸見險惡；在十月二日，土皇雖承認爲一般的改革，而亂事已擴大。

列強之干涉 歐洲列強對於巴爾幹方面之亂事再不能坐視，他們的行動，因財政上的考慮而更加急迫。十月七日，土政府財政上已陷於破產，宣告對於外債之利息不能全付。土政府之此項部分的賴債，致已經紛糾之國際形勢更加紛擾。於是德，俄，墺三國政府協商結果，於十二月三十日，由墺國宰相安德塞從蒲達不斯特（Budapesth）發出一通牒，此即有名的安德塞通牒(Andrassy Note)。

安德塞通牒表示列强極欲縮小叛亂區域，維持歐洲平和；通牒上指出土政府未實行其久應施行之改革，列强當迫促土皇踐行其約，尤其要促土皇給與完全的宗教自由；改良租稅徵收制度；將直接稅應用在此諸州之地方需要上；改善農民狀態；而任命一回教徒及耶教徒之混合委員會，此委員會將不僅對於列强茲所提議之改革，幷且對於土皇自己先已允諾之改革，監視其執行。最後，德俄墺三國政府且要求土皇依一條約，自認迅速實行此種種改革；如其拒絕，列强不肯再任阻止或調和叛亂人民之勞。法意贊成此通牒，英政府對於此通牒表示一個籠統的贊成，不過英政府指明，在最近數月中，通牒上所指的改革中之重要者，曾經土皇承認實行。

安德塞通牒於一八七六年一月三十日提出於土政府；土皇急速承認此通牒上要求的五條中之四條，其未肯承認者，惟直接稅應用於地方之一條。

叛亂區域之擴大 然而外交家之努力，因叛亂人民之頑强的態度而失效。赫洛仔果維那之人民，不肯以此空洞的保證為滿足，非至有實質的保障不肯息兵。土皇則堅持在地方人民舉兵反抗之期中，勢不能實行改革。此時則叛亂擴大。波斯尼亞加入赫洛仔果維那之叛亂；塞爾維亞，門的內哥羅及保加利亦準備取同一的行動；適值五月初在薩羅尼克（Salonica）港有回教徒之暴動，殘殺法德兩國之領事。此時為免於歐洲大爭亂，列强有取嚴厲的手段之必要。

五月十一日，墺俄兩國宰相復與畢士馬克會議於柏林，決定再對於土皇提出更嚴厲的要求。土政府與叛徒應當即時休戰，以兩月為期；在此期中，當於列强委員監視之下，執行幾種鎮撫及善後手段。叛亂人民當許其保全武裝，以待土皇實行他前回所承諾的改革。如在休戰期滿之後，列强之目的尚未達到，即當再取嚴重手段，援助外交行動。此即所謂柏林覺書（Berlin Memorandum）是。

柏林覺書與英政府態度 法意兩政府均贊成德，俄，墺之提議，惟英國內閣則一致反對之，謂其提議太專斷。英政府之首領畢孔斯菲特(Beaconsfield) 此時頗憤德，俄，墺三帝國政府之獨立行動，認為漠視英國。英政府在五月十九日拒絕加入柏林覺書，而在二十四日命令英國艦隊開赴倍西科灣 (Besika Bay)。因之德，俄，墺提議之共同干涉拋棄。回教徒的愛國者，對於耶教徒之逼迫表示反抗之氣勢。五月二十九日，他們廢黜土皇阿蒲達阿塞士(Abdul-Aziz)，因其太弱。其後繼者之穆拉特(Murad)在位只三個月，亦被廢黜（八月三十一日），而讓位於其弟阿蒲達哈密得(Abdul-Hamid)。

英國畢孔斯菲特之拒絕加入柏林覺書，招國內外的攻擊。歐洲關於東方問題之聯合，因英政府的態度而破毀，自不容疑。如果英國與其他列強一致行動，對於土政府當有不可抵抗之壓迫，則土耳其方面有些兇險的殘忍手段當可以免。而在他方面，德，俄，墺三帝國政府對英態度，亦有疏忽之處，他們既有保持平和之誠意，而乃於議定柏林覺書中的要求之先，不先徵求得英國的協力，自是大錯。

土塞開戰 在此時期中，巴爾幹方面之事勢變化急速。一八七六年六月三十日塞爾維亞正式對土宣戰；一天以後，門的內哥羅君主尼可拉斯亦繼之宣戰。適此時在保加利方面，叛亂亦已發生（一八七六年五月），土政府爲壓伏叛徒施行極慘酷之壓制手段，六月二十三日保加利虐殺之消息載於倫敦之新聞，激動歐洲輿論對土反感。英國前首相格蘭斯頓公然刊發傳單，主張驅逐土耳其人出其所蹂躪之地方。

塞爾維亞與門的內哥羅從六月底以來對土開戰。此項爭鬪將擴張至何地步，實爲當時外交家所不可逆料的問題。塞爾維亞軍中有大部的俄羅斯義勇兵，而由俄國將校統率之。俄國何時起來援助塞人，加入戰爭，都未可知。一時塞軍敗北，對於土軍攻擊勢將不支，請求列强出來調停。英政府乃促土皇與塞爾維亞，門的內哥羅講和。土皇不肯休戰，但提出條件，謂如果得列强贊成此等條件，他卽時停止戰鬪行爲。但塞爾維亞非得休戰不可。戰爭停止六星期以後，重新開始。英政府仍極力謀平和的方法，而向列强提議幾個條件（九月二十一日）：塞爾維亞及門的內哥羅之現狀維持；波斯尼亞及赫洛仔果維那之行政的自治保加利惡政革除之保障；及一個統括的改革案。此等事項均須訂載於列强與土政府間之一個議定書中。俄政府乃提議（九月二十六日），如果土耳其拒絕上項提案，列强聯合艦隊卽當駛入玻斯佛拉斯海峽，波斯尼亞當暫由墺國佔領，保加利由俄國佔領。土耳其仍行其拖延之計，然而俄國亦不能忍耐；伊格拉湯夫將軍於十月十五日膺俄皇特別使命抵君士坦丁堡，而於三十日向土政府遞一最後通牒，限令於四十八小時以內與塞爾維亞休戰，否則俄國大使卽離君士坦丁堡。十一月二日土政府屈伏；塞爾維亞救全；外交家可以從容從事於平和的活動。

君士坦丁堡會議　列强外交家利用此休戰期中，會議於君士坦丁堡（十二月二十三日）。列强贊成英政府在九月中提出之條件，但會議卒無結果，則因爲土耳其不肯承受改革案。土政府此時態度之固執，或是因爲誤信英政府可以防護他，而此層妄想則畢孔斯菲特於十一月九日在倫敦市長公署之對俄强硬的演說，有以鼓勵之。於是俄國代表伊格拉邊夫退出會議。俄皇已宣言（十一月十日）如土政府拒絕列强提議，他卽取單獨行動，他的軍隊已動員，戰事卽在目前。外交家尙復努力謀免於戰事。列强減輕他們的要求，議於國際委員會支配之下，使波赫兩州及保加利亨有自治。一八七七年一月二十日土耳其決然拒絕列强要求，二十日君士坦丁堡會議散會。英政府猶對於維持平和爲最後的努力。一八七七年三月三十一日，巴黎條約當事者之列强大使會議於倫敦，與英國外務大臣達倍（Derby）合簽一議定書（依俄使之提議）要求土耳其解除動員，而速施行其所承諾的改革；而如土政府承受此等條件，俄國亦解除動員。一時卽畢孔斯菲特亦以爲平和可以保全，然而土耳其其悍然拒斥倫敦議定書（四月十日，）在四月二十四日，俄皇對土宣戰。（俄皇此時已依一八七七年一月十五日之密約，取得墺大利之友誼的中立，後來墺國在柏林會議之取得波赫兩州之治理權卽依據此約。)

俄土戰事 俄土開戰，更有以鼓勵巴爾幹人民抵抗土耳其。塞爾維亞在一八七六年十一月與土耳其之休戰至十二月二十八日又延長而在一八七七年二月二十七日，塞土訂立和約於君士坦丁堡。但在一八七七年六月十二日，門的內哥羅受俄國行動之激刺，再開始戰鬭。六月二十二日，俄軍渡達溜白河。俄軍欲進攻君士坦丁堡，別無途徑，因爲俄國在黑海之海軍，纔於一八七〇年以後恢復，其實力尙不足充用。於是羅馬尼亞之協助乃爲必要，此則依四月十六日之協約而取得；依此協約，俄軍得自由通過羅馬尼亞，而俄皇自任保證羅馬尼亞之領土完整。羅馬尼亞軍隊爲俄國防禦右翼，但羅馬尼亞提議願爲更積極的協助，則爲俄皇所拒絕。俄軍從達溜白前進至普烈窪那(Plevna)而受挫(七月三十日)。普烈窪那之圍攻，是俄軍一件至難的事。俄皇乃於八月承受羅馬尼亞王提供之助力，而任之爲俄羅聯軍總司令。土軍主將俄斯曼拍奢(Osman Pasha)堅守普烈窪那，亙五個月，卒於十二月十日投降俄軍。四日以後，塞爾維亞第二次對土宣戰，加入戰線。俄軍破普烈窪那後，節節敗退土軍，進逼君士坦丁堡；他們於一八七八年一月五日占取索菲亞(Sofia)，於二十日佔取亞得里亞羅堡(Adrianople)。而在高加索方面，俄軍亦大勝；加司(Kars)之大要塞於一八七七年十一月十八日失守，土耳其帝國似將任俄國之處分。而在三月，俄國迫土政府締結散斯遏華洛(San Stefano)和約，俄土戰爭於此結局。

散斯遏華洛和約 俄土和約之基本條件，已協定於亞得里亞羅堡預備和約(一月三十一日)；其條件現包載於三月三日之散斯遏華洛正式和約。依此和約，門的內哥羅上地擴張(取得波斯尼亞一部分地方及亞得里亞海之安的發里港(Antivari)，確然承認為獨立國家，與土耳其脫離關係。塞爾維亞亦擴張土地而成獨立國。君士坦丁堡會議提出於土政府之改革案，應卽時實施於波斯尼亞赫洛仔果維那，而於俄墺共同監督之下執行之。達溜白河上之要塞應撤毀。對於阿美尼亞人應施改革。俄國應取得巴澮(Batoum)，加司(Kars)，與其他一部分亞細亞地域。達普魯甲(Dobrudja)之一部，亦應割與俄國，由俄國轉交羅馬尼亞，以換回一八五六年讓給之倍沙拉比亞(Bessarabia)之一區域。和約中之最驚人的部分，是建設一個大保加利，此邦當組成一個自治的貢國，戴一耶教徒政府，備有民團，其區域當從達溜白河延至愛琴海，而西至於阿耳巴尼亞山脈下。散斯遏華洛之和約，實根本的破壞土耳其帝國在歐洲之勢力，而樹立俄國對土之保護地位。保加利之擴大，激起其他巴爾幹諸國之疑忌。歐洲列強，尤其英國，對於此條約果取何態度？

英國對於東方問題之態度　英首相畢孔斯菲特於一八七四年入掌政權，有意矯正前任格蘭斯頓一派自由黨對於外事冷淡的態度，而給英國外交政策一個新傾向，使應世界新情勢之要求。英國新帝國主義(New imperialism)之第一個徵兆，即在收買埃及王之蘇彝士運河的股份。一八七五年十一月二十五日，舉世忽聞英政府以四百萬鎊（一說五百萬，依 Longman's P. H. E.）之價額從埃及王買得他的（十七萬六千股）蘇彝士運河股份（股份總數爲四十萬股）。畢孔斯菲特之第二個舉動，挾有帝國主義的目的者，爲在一八七七年一月一日宣告女皇維多利亞爲印度帝后。運河股份之收買，印度帝號之宣布，皆以發揮畢孔斯菲特之帝國主義。畢孔斯菲特對於東方問題之態度，亦出於同樣的考慮。他認定英國不單是西歐列强之一，並且是一個東方的帝國。巴爾幹事變引起英國不安之念。在俄軍未渡達溜白河之前，俄皇應英政府之要求，已承諾尊重英國在埃及蘇彝士運河之利益，允不佔取君士坦丁堡與海峽（一八七七年六月八日）；但俄軍在一八七七年年終之勝利，使英國對於俄國之是否踐言，深懷疑懼。於是一八七八年一月，英外務大臣達倍警告俄皇使毋忘前言，並且聲明凡俄土間訂立之條約，如變動一八五六年，七一年之協定者，非經此等協約之當事國大家同意，不得有效（一月十四日）。爲增壯此警告之聲威，英國在倍西科灣之艦隊受命駛進韃靼雷斯海峽（一月二十三日），政府請求議院通過臨時經費。英內閣因接得駐君士坦丁堡代表之警報，決定（二月七日）派艦隊一支開入瑪麥拉海(Sea of Marmora)，以保護在君士坦丁堡之英國人民。俄國登時聲言：如英國軍艦溯海峽而上，俄軍卽進入君士坦丁堡以保護各族耶教徒生命。但土皇要求英國艦隊撤退，於是英國艦隊仍退歸倍西科灣。英俄衝突一時得免。

墺政府已曾提議開歐洲列强公會，而在三月四日，英政府聲明可以同意，但附一條件，卽凡俄土和約上的一切條項，均須提出公會討議。俄國拒絕承受英國提出條件，謂公會儘可自由提出問題，但其決議之承受與否，在俄國保留決定之自由。英國堅執其主張，平和又將決裂。此時除英俄之爭議以外，尙有許多紛亂之種因。希臘，塞爾維亞，羅馬尼亞以未得參加俄土和議，對於散斯遏華洛和約不滿足。希臘且實行侵入鐵沙利(Thessaly)州，及得列强之保證，承認於最後和約給以有利的考慮，始肯停止用兵。四月十七日，英政府宣言已命印度軍隊開赴馬耳他，此項消息，驚動歐洲，表示英國以武力貫澈其主張之決心，有以促進和平。其他勢力之活動亦傾於同一的方向。俄國之和議條件，亦爲墺大利所厭忌。墺軍已於俄國側面動員，在二月四日，墺皇已要求將和約條件在維也納開公會提出討議。墺大利本可以持强硬態度，因其背後有德國在。

畢士馬克之政策 畢士馬克關於東方問題之爭議，已有決心。他因欲保全一八七二年三皇同盟（Dreikaizerbund），他因曾受俄政府之大惠，極願援助而且鼓勵其野心（如果他的野心僅與英法的利益衝突；）然一値俄國政策與德國有衝突之處，則他的態度就不同。俄國誠於一八七〇年牽制墺大利，有功於普魯士。俄皇自然以爲在一八七八年之春季，德國報答俄國之時會已到，而要求畢士馬克牽制墺大利。畢士馬克亦尙願維持俄德之親交，但須不傷德墺之關係。他於是答謂德意志將監視萊因方面，不能同時抵制墺大利。此推諉之口實，是容易看透的。畢士馬克實際已決定給墺大利在巴爾幹以行動之自由，並且促之進向薩羅尼克方面發展。畢士馬克之態度，自俄國視之，爲忘恩叛友。然其有以解免歐洲的大亂，則不可否認。因此俄皇決計不與英墺開釁，而承諾赴柏林公會。

第二項　柏林公會

公會開會以前之外交協定　俄國財力既告窘竭，兵力亦疲儆，無意與英國戰，而寧願在公會開會以前，與英國協定條件。於是俄使史窪洛夫（Schouvaloff）赴聖彼得堡一行，攜一條約草案轉回倫敦，英國外務大臣沙利斯倍里（Salisbury）與史窪洛夫乃於五月三十日在倫敦簽訂英俄協定。依此協定，俄國承認大減縮保加利之國土，而定巴爾幹山爲南境。希臘之事當在公會受相當的考慮，而羅馬尼亞的倍沙拉比亞當交還俄國。畢孔斯菲特尙極願俄國勿合併亞洲方面之加司（Kars）及巴澾（Batoum），然以不能得俄國允許，而他自己亦不肯以此爲開戰之原因，乃爲抵制此事之效果計，從土耳其取得塞布拉斯（Cyprus）島，而英國爲之保障亞洲方面之領土，惟除開加司，阿達汗（Ardahan），巴澾三地。英土間之此項協定，由英國駐土大使與土政府在一八七八年六月四日，訂立於君士坦丁堡。（英俄協定及英土協定，原期在公開會之前，付諸祕密。但英俄協定條文爲英國外務部一書記員賣交倫敦一報名地球 the Globe 者，於六月十四日登載出來。）

公會之形勢　一八七八年六月十三日，英，法，德，意，墺，俄六强與土耳其之代表，於畢士馬克主宰之下，會議於柏林。柏林公會是在十九世紀中次於維也納公會之國際大會議，其會議之性質及到會代表之人物，皆足表示此公會之重要。英國之代表爲畢孔斯菲特與沙利斯倍里；（現今英國有名的老政治家巴爾福 Balfour 時爲沙利斯倍里的祕書，隨同赴會；）法國代表爲窪丁敦（Waddington）；德國代表爲畢士馬克，墺大利代表爲安德塞，俄國代表爲科耳恰可夫與史窪洛夫，意大利代表爲科湯(Corti)。此等代表大抵爲當時列强第一流的政治家。議事進行迅速，公會開會恰足一個月，而於七月十三日閉會。

公會開會起初即有一個問題，惹起爭論者，爲希臘之與會問題。保加利之膨脹，增長他與希臘之衝突。保加利雖不參與柏林會議，但他的利益有俄國爲之照顧；英國擁護希臘利益，主張令希臘代表與會。然英國之提議爲俄代表科耳恰可夫所不贊成，結果採用法國代表之調停案：希臘與羅馬尼亞各得向公會陳述意見，但無表決權。

公會最大之爭端，集於保加利之國境劃定問題。但俄國在公會中受先訂的條約之拘束，英國反對大保加利之主張，卒制勝。畢士馬克在公會中自命爲一個『誠實的經濟人』(Honest broker)，表示對於會中利害關係衝突之各國，不偏袒何方，而惟冀平和了結爭議問題。俄皇代表科耳恰可夫在公會中見畢士馬克對於俄國利益態度冷淡，不能得預期的助力，不勝其憤慨。惟有關於土耳其賠款一節，因此事專關係土耳其，畢士馬克乃援助俄國之要求。及在公會結末，科耳恰可夫要求公會決定執行決議上應取之手段，亦不爲畢士馬克所贊助，而此提議卒被否決。英國代表畢孔斯菲特對於俄國之態度强硬逼人，反之，而俄國代表常表示溫和妥協之精神。惟有一點，俄國代表固執不讓：當羅馬尼亞大使受英國之鼓勵，對於倍沙拉比亞之交還俄國一條提出抗議之時，科耳恰可夫宣言俄國於此問題決不讓步。反之，而科耳恰可夫贊成英國之議，使墺大利佔領波斯尼亞赫洛仔果維那，頗令人驚異。

柏林條約 柏林會議之結局：英，法，德，墺，意，俄與土耳其之代表於一八七八年七月十三日簽立一條約，是卽有名的柏林條約，將於此後三十年間支配東方問題者。柏林條約有一時的目的，及永久的目的。一時的目的，是在取消散斯湯華洛和約，防免英俄（或英墺與俄）之戰爭。此目的誠已達到。柏林條約之永久的目的，是在處決巴爾幹半島問題，使各方面均能滿意。而此目的則究未完全達到。

柏林條約之主要的規定約略如左：

散斯湯華洛和約建設之大保加利，分裂爲三段：馬塞頓（Macedonia）部分復歸土耳其治下；巴爾幹山以南之部分，組成一自治省，名爲東羅美尼亞（Eastern Roumenia），隸於土皇治下，但以一耶教徒總督治理之（此總督由土皇得列强之同意任命之）；巴爾幹山以北，爲保加利本土，於土耳其宗主權之下，組成自治的國家。於是則保加利比較原來在散斯遏華洛和約上規定的國境，只餘三分之一；他的土地限於達溜白與巴爾幹之中間一帶地方；他與愛琴海之交通隔絕。

波赫尼亞赫洛仔果維那仍搆成土耳其帝國領土之一部分，但波赫兩州劃歸奧大利佔領治理，奧大利且有駐兵洛維巴札區（Sandjak of Novi-Bazar）之權利。後一條之目的，在截斷塞爾維亞與門的內哥羅之交通，而使奧大利支配波斯尼亞達薩羅尼克之軍路。

門的內哥羅，塞爾維亞及羅馬尼亞均承認爲獨立國。門的內哥羅取得安的發里（Antivari）港及其附近海岸，但該港及海岸之警察權屬於奧大利。塞爾維亞亦略如散斯遏華洛利約所定，增加領土（最重要者爲密許 Mish 及其附近土地；）但其所希望之洛維巴札區不爲其所有。羅馬尼亞將倍沙拉比亞交還俄國，而取得達普魯甲（Dobroudja）以爲補償。

俄國則取還一八五六年所失之倍沙拉比亞；而他在亞洲方面取得的土地，限於加司，阿達汗，巴潼三處。巴潼當開放爲自由港，只供通商之用。（但在一八八六年，俄皇變計，封閉此港。）俄國勝利之結果，似反使俄國離君士坦丁堡之目的地益遠；在俄國向君士坦丁堡之進路上，新建設有獨立的羅馬尼亞及保加利，實造成兩種障礙，就物質上精神上說，較之土耳其軍隊，尤爲難破之障礙。

至於希臘，則因英法代表之贊助，得有於鐵沙利及耶辟魯（Epirus）方面改正國境之允許。但希臘當與土耳其直接交涉，而列强但諾之爲調停以助成其協定。

關於庫列特（Crete）島及其他省分，則土耳其重申在散斯邊華洛和約上之約諾，保障人民之宗教，民事，政治上的自由。至關於海峽問題，則全無改動，軍艦之通過始終禁止。達濬白河化爲中立，歐洲國際委員會仍然保存。最後有一條明白保留法蘭西在聖地之既得權，而規定維持現狀。

柏林條約之批評　柏林條約可招批評攻擊之處不少。有兩國卽英，墺，全未加入戰爭，而獲利獨大。英國佔有塞佈拉斯，在地中海取得一新根據地。墺大利佔領波斯尼亞，赫洛仔果維那，控制薩羅尼克之通路。因此巴爾幹之均勢全然傾覆。墺大利此後較之俄國更近地中海，抑且更近君士坦丁堡。在墺大利之背後有德意志，其東進政策，後漸發揮出來。

塞爾維亞人思組成一個統一的民族國家，而乃被分裂爲三截：波赫兩州，門的內哥羅，塞爾維亞，而使墺大利隔絕其交通。保加利之分爲三截，亦大逆保加利人民之意志。將馬塞頓復置於土耳其政府之治下，歐洲不免違反人道。在散斯湯華洛，俄國方將解放一切耶教人民；（俄國同時出於自利的動機，圖分裂土耳其，支配近東，自不容疑；）而在柏林，則列强絕不顧及正義，民意，或公共利益，而專爲自利的處置。柏林條約不能保證平和，而乃爲後來造成許多衝突與戰爭之原因。保加利問題，馬塞頓問題，波赫兩州問題，此皆柏林條約所種的禍根。

柏林公會之一般的效果　柏林條約在歐洲一般國際政治上，亦有莫大的效果。此後列强關係之許多變化，可溯源於此公會。在公會中，法蘭西已爲將來佔領非洲之突尼斯（Tunis）留地步，求得同意。畢士馬克在公會中鼓勵法國此項計畫，而此計畫卒於一八八一年實現；其時法國與突尼斯訂成一約，許法軍佔領突尼斯，突尼斯成爲法國被保護國。意大利表示要求阿爾巴尼亞及非洲的托里玻里（Tripoli）之意。德國雖一無所要求，但他博得土耳其之感激及友誼，促成土耳其親德之傾向。而在他方面，則畢士馬克以在公會中未曾積極助俄，傷了俄國感情，俄國乃從此轉向他處求與國。一八七八年俄國之失望，有以準備俄法同盟。反之，而墺大利賴德國之力，獲利既豐，而其東進政策又受德國之鼓勵，須與德意志結束更緊固；於是東方問題乃間接產生德墺帝國之同盟。

第三節　三國同盟與俄法同盟

第一項　三國同盟

畢士馬克之同盟政策　柏林會議以後，俄德感情既壞，俄墺在近東亦居於勢不兩立的地位。俄，德，墺三國協商再無維持之望。此時畢士馬克須就俄墺兩國，抉擇其一以爲與國而他卒不得不擇取墺國。俄國在東方事件之失望，致其怨恨德國而大斯拉夫主義者之活動，益令俄國與德墺之關係日益險惡。墺國明知他要利用柏林會議之結果在近東發展，俄國是他前途的阻力，他不得不倚德國爲後援。德墺同盟之基礎已決定於畢士馬克與安德塞在加斯太因之會見（一八七九年八月二十七—八日）。及至一八七九年十月七日，德墺同盟條約卒告成立。

德墺同盟的經過　畢士馬克須就俄墺兩國擇其一以爲與國。他原是素抱親俄政策之人，何以終捨俄而擇墺？其理由是——則德國利於將墺國勢力移向東方發展，而使之無暇在德意志方面恢復勢力。一則就民族關係上說，聯墺較之聯俄合於德意志的民族感情。且就政治上說，俄雖較墺力强，而其政策常易變動，不如墺國之長可倚靠。

而在他方面，墺皇亦對於俄國之敵意，大斯拉夫主義之活動大爲驚恐，而屬望於德意志帝國之援助。墺國在西方亦感受意大利人所謂 Irredentism 之侵逼。畢士馬克容易使安德塞領悟，惟有與德帝國密切的聯絡，乃可脫墺政府於危險。於是在柏林會議閉會之後，德墺兩政府之間卽時接近起來。從一八七八年年終以來，墺政府表示親德之傾向；墺國承諾廢止一八六七年普拉克和約第五條，卽於叙列色維格北部舉行人民總投票之一條。而在一八七九年之夏季，德帝國之外交的援助使墺大利佔領新土地洛維巴札之事業進行利便。最後畢士馬克與安德塞會見於加斯太因（一八七九年八月），協定了同盟條約之基礎，卽德墺兩帝國聯合以保障既存的條約之尊重；兩國中有一方與其鄰國衝突，而受第三國侵逼之時，則他方起而牽制此第三國。

但德皇威廉第一與俄皇親善，不願於三皇同盟之外，另對墺有特別協定，他反對畢士馬克與墺同盟之政策。因之德墺同盟條約之正式締結，延遲了數星期。卒至畢士馬克以辭職爲要挾，德皇乃裁可締結此項同盟。此即一八七九年十月七日之德墺同盟是。

德墺同盟之性質　德墺同盟是一八七九年以後至於歐戰期中歐洲國際關係之樞紐，三國同盟爲此同盟之擴張者，但並未取而代之，兩者仍各自成一獨立的協定。三國同盟效力有一定的期限，每次皆須續訂。德墺兩國同盟雖原訂以五年爲期，然在一九〇二年實際已定爲永久的，不過同盟當事者任何一方，得於每屆三年通告改約之意思。

一八七九年之德墺同盟條約規定：如兩帝國中有一國被俄國攻擊，同盟當事者之他方須舉其全力來助；講和亦依共同協定行之（第一條。）如同盟中之一帝國被俄國以外之國家攻擊同盟之他方只須守好意的中立；但如攻擊的國家有俄國的援助則未被攻擊之他一同盟國當然舉全力助戰。在近世同盟條約常以『非挑撥的攻擊』(Unprovoked attack)爲助戰原因，而一八七九年之德墺同盟條約則無此語。在此約中，助戰原因卽單在俄國之攻擊。德意志之於一九一四年助墺攻俄，卽依此規定。（德墺同盟條約付諸祕密，直至一八八八年二月三日畢士馬克始發表之以威嚇俄國。）

三皇同盟之復活　德皇威廉原欲以德墺同盟密告俄皇，而畢士馬克勸阻之。（據說德政府對於英政府則密告以此盟約，而似有意使之加入。）但畢士馬克願再試行改善三帝國之關係，而使德墺同盟所預期之戰爭可免。於是在一八八一年，德俄墺三政府之間，有一協定成立，此可說是一八七二年三皇同盟（Drei-kaizerbund）之復活。此協定之條件，載於畢士馬克與俄墺兩國大使在柏林締結之一協定（一八八一年六月十八日。）依此協定，如果締約當事者之一國與第四國開戰，締約當事者之其他二國守好意的中立（第一條；）對於一八七八年柏林條約之修正，須依他們共同協定行之（第二條；）韃靼雷斯海峽與玻斯佛拉斯海峽之封閉之原則仍舊保全（第三條。）此條約尙附有一議定書，簽定於同一日；其第一條規定墺國保留隨時合併波斯尼亞赫洛仔果維那之權；第四條規定，三帝國不反對保加利與東羅美尼亞之併合。（一八八一年之條約與議定書，原守祕密，直至一九二〇年始揭露出來。）三皇同盟以三年爲期；一八八四年再定繼續三年，而至一八八七年變成所謂『再保險條約』（Reinsurance Treaty）。

德墺意三國同盟 在德墺預計對俄戰爭之時，自然同時想到俄國必求一與國以對待他的兩大敵國，而此與國必爲法蘭西（俄國新聞早已聲言。）因之，德墺兩國須求一第三同盟國，可以助其抵對俄法之聯合，而以一個新三國同盟代替因東方事件所解散之三皇同盟。而此第三同盟國則得之於意大利。意大利雖本忘其未恢復的土地，然不惜與德墺攜手，則因其敵視法蘭西之故。意法之不和，不是因爲意人垂涎法蘭西之歐洲土地，如里司薩瓦等，而是因爲法國之殖民政策有以使意大利政治家不安。意大利政府甚注意地中海之政治的均勢；而法國勢力之沿非洲北岸膨脹，似將破壞之。一八八一年五月十二日法國派兵佔住突尼斯，結巴多條約(Treaty of Bardo)，將突尼斯置於法蘭西保護之下，激怒意大利。一時意法關係似瀕於危機。在柏林公會中畢士馬克已暗中鼓勵法蘭西占領突尼斯，意在引法國向海外發展以分其力，而使之無暇在歐洲與德爲敵，彼殆已預料法蘭西此項行動，必至與意大利利益衝突，因而促起意大利聯德之動機。畢士馬克之政策於此收得良果。法國於一八八一年在突尼斯之行動，登時影響意大利對外政策，而有以促成三國同盟。三國同盟對於各方面之利益至爲明顯。意大利與德奧結成同盟關係，既可以抵制法國，同時亦再無受奧大利攻擊之憂。奧大利將來對俄開戰，於德國之外，尙須再有外援，則因爲德國須以主力對付法國（假定俄法聯合），而奧國不能獨當俄軍。德國聯結意奧，鞏固中歐勢力，可以不憂法蘭西之復仇。

在一八八二年意大利王罕柏特（Humbert）接連訪問墺皇於維也納，訪問德皇於柏林；三國同盟之一般的協定，似卽決定於此時。三國同盟條約於一八八二年五月二十日正式簽定於維也納。同盟之存在，已爲一般認知之事實，但其條文始終未經公布。（在一九一五年，墺政府始公布在一九一二年續訂的盟約四條。）依最近的發表，一八八二年之三國同盟載於一個三方的條約。依此條約，如値意大利自己未挑釁，而被法國攻擊，其他兩同盟國當舉全力以助被攻擊之同盟國。如値德意志被法蘭西攻擊之時，意大利亦負同一的義務（第二條。）同盟中之一國如被一國以上的敵人攻擊，則相互助戰之義務亦發生（第三條。）同盟條約須守秘密（第六條。）其期限爲五年（第七條。）在此條約之外，尙附有意大利的聲明，卽謂此同盟不得視爲敵對英國的。德墺亦爲同一的聲明。此等宣言，如條約本文然亦是付諸秘密的；故其目的不是爲對英國表明態度，而是對其他兩同盟國劃清意大利之地位；意大利之地中海的利益，與法蘭西的利益衝突，而不是與英國利益衝突。（奧大利對外的許多密約載於戰後刊行的 Pribram: The Secret Treaties of Austria-Hungary, 1920。）

在一八八三年，羅馬尼亞加入三國同盟。他之加入此同盟之程序，首在與奧大利訂結防禦同盟條約（一八八三年十月三十日）而德意兩國於同一日簽字，加入此條約，而同負其義務。

德，奧，意三國同盟自一八八二年成立以來至於一九一五年意奧開戰，其間曾經續訂過數次。（一八八七年，一八九一年，一九〇三年；後之兩次延長同盟期限以十二年爲期，預計至一九一五年五月三十日滿期，但至一九一二年即又續訂一次。）

三國同盟之第一次續約，訂於一八八七年二月二十日（預計至一八九二年五月三十日滿期。）此項續約以三個文件組成。第一個文件，是單一個三方的條約，延長一八八二年之三國同盟條約。第二個文件，是意墺間的特殊協約；依此協約，如果在巴爾幹或在亞得里亞海愛琴海上的土耳其海岸島嶼之現狀維持不可能，墺大利與意大利惟經彼此協定之後始變更其現狀，而協定須依相互補償之原則行之。第三個文件，爲德意間特殊的協約。其第三條規定，如法蘭西謀擴張其領土於北非洲之托里玻里或摩洛哥方面，而意大利取極端的手段因此而起的法意間之戰爭，卽當然構成同盟國助戰的原因。如果意大利依戰爭之結局，對於法國求領土的保障，德國不爲之阻力，而且設法使達其目的（第四條。）可知依此兩個附件，意大利在一八八七年之續訂同盟，取得有利的地位。

德俄再提攜 雖則畢士馬克之同盟政策成功，德意志帝國在歐洲之地位鞏固，然他始終願維持俄德親交。一八七九年德墺同盟成立之後，畢士馬克卽謀再與俄協商；他欲防止俄法同盟。於是一八八一年有三皇同盟復活之事。一八八四年九月，德俄墺三國皇帝會見於波蘭之顯克尼惠斯(Skierniewice)，重訂親交；

實則在五個月以前，畢士馬克已與墺俄兩國大使會於柏林，續訂三皇同盟，以三年爲期。（此時排德之宰相科耳恰可夫已退職，吉耳 Giers 主持俄國外交，尙願維持俄德親交，而俄皇亞力山大三世又思得畢士馬克之助力壓制虛無黨。）但三年以後，德俄墺三國協商究未如預定續約。則因墺大利在巴爾幹愈占優勢，因是俄國不願續訂一八八一年之條約，但求單與德國同盟或協商。於是德俄兩國於一八八七年六月十八日重行締結一更確定的條約（亦以三年爲期，）此卽是所謂畢士馬克的『再保險條約。』此條約第一條規定，如果兩締約當事者之一國與第三國開戰，締約當事者之他一國，卽當守好意的中立；但在對法或對墺之戰爭，如其戰爭是起於締約當事者之一國攻擊法墺兩强之一，則此規定不適用。如是則畢士馬克既依德墺同盟與三國同盟，對於俄法方面之危險有其防備，而茲以與俄協定對於墺大利或法蘭西方面之攻擊復加一層保險。但他須加入一條但書，以保全德墺同盟之效力，（俄國承受此但書，當已灼知德墺同盟之存在，）而在他方面，則俄國亦預先聲明如德國攻擊法國，俄國仍可助法（似此時俄皇亦已預計有俄法同盟之事。）此條約第二條規定，德國承認俄國向來在巴爾幹半島之權利，尤其在保加利及東羅美尼亞之優勢。依此條約，畢士馬克在外交上取有兩重保險之手段。但此爲他對俄妥協之最後的一舉。及此約滿期（一八九〇年，）德俄關係全變。

第二項　俄法同盟

國際形勢之變遷　畢士馬克在一方面主持三國同盟，在他方面立有再保險條約，德意志帝國在歐洲勢力强大，未有能與抗衡者。然自一八九〇年以後，形勢大變，反對的團結漸漸組成起來；他所忌慮的俄法同盟首先成立。一八九〇年爲畢士馬克退職，德皇威廉二世親政之年，德國對外政策大變，德政府已不復如畢士馬克時代之熱心聯俄；卒之一八八七年之再保險條約，到一八九〇年滿期，不再續約。俄國乃決然與德脫離協商關係，而採聯法政策。俄法同盟之機運日漸成熟。

柏林會議前之俄法關係 一八七〇年之戰爭結局以後，在俄國已有一部分政治家認定爲抵制德意志帝國之勢力計，歐洲有維持一個强大的法蘭西之必要。此項情感表現於一八七五年，時値德法關係險惡，俄皇亞力山大起來干涉，得以無事；此舉於保全新敗之法國地位，其功不小。不過亞力山大二世與德皇威廉一世親善而認對德爲協商爲俄國外交政策之基礎，不肯脫離德國關係。只求平和可以維持，不至再有完全破壞法國地位危及俄國利益之事，他不願拋棄對德協商，更不願與法另結同盟。

柏林會議後之俄法關係 柏林公會以後，俄國政策傾向一變。俄國不慊於畢士馬克在公會中對俄態度，而深忌墺國在近東之得勢。德意志之袒護墺國，已爲公然之祕密，而至一八七九年德墺同盟成立，更令俄政府有外交孤立之感。（德墺同盟及其後之三國同盟，在其締結後經過長久時日始公表，然俄國縱不在此同盟締結之當時，至少在同盟締結後不久，當已聞知外交上此項大事變。）

惟以舊來傳習之不易打破，皇室親戚關係之不易破壞，與夫俄皇亞力山大二世之顧慮國內虛無黨運動，俄政府尙不肯決然與德國脫離關係。卽在亞力山大三世卽位之最初數年（一八八一年俄皇亞力山大二世被暗殺，其子亞力山大三世繼他統治俄國，至一八八四年爲止）俄政府態度仍如此。因之在一八八四年及一八八七年，俄政府與德政府尙兩次續訂協商。迨至虛無主義運動漸息，俄國戰後元氣回復，亞力山大三世漸注意於俄國對外政策之改變，而俄法同盟之思想在俄國方面日漸有勢力。

而在他方面，則法國覩三國同盟之成立，其在外交上之感孤立，與俄國正同，而以德法已成仇敵，其地位更危險。法蘭西欲得一强國爲與國之心，較之俄國更切。當時英國守所謂光榮孤立之政策，不能望其同盟，而俄國在大陸上之地位及其利害關係，則恰有利於俄法兩國之同盟。在一八七五年之危機中，俄皇對法援助之有力，已足示法蘭西政治家以聯俄之可能與其利益。於是法國乃不計較俄國之爲帝政專制國家與法國的共和主義絕不相容，也就力求與俄接近，以造成協商同盟之關係。

俄法接近之開始　一八九〇年畢士馬克之去職，實爲德國對外關係之大關鍵，而有以促成俄法接近之機運。繼畢士馬克執政之威廉二世，已不繼承畢士馬克維持俄德協商之政策，俄德關係爲之疏隔。法蘭西政治家出其敏捷之手段，利用此機會以達俄法接近之目的。實則即在畢士馬克去職以前，法國外交已開始活動。從一八八八年以來，法蘭西之銀行家已鼓勵俄國在法國市場募債，大滿足俄國財政上要求。（在一八八八年以前，俄國公債多受柏林銀行家支配。）法蘭西政府利用俄國公債成功之外交上的好影響，乃更進一步而謀增進俄法兩政府之關係。在一八九〇年，法國陸軍總長已供給俄政府以改良武器之便利。法國之外交總長李播（Ribot）與法國駐俄大使拉蒲芮（Laboulaye）繼續不斷的致力於增進俄法親交，謀以之變成同盟。從一八九〇年以後，外交談判與友誼的訪問已開始。至一八九一年七月，乃有法國艦隊應俄政府之招請，開赴克琅斯塔特(Kronstadt)訪問俄國之盛舉，此可說是俄法同盟之先聲。

俄法同盟之形式 俄法同盟從一八九一年以來已在醞釀中，及至一八九五年法國總理李播宣言法國和一外國結利害關係，而正式使用同盟(alliance)之名詞（一月），一八九六年十月俄皇尼古拉斯二世訪問巴黎；及一八九七年法國總統福耳（Faure）遊俄，俄皇公然稱俄法兩國爲同盟的友邦（Nations amies et alliées）；世人乃因以確知俄法同盟完全成立之事實。然而同盟之協定付諸秘密，究竟此同盟以何形式締結，久爲疑問。世人一時信以爲在一八九一年，俄法之間締結有一正式的同盟條約。及至一九一八年法蘭西政府發表關於俄法同盟之黃書(Livre jaune)，則知當時並未訂有正式的同盟條約，而一般所謂俄法同盟，係依一八九一——三年之外交協商與軍事協定而成。其條件是如果法蘭西被德國攻擊，或被意大利攻擊，而意大利有德國之援助，俄國當舉其全力與德國戰；如果俄國受德國之攻擊，或被墺大利攻擊，而墺大利有德國之援助，則法國舉其全力以與德國戰。

第九章　三國協商

第一節　俄法同盟成立後之歐洲政局

俄法同盟之效果　俄法同盟成立，表面上似德意志喪失外交優勢，而歐洲之均勢回復。實則此同盟之效果不如當時一般所想像之實在。同盟成立後，德意志實際仍得在歐洲維持其霸權；德皇威廉於此正能顯其操縱時局之巧妙手段。德皇一方面曲意聯絡俄法，一方面將此兩國之活動勢力引向歐洲以外發展。對於法國，則利其與意英在非洲競爭勢力；對於俄國，則慫慂其經略遠東。俄法兩國如此的分散其力於海外活動，自然在歐洲無力與德國爲敵。

法俄兩國之政治家於此恰中德皇之計。尤其在法國，從一八九四年以來，有熱中殖民政策而敵視英國之哈羅托（Hanotaux）主持外交，傾向於對德妥協。俄政府則視對法同盟爲一種維持現狀之結合，而其視線卻集於遠東，加有德國之協助。一八九五年有俄，法，德三國共同干涉遼東半島割讓之舉，似表示德國與俄法同盟之合作。如是則俄法同盟在歐洲並未足以影響德帝國之地位。畢士馬克退職後，威廉二世不能防止俄法之同盟，然而他的外交手腕固足以致此同盟無害於德國的勢力。

十九世紀末年政局之變化　至於十九世紀末年，歐洲國際關係漸見變化，其結果搖動德意志之優越的地位，而新樹歐洲均勢之局面。尤其從一八九八年以至一九〇七年之時期中，歐洲外交上經過一番大革命，根本的改變國際政局。十九世紀末年以後，一方面，英德勢力之衝突日益明顯；而在他方面，法國有新人物出長外交，在對外關係上新採一種獨立的態度。英國爲抵制德意志計，放棄其所謂『光榮孤立』(Splendid isolation)之地位，轉而與法俄棄怨修好。其結果有所謂三國協商(Triple Entente)之成立，以與三國同盟對抗。

我們可以將此時期中外交變動之情形分爲四部說明：(一)英德勢力之競

爭；(二)法蘭西之新外交政策；(三)英法協商之成立；(四)英俄協約之締結。

第二節　英德之競爭

英德關係　德帝國成立以後，德意志外交成功之要件，不僅在防止俄法聯合之危險，而且要保持英國之友誼。英德兩國民在歷史上向少敵視之傳習，他們對於德意志之統一表同情。十九世紀後半期主持英國政策之人物如維多利亞后，沙利斯倍里侯等，均帶親德傾向。英國在此時期中繼續抱持其對俄對法之敵視態度，容易與德國立於親善關係。

英德利益之衝突　迄於十九世紀末年，英國對德關係經過了一番大變遷。英國在三四十年間繼續與德維持親交之後，卒看清此新進氣銳之德意志帝國實爲他的最危險的敵國。

英國是世界最大的殖民帝國，他的領地遍於世界，他的勢力在海上。英國多年在海上採行所謂『兩國標準』(Two-power standard) 之計畫；他全恃海軍以防護他們的地位。英國國民決計要維持海軍優勢，而將凡敢對於他的海上權力挑戰者視爲仇敵。

德意志海軍政策 十九世紀末年以來，德意志政府新採之海軍政策，適啓英國之恐慌。繼畢士馬克主持德帝國命運之新人物，其思想已不似前者之專在維持大陸霸權，而其視線且遠注於海外。他們不以在歐洲維持强大的海軍自足，他們且欲進而將德國造成大海軍國，廣布殖民地及商場於世界。大海軍建設之運動倡於有名的遏耳畢仔（Tirpitz）將軍及德皇威廉自身。一八九八年在帝國議會有第一次海軍建設大計畫之提出；一九〇〇年繼續有第二次海軍大擴張案。

此項驚人的大計畫，登時影響到外國。但在德意志鄰國中未有如英國之深感危迫者。此項海軍計畫完成之日，英帝國之受德國侵逼，遠甚於其受法國的侵逼。

德意志之近東活動

德國海軍政策之外，再有一影響英德關係之事，是即德國之近東活動。在畢士馬克時代，德意志聲言對於近東無利益關係。實則當時此新帝國方銳意從事於鞏固其在中歐之地位，無餘力經營近東。但德意志人究非無抱東方發展之思想者。此項思想在畢士馬克之後代漸有勢力，而成為德意志對外政策活動之主要部分。威廉二世實為此項政策之主動者，而躬自執行之。

在十九世紀後期，英國因為埃及佔領之事，因為阿美尼亞庫列特問題干涉之態度日益與土耳其疎隔，而喪失其在土帝國之勢力；而在他方面則德國利用此時機對土耳其表示好意，以博得其信任。德皇於一八九八年訪問土皇於君士坦丁堡，且巡遊各名城，自居為土帝國之保護者，而公然宣言他是土皇及三萬萬回教徒之友人。德皇此舉原在扶植德國勢力於土帝國，而他成功。德皇此次遊土結果，得有土皇之允許，取得八各達鐵路（The Bagdad Railway）建設之權利。八各達鐵路落在德國之手，德國將支配歐亞交通一條最便捷之路線，無論在商業上或在軍事上，均於德國有莫大之利益。英國在埃及印度之地位，將因此受侵逼。

南非事件 德意志關於南非洲事件對英之態度，亦足使英國不安心。在十九世紀最末二十年間，德意志方熱中於非洲殖民發展事業，自所謂大德意志主義者視之，南非洲正好爲德意志民族之新邦土，因之對於南非共和國之抵抗英國，公然表同情，而且暗中鼓勵之。尤其在『哲姆孫侵襲』(Jameson's raid) 事件失敗之後，德皇對南非共和國總統克律革 (Krüger) 致送賀電，更傷英國感情。在南非戰爭開始以前，南非總統克律革屬望於德皇之援助。說者謂當時德政府自顧海軍力不足，不敢與英開釁，否則在南非事件中，德國或將積極干涉，亦未可知。

英國對外政策變動之必要 由上所述情勢觀之，可知在十九世紀末年，德意志之世界政策，在在與英國利益衝突，英德親交之維持，勢不可能。英國政治家漸漸看出英帝國將來之危險不來自舊敵之俄法兩國，而將來自新興之德意志。德意志勢力增長之速，爲前代所罕見，行將與英國爭雄於世界。『光榮孤立』已不是英國安穩之政策，而爲保全英國地位，有採一新外交政策之必要。而此新政策之指導者爲英國政界新起的人物，其中尤以故英皇愛德華七世於組成對德的新團結爲最有力。

第三節　法蘭西之新外交政策

法國外交上新人物　在十九世紀末年，法國外交政策上表現有一種新精神，代表此精神者爲有名的政治家德格賽（Delcassé）。德格賽於一八九八年入長外交，時恰在英法間有名的華修達（Fashoda）事件發生之前。德格賽雖不及防止此不幸的危機之發生，然而他的新外交方針，足使此事件以後英法兩國關係上不再有危機發生，而且兩國關係從此進於親善之方向。

在哈羅托主持外交之時代，德意志可以操縱時局，實際減削俄法同盟之效用。及至德格賽於一八九八年六月執權，法蘭西之外交乃寄託於一個最有卓見的政治家之手。德格賽看清了法蘭西在外交上所以無力量之原因，而看出法蘭西政策如何革新之方法。德格賽在對外政策上執定有兩個方針：第一是法蘭西發展之全力當集中於他的自然的勢力範圍，卽西部地中海；第二是法蘭西外交行動之獨立，當依與意國及英國之妥協以樹立之。他從一八九八年就外交總長之職，以至一九〇四年爲摩洛哥事件退職，七年之間，繼續主持法國外交，根本的變更了法國對外關係，影響歐洲政局全體。

法意之妥協 德格賽就職以後，首卽從事於對意妥協。法意之間自一八八一年因突尼斯問題失和，迄於一八九六年，繼續互相敵視。在此時期中，意大利政治上最有勢力者爲克利斯畢（Crispi）；他是排法而親德之人，在他握權之時期，意大利廢棄對法商約，引起兩國關稅戰爭，而加以其他許多小事件，激動兩國國民惡感。

但意大利人在此項排法政策之下，漸感不利，而適在一八九六年，意大利派赴阿比西尼亞（Abyssinia）之遠征軍慘遭敗北，克利斯畢隨卽去職。法意妥協從此有實現之可能。德格賽入長外交，隨卽開始對意談判，在一八九八年協定法意通商條約，以調和兩國經濟的利益。德格賽且進而給此妥協以更確定的政治性質。在一九〇〇年，一九〇一年，一九〇二年之三年中，法意兩國外交家依換文及會談，完成兩國政治的妥協。法國約定不干涉意大利在托里波里(Tripoli)之行動；意大利在此方面得有行動之自由；意大利則對法國保障，決不妨害法國在摩洛哥之政策。意大利聲明，就意大利自身說，三國同盟完全是防禦的性質；無論如何，意大利決不能爲侵略法國之工具。

意法妥協之效果 法意妥協成立，既使法蘭西在西部地中海之地位臻於安全，亦且有助於法國在歐洲外交獨立之恢復。法意之不和，向爲法國外交上一個弱點，同時卽爲德國外交上一個强點。意大利對法惡感，實爲德國外交所以挾持法蘭西之具；此惡感一旦消滅，德國不復能操縱於其間。

對英接近 德格賽於意法妥協成功後，從事於其新外交政策之第二步。而此舉則同樣的成功，且有更重要的效果。假若法蘭西未有對英妥協，則法意妥協之價值有限，而且不能望其安固；法國在摩洛哥之發展縱非不可能，當亦甚困難，而德意志在大陸之優勢將不可破。德格賽在一八九八年華修達之危機中，竭力鎮撫法蘭西對英之敵愾心；他深信法國如欲回復其在歐洲之地位，必須取得英國之友誼。幸而在英國方面，亦有新人物主持外交；沙利斯倍里（一九〇〇年卸外務大臣職）之後繼者蘭斯頓(Lansdowne)及英國新王愛德華七世（Edward VII 一九〇一年即位）皆能悟解德意志世界政策之對於英國的危險，而看出有英法妥協之必要者。其結果則有一九〇四年之英法協商。依此協定，法蘭西與英國相互承認其在非洲北岸之勢力範圍，使法國得着自由在地中海西部發展必要的保障。

對西班牙妥協 法國在非洲之地位，在英法協商後數月，又依其與西班牙（一九〇四年九月）之協定而更加鞏固；依此協定，法西兩國在摩洛哥之勢力範圍相互劃定。

德格賽成就此等協定，爲法蘭西取得外交之獨立地位。法國對意對英之爭鬭告終，可以免於受德國的挾持。他從此可望將法蘭西的政策由被動變爲主動。德格賽之新外交，實根本的轉移了歐洲全般政局。

第四節　英法協商

英法關係　在十九世紀末期以後，英法兩國雖有妥協之必要，但其前途究有重大的困難。在十九世紀下半期，法國政治家銳意從事於殖民政策；法國勢力之發展，在非洲，在遠東，均與英國利益衝突。在此時期中，英法之相敵視幾不讓於德法。尤其在非洲埃及方面兩國之競爭，有以增長兩國國民的惡感。

埃及問題　關於埃及問題之爭執，可說是英法關係的致命傷。法蘭西對於埃及之注意，久成國民的傳習。從法人雷賽（Lesseps）開通蘇彝士運河（一八六九年）以後，法蘭西與埃及之關係更爲密切；自法人視之，埃及爲法國的勢力範圍。而在他方面，則英國以爲埃及爲對印度交通之孔道，於英帝國有重大的利益。在一八七五年，英國政府從埃及太守收買得運河股份約半部，一躍而在運河公司占重大的勢力，增進了英國在埃及之地位。在一八七六年埃及財政破產，引起國際共管，英法兩國共同監督埃及財政，而成所謂兩重監督（Dual control）之局面。

外國干涉的影響，在埃及促起有一種國民運動；一八八二年埃及不平分子集合於一軍官阿拉比拍奢（Arabi Pasha）之下從事叛亂，出以虐殺外人之形式。六月中在亞力山大城（Alexandria）有虐殺歐洲人之舉。英國艦隊礮擊此城，而派水兵上岸恢復秩序。法國政府不肯使法艦隊參加此項礮擊之舉。其結果則英國單獨出兵打平叛軍，從此埃及在英軍佔領之下，實際落於英國一國之手。英國初意猶作臨時的佔領，久之遂長此佔領下去。英法兩重監督廢去，而代以英國之單獨治理。法國覺得他的勢力範圍被英國奪去，始終不甘心，不肯承認英國之地位，兩國惡感因此加甚。英法殖民的競爭，民族的敵視，日益激烈，最後至於一八九八年之華修達事件幾釀成戰事。

華修達事件　華修達事件可說是英法殖民政策衝突之頂點。華修達是非洲尼羅河(The Nile)上流之要塞，屬於蘇丹區域。一八九八年九月經略蘇丹之吉青納(Kitchener)將軍統率的英軍與法國軍官瑪商(Marchand)由法領西阿非利加率領前進之法國遠征隊相遇於此。法國遠征隊在英軍之先，佔領華修達，英軍認爲法國侵犯英國勢力範圍，而法國則不認英國在此地域有何權利。法軍不肯退，雙方相持不下，一時似幾無妥協之可能。

幸而英法之軍官均取持重態度，而德格賽時新長法國外交，能以調和之精神與英談判。其結果卒以法國讓步，承認英國權利，撤退華修達之法國遠征隊了事。法國輿論憤法國計畫之失敗，對英國更增惡感。

英法接近運動　在如此的情狀之下，英法兩國欲如德格賽所願，互相妥協，其困難可以想見。此時英法兩政府所須應付之困難有兩層：其一爲一般的，卽在消除英法兩國間之多年的敵視；其他爲特殊的，卽在解決兩國之各項爭端。第一項困難比較尙易於應付。外交家之努力，於此得着商業的關係及意法妥協之助。英國新皇愛德華七世之自身的活動，有助於兩國關係之改善。一九〇三年，愛德華七世親遊巴黎，備受歡迎，激發兩國國民的好感。隨後，法總統魯倍(Loubet)答訪英皇於倫敦。華修達事件以來之惡感消除，而英法兩國一般關係進於親善之途徑。

至於爭端之解決，則需要外交家的手腕。在魯倍總統訪問英皇之時，德格賽隨行，在倫敦與英國外務大臣蘭斯頓開始談判。由此而開之英法談判，在倫敦巴黎兩方面進行，繼續至八個月之久，而卒成一九〇四年四月八日之協定，是卽所謂英法協商。

英法協定之內容　一九〇四年之英法協定，以三件特殊條約組成，而由英國外務大臣蘭斯頓與法國駐英大使康盤(Paul Cambon)在倫敦簽字。

第一件條約關於埃及與摩洛哥，法國承認英國在埃及之地位，而約定不再要求英國限期撤兵，不妨害英國之行動自由。英國則承認法國對於摩洛哥之特殊權利，而約定不妨害其行動自由。兩國約定對於其宣言的條款之執行，相互爲外交的援助。

第二件條約協定紐芬蘭(Newfoundland)海岸之漁業權及西阿非利加方面境界之改正。第三件條約劃定英法兩國在暹羅之勢力範圍。

英法協商之價値 如此成立之英法協商，尚不是一個同盟，而但是解決許多具體的懸案之協定。從此兩國立於友誼關係，然尚未有結成同盟之契約。然而此協商之於英法兩國，究有較之解決爭端更重大的意義。此爲英法國民的爭鬬之最後的總協定，而爲新對德團結之中心。

不過英法協商成立後，歐洲政局中尙有一個因素，有以繼續維持德國在歐洲大陸之優勢者，卽英俄之敵視。在此兩國互相敵視之期中，英法之新友誼很難望發生實際的效果。所以外交革新之次一步，卽在促成英俄之妥協。

第五節　英俄協約

英俄關係　在十九世紀中，英俄兩國之相敵視，由來既久，而其形勢之險惡有時且過於英德之競爭。英俄膨脹政策引起他們在世界各方面之利益衝突：近東，中東，（波斯，阿富汗）遠東。在近東，中東，英國之敵視俄國，大半因爲顧慮其通印度之要道；俄國之向君士坦丁堡前進，危及英國與其東方領土之交通。俄國之在波斯，阿富汗邊境之活動，且直接侵逼印度之安全。近東侵略本爲俄國傳習的政策；在十九世紀後半期，因爲近東政策之挫折，俄國乃轉而經略中東，因之英俄在此方面之衝突一時最爲激烈。在遠東則英俄之衝突從十九世紀末年漸顯著，而其原因主爲商業的利益。尤其從庚子拳匪事件後，俄國佔據滿洲，危及英國在東亞大陸之商業的優勢，兩國在此方面立於敵視的地位。爲抵制俄國勢力，英政府至不得不與日本締結同盟（一九〇二年。）日英同盟成立，俄國對英惡感更甚。在日俄戰爭中，有種種事件引起兩國的爭論；尤其一九〇四年十月俄國波羅的海艦隊之轟擊英國漁船事件（Dogger Bank Case），惹動兩國惡感，幾於激起戰禍。

英俄關係之變動　由上述情事觀之，可知迄於二十世紀初年，英俄利益之衝突如何重大；兩者之妥協似幾無實現之可能。加以俄皇之專制政治久見惡於自由主義的英人，更爲兩國政府接近之阻力。

然而英俄關係最險惡之時，亦卽兩國關係變動之起點。日俄戰爭結果，俄國在遠東之勢力大受挫折，英國在此方面不須再與俄爲敵。而在近東方面，則以德國之在土耳其佔優勢，及其八各達鐵路計畫之開始，英俄兩國勢力同受打擊，他們已不必互相敵視，反而有共同抵制德國的野心之必要。如是在英俄利益最衝突之三個方面，惟有中東一方面之關係可爲將來發生衝突之原因，此則有待於兩國政府之特別協定，以爲新協商之基礎。

英俄協約之締結 英俄兩國政治家漸感兩國妥協之必要。日俄戰爭結局後，兩國新聞隨卽採友好的論調。而兩國外交當局如英之古雷（Grey），俄之伊斯窪斯基（Isvolsky），久已表示他們促成協商之決心。一九〇六年之阿耳吉西拉斯（Algeciras）會議，給英俄兩國以一合作共商之好機會。而實在構成此協商之外交的協定，則由英國駐俄大使當談判之任，而在一九〇七年八月三十一日簽字於聖彼得堡。

英俄協約之內容 英俄協約亦如英法協商然，不過是解決兩國之爭端，而未立有同盟之契約。一九〇七年之英俄協約，共爲三件。第一件關於波斯：將此國劃爲三區域，東南定爲英國勢力範圍；北部爲俄國勢力範圍；而其中間定爲中立區域，英俄在此區域享有均等機會。第二件關於阿富汗：俄國承認阿富汗立於他的勢力範圍外，而約定俄國對於此邦之一切外交關係當經由英政府。英國則聲明不變更此邦之政治地位或干涉其內政。第三件關於西藏：英俄承認中國對於西藏之宗主權，而相約尊重西藏之領土保全。他們非經由中國政府，不對於西藏爲何種談判。他們相約不派代表駐拉薩，不在西藏索取特殊利權。

英俄協約之價值 一九〇七年英俄協約，不僅給兩國在中東方面一個暫時的妥協，消弭爭端；且其最重要之處，尙在其爲兩國外交衝突之總解決，爲英法協商之補充，構成歐洲外交革新之最後的一步。此協約之局部的效果如何，又當別論，而其在政治上之一般的成功則不可否認。

三國協商 所謂三國協商(Triple Entente)之名詞易啓誤會。實則在一九一四年以前，英，俄，法三國之間幷未有一個單獨的條約拘束他們。不過法俄既成同盟而英法協商之後，繼以英俄協商，此三國乃自成一種外交的團結，與三國同盟對峙。此團結成立，國際政局大變。一九〇七年之歐洲，已不似一八九八年時代的歐洲之可任德國支配。三國協商成立後，德意志帝國失其外交的優勢，歐洲均勢一時回復。雄心勃勃之德國是否甘居於此新國際政局之下，是一極有興味之點。

第十章　三國協商對三國同盟

第一節　三國協商成立後之國際形勢

德意志之舊政策　從德意志帝國建設之時以至二十世紀開始，德政府之外交政策，無論是在畢士馬克或威廉二世主持之下，其性質是平和的。畢士馬克竭全力鞏固新帝國在中歐之地位，利於保持平和。威廉二世雖表現侵略的精神，但亦無意輕於從事戰爭。爲德意志經濟的發展，商業的擴張，及其海軍的建設，平和實爲必要之條件。

德意志之新地位　迨及二十世紀初年，德意志漸覺其平和政策不能繼續。一八九八年至一九〇七年之間，國際關係之變動，根本的影響於德帝國之地位。英國放棄其光榮孤立政策，而與法蘭西攜手，已不利於德意志之地位；而一九〇七年英俄之妥協，更以破壞德國之優勢。實則法蘭西的新外交傾向，隨卽引起德國政治家之不安。一九〇四年英法協商之成立表示法蘭西在外交上取獨立的行動，而且進於主動的地位。在短時期中，法國與意妥協之後，繼以對英協商及與西班牙之協定；法國殖民地發展政策受有幾重的保障。

德意志態度之變更 德意志鑒於新成立之國際協定，有害德國勢力之發展，自然深抱不安。而其最感痛切者，則爲德意志在大陸上威望之減削。歐洲列强協定國際事情，似乎全置德帝國於度外，甚且團結起來對待德國。德意志政治家至此覺得歐洲已脫離他的支配；他們急須一舉以回復德帝國之威望，使世人知道任何國際事情非得德國參加與認可，不能進行。

德意志爲應付新變動的國際情狀，覺得不能不變動其對外的態度，而由調和的，聯絡的態度變爲挑鬭的態度，其結果則其後十年間歐洲生息於外交緊張之空氣中，發生許多危機。

德意志之高壓手段 一九〇四年英法協商成立以後，德意志曾三次在外交上行使高壓手段每次相去皆只三年。第一次在一九〇五年，爲摩洛哥事件而起。第二次行於一九〇八年，爲援助墺大利合併波赫兩州。第三次行於一九一一年，係第二次干涉摩洛哥事件。此數次外交舉動雖終未引起戰禍，然因此而發生之國際危機，已極重大，關係後來的國際政局之變化不小。

第二節　第一次摩洛哥事件

德意志對於英法協商之態度　在一九〇四年，德意志政治家當已企圖有所舉動，以回復權勢，打破法蘭西之主動的新外交政策，而同時以暴露英法協商之弱點。不過起初德政府對於英法協商表面上仍表示友誼之態度，他們宣言德意志不敵視英法之協定，而至於摩洛哥，則德國於此僅有商業的利益，此則亦未因英法協定受何侵害。同時大德意志主義派人士則公然表示不滿意於政府之態度，而要求在摩洛哥扶植德國勢力，但一時德意志政府未取何行動。

德意志態度之變更　法蘭西取得英國同意，並與西班牙協定後，轉而從事於摩洛哥之改革事業。法蘭西政府於一九〇四年年終派定一特使，攜有改革案前赴摩洛哥。此特使於一九〇五年二月抵菲仔（Fez）。依此改革案，法國軍官當助摩洛哥王訓練警兵，保持秩序；摩洛哥須設立國家銀行。法使與摩洛哥王談判未決，而德意志突來干涉。

德政府聞法國使節攜改革案赴菲仔，卽時變更態度。在摩洛哥之德國代表昆爾曼（Kühlmann）對法國代表提出抗議，說法國與英西協定摩洛哥問題，將德意志置諸度外；德意志政府不承認受此等協定之拘束。在法國使節赴菲仔之時，德國政府中已有人提議勸德皇親赴摩洛哥，而宰相畢羅（Bülow）贊成此計畫。此項示威運動之目的在德國宰相畢羅對議會（三月二十九日）之演說中已經表出；他說德國有經濟的利益，德國利於維持門戶開放主義。法國駐德大使曾報告法政府（三月二十二日），說德意志要求商業的均等及摩洛哥王之獨立。最後居然有德皇親到摩洛哥之突飛的舉動。

德皇之赴摩洛哥　德皇依畢羅等之意思，親赴摩洛哥爲一種政治示威運動；他於三月三十一日在塘吉爾(Tangier)上岸。他對德意志僑民演說，宣言德帝國在摩洛哥有重大的利益；列强當有均等的權利，而當尊重摩洛哥之獨立；且明言他此行即爲承認摩洛哥之獨立。德皇對摩洛哥王之特使宣言，他之此行在表示他擁護德國在摩洛哥的利益之決心；他承認摩洛哥王是絕對獨立的，願與之討論保全此等利益之方法；至於改革，則他以爲當出以極愼重之步驟，而顧及宗教的情感。德意志公表的目的是在擁護摩洛哥之獨立，主張各國商業機會之均等。實則德皇此舉，根本的否認英法協定，否認法蘭西在摩洛哥之地位，此是給法蘭西之摩洛哥政策一個致命的打擊。而就其一般的政治意義說，則德皇此項示威運動是宣告一個外交的戰鬬，對於英法協商挑戰；因爲如其容許德國阻害法蘭西在摩洛哥之發展，便是破毁德格賽之全般政策，拋棄法國新外交的獨立，而暴露英法協商之無實際的效用。

德意志在一九〇五年何以決然出此突飛之舉？此有其特殊的理由，亦有其一般的動機。

一九〇四年之密約　德政府在摩洛哥示威運動之特殊理由，在防止摩洛哥落於法國之手。當時法國新聞公然主張將摩洛哥變成第二突尼斯，德人以爲如他們不出來干涉，摩洛哥或將被法侵併。此項疑慮，不是全無根據的，一九〇四年之密約可以爲證。

在一九〇四年八月，蘭斯頓與法使在倫敦締結英法協商之際，同時卽簽有一密約。密約第一條規定，彼此有變更關於埃及或摩洛哥之政策之可能；第二條規定兩政府互約不反對取消此兩地之領事裁判權；第三條所載則更重要，卽說直布羅陀（Gibraltar）對岸之地中海沿岸（從美拉 Meilla 至舍部河 The Sebu River）一帶之地，如値摩洛哥不在此行使權力之時，卽當置於西班牙的勢力範圍，而由西班牙治理之。當西班牙在同年九月中承認英法宣言，而聲明他確實尊重摩洛哥國領土保全之時，他與法國簽定有類似的協定，公然預備瓜分摩洛哥國土。此兩個密約至一九一一年始公表出來；但因爲此等約章既爲倫敦，巴黎，馬得里方面許多人知道，而且通告了聖彼得堡政府，其條文隨卽爲柏林政府所探知。德意志的理由是如他自己不早動作，摩洛哥將完全爲他國所支配，德國商業於此將至無立足之地步。

國際情勢　一九〇五年國際情勢之有利於德意志，是爲德意志挑起摩洛哥事件之一般的動機。在法國則當時的孔白(Combes)內閣似受制於社會黨與平和主義派，對外失其活動之自由；而德意志深知德格賽雖在發展其積極的殖民政策，究未備有爲執行此政策必要的海陸軍備。法蘭西不能抵抗德國之强硬的要求。而從英國方面德意志亦無可顧慮之處。英國保守黨內閣基礎動搖，自由黨已有起執政權之勢。德國不信自由黨首領如康倍爾巴那門(Campbell-Bannerman)與魯意佐治(Lloyd George)之流，素抱內政改革及對外平和主義者，能決然爲摩洛哥事件給法國以有效的援助。德意志之所最要顧慮者爲法蘭西同盟國之俄羅斯。而此則至一九〇五年三月已受有遼陽奉天之大敗，勢不能於歐洲方面以實力援助其同盟國。在此種國際情勢之下，德意志之敢於對法國行使高壓手段，不能謂爲冒險之舉。四月十一日，德相畢羅決然對列國提出開國際會議之案。而法國特使在菲仔從事之談判，最後於五月二十八日依摩王之拒絕法國提案而停頓。

法蘭西的地位 法蘭西對於德意志之行動取何態度？德政府提出兩個要求：其一是開一國際公會以處決摩洛哥問題，其他是法國外交總長德格賽須辭職。換句話說，法蘭西當受歐洲會議之公判，而排德的外交家當負責引退。此於法蘭西當爲莫大的屈辱。法蘭西其忍受此等條件乎？德格賽恃有英俄之援助與意西之同情，力主拒絕開會議。但其同僚所見不同。最後決議的內閣會議，開於六月六日，在此次閣議，惟有總統魯倍贊成德格賽之强硬態度，而其他閣員均反對。德格賽力言法蘭西不可赴會議受屈辱，而說他已從英國得有實力援助的提議。法國內閣總理魯耳（Rouier）則謂如承受英國之提議，必致戰爭；他表示願開國際會議。各閣員均贊成總理之說，德格賽乃辭職。法蘭西自知軍事上準備不充分，其同盟之俄國困於遠東戰事，不能抵抗德意志，不敢激起戰爭。七月一日法國總理自兼外務，八日他與德國大使交換宣言，承認開國際會議。在此宣言中，法國聲明他赴會議之條件，而德國大使正式宣言德國不反對一九〇四年之英法協定。

阿耳吉西拉斯會議　新外交政策之主持者德格賽去職，法蘭西承認開會議討論摩洛哥問題，德意志之高壓手段完全成功，法蘭西完全屈辱。德意志對於世界可以表示他的外交優勢仍不可打破。然而德意志此次之勝利，究竟是暫時的，表面的。他初想在國際會議中主張德意志之霸權，後來乃知他不能以自己的意志强加於其他各國。

德政府要求的國際會議，延至一九〇六年一月十六日始正式開會於西班牙海岸之阿耳吉西拉斯（Algeciras）。到會者除歐洲列强外，尚有比利時，西班牙，瑞典，荷蘭葡萄牙，美國及摩洛哥。在此會議中，摩洛哥王之主權，摩洛哥之領土保全，商業的自由，視爲公認之原則，屏諸討論之外。而在各種議題之中，以警察管領問題爲最重要，成爲爭論之中心。德國要求將摩洛哥警察置於國際管領之下，而法國則要求由法國獨管或由法西共管。雙方爭持不下，卒以美總統羅斯福之調停，依墺大利的提案，決定由法西共管，而任一瑞士人爲檢閱長。主要的難題旣經決定，最後條約乃於四月七日簽字。

阿耳吉西拉斯會議的結果 阿耳吉西拉斯會議是法德一場外交的大爭鬬。前者公然爲俄，英，西班牙所袒助，而美國亦暗中爲之援助。而在他方面，德意志雖主張國際責任之原則，而不僅不得一般到會列國的同情，卽從其友邦亦獲得很少的助力。意大利不願爲德國政策之工具，且先已有關於摩洛哥，托里波里的秘密協定之拘束；他明白表示不能爲德意志的利益犧牲他對英對法之妥協。卽就墺大利說，雖則後來德皇表示感謝他在會議中對於德國之盡力，實則他有時亦取獨立的態度，不一定爲德國的工具，因爲他是決定不與法國衝突的。其結果是，雖則德國爭定了此原則，說：摩洛哥問題是列國共同關係之事，然而德意志之根本重要的要求皆被會議否決，而歐洲實際承認法蘭西之膨脹政策。法蘭西取得與西班牙共管摩洛哥警察之權利，他在摩洛哥之一切重要的利益因此得着保障。大德意志主義的論者至謂阿耳吉西拉斯會議爲德意志之敗北。但德國政府則自謂甚滿足。實則德意志在一九〇六年之外交失敗爲德國一般新聞所公認，德政府表面上雖表示對於會議結果之滿足，而其實德意志衷心未見得願承受此局面。德意志雖强迫法國到會議，然而未能阻止法蘭西之膨脹；英法協商並未解散，而反因此更加緊固。而且因爲德國要求開國際會議解決摩洛哥事件，英俄兩國外交家獲一合作之機會，此實開一九〇七年英俄協商之途徑。

第三節　波赫兩州事件

德意志活動之新機會 德意志之政策在阿耳吉西拉斯會議受一挫折，是不可否認之事實。然而德皇及其手下之帝國主義的政治家肯安於此局面乎?德皇始終要保持德意志在大陸之優勢，增高其威望。二十世紀初頭成立之新外交團結搖動德國地位，德政府凡遇有可以回復他的地位之機會，決不肯任其過去。即一九〇七年成立之英俄協商並未減弱他的決心，而反有以堅其決心。適一九〇八年在近東方面有墺國合併波赫兩州之事件，發生危機，德意志以爲他所需求的機會到來，又可以行一猛舉，重樹德國的威望。

波赫兩州問題 波赫兩州問題，當溯源於一八七八年之柏林會議。依柏林會議條約，墺大利取得佔領並治理波斯尼亞赫洛仔果維那兩州之權，而墺大利且得佔據洛維巴扎區域。柏林條約締結後，墺國實行收管此兩州，而抱有完全取得此兩州主權之希望。在一八八一年之三皇同盟協定中，墺大利保留隨時合併波赫兩州之權利。但墺國政府未卽時利用此權利。在一八九七年之俄墺祕密協定中，墺國欲重申此權利，而俄國挾疑問。實則因爲此兩州中住有多數不平的斯拉夫人，卽時的合併，究不適宜。但以此兩州關係之重要，不能任其落於塞爾維亞之手，亦不能令土耳其恢復其完全主權。以墺帝國內斯拉夫人民族主義的精神之盛，如令塞爾維亞取得此兩州，勢將侵逼墺帝國之安寧與其領土保全，及其在巴爾幹半島之政治的經濟的勢力。而在他方面，土耳其在此兩州之主權亦不容其復舊，雖則德墺與土耳其政府親善，然而土耳其之政策亦非墺國所能全然信任的。

青年土耳其黨革命　一九〇八年在土耳其有青年土耳其黨革命之事，此事實促起墺大利取最後手段之決心。青年土耳其黨抱有革新土耳其外交政策，回復其在巴爾幹的權力之志。德墺利於有一强有力的政府在君士坦丁堡爲他們監護韃靼雷斯海峽。然而土耳其之支配巴爾幹半島全部，則非墺國所願，因爲此將侵逼墺大利達亞得里亞海與愛琴海之通路。青年土耳其黨執政，以恢復國權爲職志，似不免要求墺國交出波赫兩州；此兩州在法律上本隸屬土耳其主權，土政府固有收回此兩州統治之權利。

墺大利之合併政策 在此種情勢之下，墺大利決計爲先發制人之舉，而實行破毀柏林條約。墺政府不先商諸柏林條約之其他締約當事國，而在一九〇八年十月三日宣言合併波赫兩州。同時墺大利自願撤退洛維巴扎之駐軍。

墺大利此舉直接侵害土耳其權利，登時引起土政府之抗議及土耳其人之排斥墺貨運動。波赫兩州之合併於墺，並且對於塞爾維亞爲一個大打擊，而有害斯拉夫人在巴爾幹之利益。塞爾維亞憤慨，預備訴諸武力。俄國政府提出堅決的抗議，要求開國際會議解決此問題。英法兩國亦表示抗議。然墺國之背後有德意志之贊助，土耳其之抗議無效。俄政府所以執行其抗議之實力，亦不爲墺大利所重視。俄國敗於滿洲，元氣未復，加以俄政府財政紊亂，無力發展軍備，則似俄政府決無訴諸武力之勇氣。墺國外交家耶列達爾（Aehrenthal）敢於出此傍若無人之舉，當然是想到俄國此等弱點。於是俄國召集歐洲會議之要求，不見納於墺政府。墺政府固不絕對的反對開公會，但須俄國先承認波赫兩州合併爲既成的事實。一時俄國依英法兩國之援助，堅執其要求，此危機益形重大。此事已不是純然近東局部的事件，而成爲歐洲全部的關係，表示三國同盟與三國協商之衝突。

德意志之干涉 德意志於此危機得着第二次行使高壓手段，大顯德帝國威望的機會。德國欲使俄國受屈辱以懲其對英協商之舉，此其時機。法國在一九〇五年受有教訓，同樣的教訓當施於俄國。德國在此方面之政治的經濟的利益與墺國相合。卽令無此關係，德意志爲其更大的外交利益，亦將竭全力援助其同盟國。

德政府的手段首在使墺大利與土耳其妥協，因爲德雖要助墺合併波赫兩州，同時亦仍欲牢籠土耳其。墺大利令土耳其承認波赫兩州之放棄，而墺國自己退出洛維巴扎，而且放棄墺大利以前在土耳其之若干特權。墺大利後且願意給土耳其以金錢的賠償，償其領土之損失。以德國駐土大使之斡旋，土耳其卒與墺國妥協，而於一九〇九年二月二十六日決然承認波赫兩州之合併，而取得賠款五千四百萬墺幣了事。

德國既解決了墺土間之爭執，乃決然取高壓手段對待俄國，打破協商方面之阻力。德皇於三月二十一日明白的通告俄政府說，如果他定要袒助塞爾維亞，與墺衝突，須知在墺大利之背後尚有德國在。此項宣言明明是對三國協商挑戰。如果他們退讓，自然是俄國之屈辱，德國威望之增高，三國協商之敗北。然而協商遇着德國之此項威嚇，究不敢冒戰爭之危險。

協商國之退讓 英法兩國視波赫兩州事件單是東方問題之爭執，而不計及其更遠大的關係，不肯爲俄國冒險。後者則以友邦援助之不力，而又戰爭之準備不充分，不敢對於墺國或其友邦挑戰，而隨卽讓步。三月末，俄國聲明承認波赫兩州之合併爲既成的事實，隨後塞爾維亞亦忍辱聲明，不再反對墺國合併波赫兩州，而願與之維持和好關係。柏林條約當事者之列强承認廢棄該條約第二十五條。

一九〇八年危機之結局，完全爲德墺政策之成功。德墺之威望提高，他們在近東之政治的商業的利益鞏固而土耳其之離叛亦卒以免。意大利之不滿於墺國波赫兩州，誠表現三國同盟之破綻，然而三國協商之無力或無意取共同行動，似足以抵消此弱點而有餘。俄國之弱點全然暴露，大斯拉夫主義之潮流受一重大的阻退。更可注意者，德意志徒以一片宣言表示他援助墺大利之高壓政策，即能强歐洲服從他的意思。則似德意志在歐洲之霸權重行樹立。

德意志之優勢　波赫兩州事件了結後，一兩年間德意志的外交家似覺得彼敵對德意志之勢力已經敗潰。德意志在歐洲仍立於支配的地位，三國協商無如之何。德意志曾壓迫法蘭西，而英國不能助法蘭西以抵抗到底。他爲其同盟威嚇俄國，而俄國完全降服。墺大利今於巴爾幹爲有最大的利益關係之國，而德意志則支配土耳其帝國。在俄國保護下之塞爾維亞完全失了發展之望。德意志此時在外交上似再無表示敵視態度之必要，一時他的態度漸變成溫和。他首先與其舊敵之法蘭西表示妥協，而依一九〇九年二月八日之協定，德意志承認法蘭西在摩洛哥之特別地位，而承認法蘭西在此方面之政治的利益，給法蘭西以特殊的權利。而在別一方面，德意志似謀與俄妥協，以鞏固其外交地位。

一九一〇年之俄德協定 一九〇八年波赫兩州危機之結果，於俄國為屈辱，而他的勢力受一大挫折。但德皇之外交手段，究將有以消除俄皇之惡感。在一九一〇年十一月，俄皇尼古拉斯親訪德皇於德國之波仔塘（Potsdam），而關於國際事情交換意見之後，卒成立一個協定。俄皇承諾不反對德意志之八各達鐵路計畫，而且允諾使此鐵路與波斯路線相聯絡。而在他方面，則德意志承認俄國在波斯有特殊利益。德俄兩國政府且約定彼此皆不締結有害他方利益之任何協定。如是則三國協商不僅一遇德國之威嚇而即動搖，並且其中一個分子又似依此特殊的協定，離叛他們，而入德國勢力圈中。

德意志之不安

一九〇八年之勝利與一九一〇年之協定，究不能永久滿足德意志的野心，至於一九一〇年之初，德意志政府又思再依一個外交的勝利，以增固德帝國的威勢。德意志之敵人及三國協商似日益結束緊固，而覺得他們之相互援助更確實可靠。尤其英法兩國着着充實他們的軍備，似表示決計再不屈服於德意志之前。在法國自信力與勇氣既日增長，而且國家主義的精神復盛。英國則日益感知德意志帝國之侵逼，而決計戒備，不使法國獨當此强敵，為其所壓倒。惟有俄國此時似不直接侵逼德國，其政策較曖昧，而依俄皇自身為轉移。然而俄國最大的野心今已移到巴爾幹，則是明白之事，如是則俄國勢力又將在近東與德墺利益相衝突。並且日俄戰後之損傷，今將漸次回復。加之，意大利之政策今正與墺大利衝突，同時而意大利與法國重締親交，因而德墺將來如從事戰爭，不能再恃意大利之援助。此種種的因素皆有以致德意志政治家不安，而於此後發生的事變有極大關係。

第四節　第二次摩洛哥危機

法蘭西之摩洛哥政策　第三次國際危機見於一九一一年，此次又發端於摩洛哥問題。此次之事，又爲德國與三國協商之一場外交的爭鬭。

在阿耳吉西拉斯會議以後，法國銳意從事於摩洛哥之經營。一九〇八年法政府爲在摩洛哥拘捕德籍兵士之事（Casablanca Incident）與德政府發生爭議。在一九〇七年，法政府爲因法國人民在摩洛哥之卡薩布蘭卡（Casablanca）地方被殺，派兵入內地恢復秩序。此舉已爲德政府所嫉視，實則使無英，西，俄諸國之默許，法國未必敢出此舉；至一九〇八年，法國軍隊尙駐於卡薩布蘭卡附近地方，而在九月二十五日，有屬於法國客籍軍團（Légion étrangére）之逃兵五人（二人屬德籍）向德領事求保護，德領事給以通行狀。然他們仍被法國當局拘捕。此舉引起德政府抗議，發生所謂 Casablanca Incident，一時似兩國交涉幾瀕於決裂。

然而此事件究屬太輕微，不值得爲此開釁。十一月二十四日法德兩政府承受海牙法庭之仲裁。此事件之結局，有法德之協定；他們聲明尊重摩洛哥之獨立，一切商業利益之均等，及法蘭西之特殊政治的利益（一九〇九年二月八日）。此項協定在德意志方面似爲慷慨之舉，而將有以增進摩洛哥之平和。然至一九一一年，卻發生一更重大的危機。

一九一一年之摩洛哥事件 依一九〇九年之法德協定，兩政府當使彼此的人民共同經營在摩洛哥之經濟事業。而在其後兩年中發生困難，在一方面德意志務圖利用此項權利，而在他方面，則法國極力避免成一法德經濟的共管之局面。同時摩洛哥內部秩序日壞，法國軍隊繼續佔領卡薩布蘭卡及其背地。而至一九一一年之初頭，形勢更非，摩洛哥王被叛徒圍困於菲仔城，法國利用此機會，於四月中派軍隊赴摩洛哥，打平叛徒，佔領菲仔（五月二十一日）。法軍成功之後，卒自行撤退。然而摩洛哥固已迫而承受法蘭西之保護。摩洛哥之獨立於此實際告終。

在菲仔被圍，法軍赴救之時，德意志政府已表示不安。德國外務大臣曾對法國大使示意，謂阿耳吉西拉斯條約不復存在。法使康盤(Jules Cambon)諜探知德政府意之所在，而德政府不肯明說。隨後法國內閣更迭，開約(Caillaux)新組內閣。在此關頭，德政府忽出其驚人之舉動。

德艦之赴阿格的 法蘭西新外交總長賽爾佛斯(M. de Selves)剛纔接任，隨卽受德國大使之訪問（七月一日）。德使朗讀一個照會說：鑒於摩洛哥地方之暴動，侵逼德國商人之安全，帝國政府決計派一軍艦赴阿格的(Agadir)回復秩序。此卽表示德國決然否認法蘭西對於摩洛哥秩序之保持有特殊利益。於是有德國礮艦判退(Panther)開抵摩洛哥之事。德意志此項行動之意義甚明白，卽：法國於使德意志獲得滿足，而經德國之認可以前，須停止其膨脹政策。

謂德國商民受危險，明明是一個口實。阿格的並不是一個通商口岸，在此地域之德意志人的利益極輕微。德意志在摩洛哥全體之商業亦甚小，更不必取此重大的舉動。人皆知德艦之派赴阿格的，不出於德意志的商業利益，而實爲謀增强德意志之地位，而且以破壞三國協商。德政府從一九〇八年以來採行一種妥協政策，此時他對於此項政策似已失去信任心，而決計再使用威壓手段。然而因此而發生之危機，則幾激成列强間的戰禍。

德意志此舉之動機　一九一一年之國際情勢，於德意志似爲執行他的政策之好時機。直接有關係之敵手法蘭西，正爲內政問題所苦。鐵路大罷工之運動纔依軍事上非常手段而打破，而工人之反抗尚未消弭。內閣更迭頻繁，政府似不鞏固。英國此時亦忙於內政，國內表現工業界一般的不安。加以兩大政黨正從事於憲法改革之爭鬭，其激烈爲一八三二年議院改革案通過以來所未見。至於法蘭西同盟國之俄羅斯，則最近纔與德國結有波仔塘協定，他對於三國協商之態度已不可恃。無論如何，他於摩洛哥關係極淺，似決不會爲此問題與德決裂。在此種情狀之下，德國行使高壓手段，似可望收得完全的勝利，而確立德國之霸權。

德意志之要求 在此危機起始數星期中，德意志之要求，實際等於瓜分摩洛哥於他自己及法西之間。此項瓜分可以滿足大德意志主義者之殖民的欲望，而陷法蘭西於屈辱，以達德政府之目的。此項問題成爲三國協商與三國同盟間之一個大決鬬，尤其是德國與英法之爭鬬。在法德兩政府之間，開始磋商，而法國同時謀探知英國至何程度可給以助力。在此危機中，法國開約內閣始終取冷靜之態度。法蘭西政府自己實際已漠視阿耳吉西拉斯條約；然究可說德意志之行動公然侵犯此協定；而在他方面，德意志聲明法國已漠視此約，而在新情狀之下，德意志當取有摩洛哥之一部分，否則（依德國外交家之暗示）亦須於他處取得補償。

法英之利害關係 德意志之要求根本的與英法利益不相容。自法蘭西視之，德意志在摩洛哥立足，必爲紛擾之禍源，於法國殖民帝國爲危險。德國由此容易攻擊在北阿非利加之法蘭西殖民地，而可以時常煽動阿耳吉（Algeria）及突尼斯之土人叛亂。而在英國方面，英政府亦深知德國在海上已爲英國的强敵，如令佔有摩洛哥一部分，其危險將更大；此非洲北岸一隅之地接近直布羅陀海峽，而位於南非洲海路之側面，若落於一敵國之手，勢不免危及英國與東方之通路。

加之，德意志此舉帶有更大的一般的政治目的；此對於三國協商爲挑戰，他們如果退讓，是不啻承認德意志有號令歐洲之權，而自壞三國協商之團結。如是則就利害關係上看來，協商國家，尤其英法兩國，無可以承認德國要求，自甘退讓之理由。

國際情狀 德意志在一九一一年究竟算錯了國際情狀；在摩洛哥危機中，他的敵方抵抗之決心與力量出乎他的意料之外。

德意志以爲法蘭西仍如一九〇五年然，可以威服；而不料德艦派出及德意志極端的要求提出之消息一達法國之後，激發法國國民之抵抗的精神。各黨一致決心對於傷及國民名譽之要求，嚴行拒絕。法國政府允磋商德國提出的要求，但決不肯退讓，而明白表示法蘭西決不肯忍受像俄國在一九〇八年所受之恥辱。

而在英國方面，法蘭西獲得强有力的援助，更令德國政府吃驚。英國政府決計不令德國在摩洛哥獲得海軍根據地。英國朝野兩黨雖正在爲議院改革問題爭持不相下，而對外則一致。內閣總理愛斯葵斯（Asquith）公然宣言，英國決不許德國欺壓法蘭西；而反對黨之首領巴爾福（Balfour）則亦隨即爲政府聲援，宣言在對外關係上無容黨爭之餘地。

英法兩國之態度既如此，德國政府所期待的容易的外交勝利，已不成問題。法蘭西國民精神之喚起，及英國對於德國野心之疑忌，破壞了德意志威嚇之效用。如果德國內部情勢順利，歐洲大戰是否不已在一九一一年開始，是一個問題。

實則在危機之經過中，有數次似將發生戰事。

法德之談判　法國之開約內閣對於德國之高壓手段，在舉國人心激昂之中，始終處之以冷靜之態度，而從事於平和交涉。法政府一面徵得英政府援助之保證，一面繼續與德國交換意見。從七月九日起，法國駐德大使康盤 (Jules Cambon) 與德政府開始談判，一直繼續至四個月之久。德國外務大臣吉迭連 (Kiderlen-Wächter) 聲明，他願放棄對於摩洛哥之領土的要求，而要求在公果取得補償。在七月十六日吉迭連示意割讓法領公果，從散格河 (Sangha) 至海爲止。法國大使拒絕此提案。法國政府表示割讓至此限度，勢不可能，但法國願改定國境。同時法國大使與德國外務大臣之間，關於兩國政府所取之態度，有激烈的爭論，在此爭論中，法國大使維持其堅强不讓的態度。

英國之干涉　在法德兩國政府之談判進行中，英政府始終注意監視。七月二十一日英國外務大臣古雷 (Edward Grey) 會見德國駐英大使，他聲明英政府之守沈默，並非不注意摩洛哥問題之利益；他知德國對法的要求實在不是改定國境，而是割讓法領公果，而此則明明爲法國所不能讓步者；他知法德談判仍在進行，他希望其成功，然如果失敗，則他以爲將發生極紛糾之情勢，英國更有取保護英國利益的手段之必要。德國大使報告次日達柏林，而從柏林方面，登時發出保證的回答。但在德使與英國外務大臣會見後數小時內，英國政治家忽公然發表英國的政策；此項舉動殆於原來困難之局面中，加上一重新危險的因素，英國財政大臣魯意佐治在倫敦市會廳（Guild Hall）演說，宣布英國維持其地位與威望之決心，明明對於德帝國爲直接之警告。此項宣言之意義經倫敦太晤士報之社論道破，更加嚴重。

魯意佐治爲英內閣重要人物，而在外交政策上向以平和消極主義著名者，乃忽出此驚人之舉，更顯示英政府有意袒助法國。魯意佐治此舉引起德人激昂，其轉移德法交涉局面之力甚大。法德兩政府方在磋商摩洛哥問題，而法國政治家尙無何等危急的表示，忽然有一附條件的宣戰來自北海彼岸。自德人視之，此明明是英國極力阻害德意志殖民的商業的野心，而鼓勵法國野心之證。大德意志主義者大爲憤怒，有主張對答以宣戰者。

魯意佐治之演說雖激怒了德國輿論，但改變了德國要求。七月二十四日，法國駐德大使已可以報告本國，說：德國外務大臣之論調大變。吉迭連仍要求從公果河至海之地，而願提供托哥蘭（Togoland）及加美倫（Cameroon），及絕對放棄摩洛哥。法國大使仍舊聲明不能割讓法領公果。及至八月一日，妥協之談判更見進步，則時以吉迭連於謁見德皇之後，宣言切要的要求是在使德領加美倫接近公果河，而他不反對法國之收摩洛哥爲被保護國。法政府承認此原則，而吉迭連放棄其對於公果海岸之要求。但雖則兩國主張已稍見接近，然而兩方去妥協尙遠，而在八月十四日，吉迭連撤回其提供托哥蘭之議，因爲德國輿論反對。危險仍然存在，法國大使且報告本國說，德政府正計議使軍隊在阿格的上岸。

八月三十日，法國大使康盤由巴黎回柏林任，（在八月十七日後，法國駐英，意，德各國大使應開約內閣之召，回國共商外務）攜有兩道訓令其一關於摩洛哥，其他關於公果。關於後者之讓步，必俟法國已收得摩洛哥保護權後，方可磋議。九月四日當吉迭連與康盤的談判再開之時，吉迭連實在承受關於摩洛哥之提議，而所要求之賠償則較法國所提供者爲大。九月八日吉迭連關於摩洛哥提出一對抗的提案他自己以爲是在防止德國工業被驅逐，而法國大使則以爲德意志謀於經濟的保障之下，保持其在摩洛哥之地位。雙方談判方達於最危急的階段，而德國財政恐慌發現。

德國金融上的恐慌 此時德意志之財政狀態不滿足。法國的銀行家漸開始收回其在德國之資金；德國銀行準備金減少，提款風潮發生；股劵落價；德國頓現一般金融恐慌之象。銀行家宣言德國財政準備未完，不能開戰。此時財界人士一般反對戰爭。

德國之退讓　魯意佐治之演說在英國及大陸上發生有深大的印象。此爲英法聯帶關係之第一次公示的宣布。此是說如果此時德法間發生戰事，英必助法。德國遇着此堅決的抵抗，不得不斂其鋒。他之派軍艦赴阿格的，原不料英國如此的反對，英法之團結如此的堅固。德意志識者於此深感德國欲得摩洛哥，必須與英法兩國開戰；所得不償所失。及至財政恐慌發現，德國政治家對於成功之自信力，完全破壞。在德國經濟的弱點暴露之後，德國外務大臣之態度益趨於妥協方面。

內外情勢如此，德意志政府決計退步，而從九月初旬以後，竭力謀取得相當的報償，了結摩洛哥事件。而在他方面，法政府亦表示願給德國以相當的領土報償，使柏林的外交家能在本國辯護他們的政策。在此種情形之下，康盤與吉迭連繼續其談判，而卒於十一月四日簽定兩個協約，其一關於摩洛哥，其他關於公果。依第一個協約，德國承認法國在摩洛哥爲軍事的佔領，及爲摩洛哥政府主持外交關係之權利；換句話說，卽許法國在摩洛哥行使保護權。而依第二約，法國割讓法領公果約一半之地域於德國。於是繼續四個月之德法談判，屢次瀕於決裂之摩洛哥危機，於此結局。

一九一一年協約之效果 一九一一年摩洛哥問題之協定，於法政府爲滿足。法國在摩洛哥確定其政治的地位，而在經濟方面他僅允諾維持關稅的平等。此處發揮法蘭西政治家的手腕，他們不用訴諸戰爭，而得對於摩洛哥問題下一有利於法國之總解決，同時仍依殖民地之割讓，至少在表面上滿足了德意志政府之膨脹政策。一九一一年之協定，實於法國爲勝利，他因此鞏固其在非洲之殖民帝國的地位。（依一九一二年三月之非仔條約，摩洛哥王承受法國之保護權。）

至於德國，則對於此協定一般表示不滿足。德意志在公果方面殖民地之擴張，不能隱蔽其摩洛哥政策之失敗。德國政府儘管在公式的布告上盛誇德國所得的利益，然而柏林新聞則不禁表示失望，而責難外交當局。德意志國民在一九一一年誠尚不願有戰爭，然而對於最後協定之不平，則是極普遍的。德國之初意在對於法國爭得外交的勝利，解散英法團結；柏林的政治家實使大德意志主義派人信以爲德國可於摩洛哥得一海軍屯煤地或一勢力範圍。但法國不肯屈退，他且與英國結束更加緊固，而決然不使德意志在摩洛哥占何政治的地位。

摩洛哥危機之一個主要的結果，爲英國與德國之敵視益深，則以德國於此危機中力助法國。自德意志人視之，英國之助力實使法國能給德國以至大的外交打擊。德國各方面從此表現有一種決心，即：如値第二次危機發生，德國務有充分的準備，決不退步；德國遇有相宜的機會，當再行使一九〇五年，八年，一一年之類似手段，一舉以回復德國之威望。而此機會則適見於一九一四年。

第十一章　東方問題與巴爾幹戰爭

第一節　近東問題之復起

近東問題與歐洲政局　有人將一九一四年之歐戰稱爲第三次巴爾幹戰爭，殆因爲歐戰之最近的原因在巴爾幹方面勢力之衝突。此項說法，誠未免小視歐戰之意義。然而近東問題之於促發歐戰與有大力，則不可否認。巴爾幹稱爲歐洲政治之火山。歐洲政局之因爲近東問題益臻紛糾，而引起重大的危機，卽在一八七八年以後亦是屢見迭出之事。然而迄於一九〇八年近東事件，如一八八五年保加利之合併東羅美尼亞，一八九七年土耳其與希臘之戰爭，均限於局部的變動，而未至於引起列强間之公然的衝突。然及於一九〇八年，局面一變，則以其時土耳其內部有青年土耳其黨之革命運動發生，此革命中雖經短時間之挫折（一九〇九年反動黨於短時間回復權力），然最後土耳其政權完全落於彼以回復國權爲職志之『統一進步委員會』(The Committee of Union and Progress)之手。土耳其內部之政變登時影響列國對於巴爾幹事情之態度，東方問題又成爲歐洲政治衝突之中心點。而首開東方問題衝突之端者爲一九〇八年奧大利合併波赫兩州之舉。

一九〇八年波赫兩州事件之效果　青年土耳其黨抱有改革土耳其政治，復興土耳其帝國之志，如果任其自由施展懷抱，土耳其或可以變成强盛的國家，而近東問題或將別開生面。然而歐洲國家不容他們有實行其政策之餘裕。奧大利首先探先發制人之手段，卽時宣言合併土耳其主權下之波赫兩州。此舉不僅是侵害土帝國之利益，並且對於歐洲政局產生有極深遠的效果：奧大利合併波赫兩州之重大的效果，在其公然破壞柏林條約，合併土耳其領土，給其他國家，尤其巴爾幹諸小國，一個羣起瓜分土耳其帝國領土之先例。且令已經紛糾之巴爾幹問題，更加一重紛糾因素。巴爾幹之亂機乃從此復起。

近東危機 一九〇八年波赫兩州事件起後數年間，爲近東多事之秋。與墺大利之合併政策同時發作者，有保加利之宣告獨立。繼墺大利而侵犯土耳其帝國領土者，則有一九一一年意大利之强佔托里波里。意土戰事方告終，而所謂『巴爾幹同盟』又對土開戰（一九一二年）。第一次巴爾幹戰爭結局，近東事情益形紛糾，因之激成第二次巴爾幹戰爭（一九一三年）。識者預料第二次巴爾幹戰爭尚不是最後的解決，而更重大的衝突且將一觸卽發。

第二節 意土戰爭

意大利與托里波里 第二次摩洛哥危機之一個反響爲意大利之强佔托里波里(Tripoli)；意大利是繼墺大利而侵害土耳其帝國領土完整者。意大利久垂涎於非洲海岸，不幸而他的殖民政策常落英法之後，他的殖民活動之結果在在使他失望。他謀支配突尼斯，而一八八一年法蘭西之行動使他絕望。未幾而英國佔領埃及；最後意大利對於阿比西尼亞(Abyssinia)之野心則以一八九六年遠征軍之敗滅全然挫退。但法意妥協的結果，一九〇一年意大利在托里波里之利益爲法蘭西所承認，以爲意大利承認法國在摩洛哥的利益之報酬。而在阿耳吉西拉斯會議，意大利對於托里波里之利益爲一切列強所承諾。實則意大利久已將托里波里視爲他的勢力範圍；意大利之政治家湯托里（Tittoni）在一九〇五年已公然宣言說，一切關係列強皆已承認意大利在托里波里之優先權利。托里波里之變成意大利領土，不過是時日問題，程序問題。

意大利之平和侵入政策 意大利在托里波里之地位既得列強承認，而又未招土耳其之抗議，意政府隨即在托里波里施行一種平和的商業的侵入政策。意大利開發托里波里之富源，從事於種種的經濟活動，而着着發展意大利之勢力。羅馬銀行在托里波里設分行，以助意大利事業之發展；受其補助的航船往來於托里波里之港口，補助的學校開設於此；意大利資本準備供給全部鐵路建設之資金。意大利在托里波里之勢力已經立有基礎，只待時機，卽可實行合併。實則除政治上的名分外，托里波里實際已成爲意大利之一省。

青年土耳其黨革命之反響 意大利合併托里波里之動機因爲青年土耳其黨革命而促發。土耳其帝國之復興者，決計不令托里波里如波斯尼亞然落於外人手。他們派新官吏赴托里波里；此等官吏隨卽開始阻害意大利一切事業之運動。意大利人受壓迫，意大利資本不能取得企業之特許；而土耳其採行軍事性質之手段，明明表示土耳其立意保持其在非洲殘餘之領地。如果意大利欲不喪失其在北非海岸殖民地之最後的機會，則他之須用武力助成其對於托里波里之合併計畫，至爲明白。

意大利對土宣戰 一九一一年六月意大利外交家聖格里諾(San Giuliano)告墺國外務大臣耶列達爾(Achrenthal)說，意大利或須合併托里波里；而在德國外交次長雅各(Jagow)通知德艦判退號開赴阿格的之消息的時候，他對此外交次長說，托里波里合併之期近了。八月二十六日，在聖彼得堡之意大利公使發表意大利政府將強迫土耳其尊重意大利的利益之意思。他且說，其他列強知道此計畫，而無異議。但駐維也納之意大利大使及至九月二十六日，始通知耶列達爾說他的政府將即時動作。意大利政府限令土耳其退出托里波里之最後通牒發於九月二十六日，而他於九月二十九日對土宣戰。

意大利取此重大手段之理由，說是在土耳其之虐待意國僑民及阻害意大利貿易，此明明是口實。意大利之目的在合併此非洲北岸之殖民地，而其影響所及，行將侵逼土耳其帝國之領土完整，重開東方問題；因之意土戰爭牽涉歐洲列強全體之利益。

列強之態度　意土戰爭對於歐洲政局之影響雖是間接的，而卻仍是關係重要。列強中固無一國衷心表同情於意大利之對土宣戰者。英法恐因此搖動地中海之均勢，雖則他們曾承認意大利對於托里波里之地位，而不料意政府之發動如此其驟。然無論如何，協商側對意既有先約，至少對於意大利之行動不能不消極的默認。而在他方面，德墺對於意大利之攻土，自然深表不悅。意大利得協商國之消極的好意而不商及其同盟國之利益，取此行動，足示他對外傾向變動之再進一步。意大利在阿耳吉西拉斯之獨立的態度及其對於波赫兩州事件之表示不悅，已經是叛黨的徵兆，而其進攻托里波里，則更是獨立的宣告。德皇見其支配回教徒世界之計畫齟齬，大爲憤慨。德國總理倍特曼和衞格(Bethmann-Hollweg)說，『意大利無商諸吾人之義務，而他未商諸吾人。但當他欲攻擊歐洲之土耳其，巴爾幹之現狀維持成爲危急的問題。吾人又不能不出來調解，使吾人的同盟國間之爭端不至成爲危險。』德國際茲意土戰爭之中，處於兩難的地位。意大利是德國正式的同盟國；土耳其則是德皇所卵翼的國家。德國既對土耳其深感利益關係，不願覩其瓜分；而又不能公然反對意大利之行動，墺大利此時利於維持土耳其之領土完整，而以德墺關係之密切，德國於此亦不能不與墺國表同情。而在他方面，德國明知意大利之久有異志，然始終欲牢籠之於三國同盟中，不使之決然脫離，則又不敢與之失和致其與德爲敵。

墺大利對於意大利之行動公然表示攻擊。在墺匈帝國中，一般以爲意大利對於托里波里明明無何等權利，他之驟然攻擊土耳其，謀取有托里波里，是爲強盜之行爲。墺國軍隊中有力人物至主張對之以開戰，但爲耶列達爾所制止。但墺大利亦如德國然，不願與意大利公然衝突，只要求意大利不在耶辟魯（Epirus）愛琴海諸島及韃靼雷斯海峽逕施攻擊。

意大利之戰事動作　意大利自身亦誠願免於擾動土耳其在近東之地位；他希望戰事爲時必短，或甚至宣戰之結果，土耳其必將平和的交出托里波里。因之意大利將他初期的軍事動作限於非洲海岸。意政府宣言他必遵守他的約束，而不對於亞得里亞海東岸及巴爾幹半島施攻擊。

意大利政府繼續表示無意對土耳其爲侵略的戰爭，只要他交出托里波里。

意大利之困難地位　但土耳其政府不肯如意大利之願以降伏，而意大利在軍事上外交上的地位均感困難。土耳其之抵抗意外的頑強。在一九一二年二月，意大利已看清，如土耳其拒絕承認意大利之征服，則意大利欲肅清並支配其新土地，恐須待數年。唯一的打擊土耳其而使之承認敗北之方法，是在將戰爭移至亞得里亞海或愛琴海方面。在亞得里亞方面之攻擊不是可能的，因爲此與意大利之同盟國墺大利的利益衝突。而對於韃靼雷斯海峽之攻擊，則直接侵逼土耳其之地位，行將重啓東方問題之全部問題；而意大利之他一同盟國德意志則要求東方問題依舊不變。土耳其以監護韃靼雷斯海峽之地位於德國之近東政策爲切要。

意大利在開戰之初約定決不擾動巴爾幹半島之現狀維持。但至於一九一二年四月，以北非軍事行動之無進步，對土耳其之施直接攻擊，日見其必要。惟如是乃可迫土耳其承認意大利對於托里波里之征服。在四月十八日，韃靼雷斯海峽入口之要塞庫木卡勒（Kum Kalé）被礮擊，而在五月初，意軍侵入羅得島

(Rhodes)愛琴海上的其他諸島亦被佔領。土耳其隨即封鎖韃靼雷斯海峽。如果土耳其之行動能自由意大利即令對土帝國施直接攻擊之後，恐仍難致土耳其政府承受其條件。韃靼雷斯海峽堅不可攻入，而土耳其或可長久支持意土戰爭或且延長爲長久的戰爭。

巴爾幹形勢之變動　但在意土戰爭不決中，巴爾幹方面之新形勢又令土耳其增一重後顧之憂。在阿耳巴尼亞有革命發生，大消磨青年土耳其黨之兵力。如以巴爾幹諸小國對於土耳其開始取一種敵視的態度，而此方面之爆發似在目前。於是土耳其受一個新戰爭之侵逼，如果此戰爭在意土戰爭未結局以前爆發，似於土帝國爲致命的危險。

德奧兩國在意土戰爭進行中，久居於監視之地位，而値此新形勢出現，他們更不能不顧慮事情之更增紛糾，而求所以防止之法。他們皆欲使意大利速對土息兵，俾土耳其有以全力在巴爾幹活動之自由。德國對於近東事變之顧慮更甚於墺國，他急於使意大利與土政府講和。

以德墺兩政府之促迫，從七月末以來，土政府已明明傾向和議。

洛桑和議 實則講和會議久已由意土兩國代表非公式的開於瑞士之洛桑（Lausanne）。時則巴爾幹諸國對土之舉動日益緊逼。和議談判拖延至十月，而意大利不復能忍耐，明白對土威嚇，說，如值巴爾幹方面戰爭發生，意大利或當與巴爾幹諸國協力。土耳其卒乃讓步，而意土兩國之和約卒以一九一二年十月十五日簽定於洛桑。

洛桑和約規定，土耳其軍隊撤出托里波里，而意大利軍隊撤出其所佔領之愛琴諸島；至於托里波里之割讓則未說及，以保全土耳其體面；但征服之承認是絕對的，雖則是默認的。

意土戰爭的政治的效果 意土戰爭之真意義尚不在托里波里之征服。此事久爲列強所預料，而在一九一一年以前，意大利已着手準備實現此目的。意大利對土開戰之重要關係還是在意大利給歐洲一個直接攻擊土耳其之先例。如此而欲期望巴爾幹諸國之不效尤而利用一九一二年所給予之機會，以達瓜分土帝國領土之目的，勢不可能。

第三節　第一次巴爾幹戰爭

巴爾幹諸國與土耳其　在一九一二年十月，土耳其之不能繼續從事於托里波里戰爭，而須急速與意大利講和，是因爲在巴爾幹方面有一新戰爭將發生。此即是第一次巴爾幹戰爭。第一次巴爾幹戰爭爲巴爾幹半島之保加利，塞爾維亞，希臘，門的內哥羅四國對於土耳其而起；此四國組成所謂巴爾幹同盟(Balkan League)，他們對土衝突的目的說是在解放在土耳其治下之耶教省分，尤其是馬塞頓(Macedonia)；而其真正的動機，則是欲乘青年土耳其黨政府勢力未鞏固之際，急起而壓迫土耳其，各遂其擴張領土之欲望。

青年土耳其黨執政之反響　青年土耳其黨執政之結果，於各國在巴爾幹方面之政策大生變動，因之有一九〇八年墺大利合併波赫兩州，保加利宣告獨立，及一九一一年意大利對土開戰之事，已如上述。然而青年土耳其黨革命之最大的反響，還是在巴爾幹諸國對於巴爾幹問題態度之變動。

一九〇八年墺國合併波赫兩州之結果，於塞爾維亞之國民的野心為致命的大打擊。在柏林會議中，塞爾維亞人不能分得波赫兩州，已經失望，然猶冀後來有取得之機會。此兩州今既正式被墺國合併，明明斷絕塞爾維亞自己取得此兩州之希望，而永久致其與海隔絕。不僅大塞爾維亞帝國之夢想於此打破，而且他自己將永受墺大利之支配。塞爾維亞為保全他自己的生存獨立，勢不得不於別地求得補償，以抵償在波赫兩州之所失。於是而巴爾幹方面之現狀打破，乃於塞爾維亞為必要。

馬塞頓問題 青年土耳其黨政策之再一個切要的結果，見於馬塞頓問題及保加利對於馬塞頓問題之態度。

馬塞頓問題在十九世紀後半期成爲巴爾幹之一個紛糾的問題。人說馬塞頓問題是巴爾幹問題之縮影。保加利獨倂馬塞頓之目的既在柏林會議破壞，他乃轉而趨向於自治政策。馬塞頓如得自治，可容保加利從教育上宗教上爲宣傳之運動，便於最後使此州真正保加利化；他可望如一八八五年平和吸收東羅美尼亞之故事，以吸收馬塞頓。但青年土耳其黨隨卽明白表示他們的政策，不許有馬塞頓之自治。土耳其政府隨卽開始一種强化手段，將土耳其人中最下等分子移入馬塞頓，以充實回教分子，而强令耶教徒服役於土帝國軍隊。保加利看淸自治之可能日益減小。加之在馬塞頓的保加利人種之迫害開始；他們求救於保加利。保加利國內人民見馬塞頓方面同胞的慘狀，不勝其憤激，他們極欲設法解放他們。在此種情狀之下，保加利國王自不敢逆國民之要求，坐視不理。如是保加利亦如塞爾維亞然，他爲政策及感情之理由，傾向於打破巴爾幹之現狀。

庫列特島問題 青年土耳其黨之執政於別一方面亦有重大的結果，卽庫列特島。庫列特島住民大部爲希臘人，而曾參加一八二一年之希臘革命。此島希臘住民常起叛亂，土耳其從未能完全壓伏之。最後在一八九六，七年之叛亂中土耳其對希臘人施其虐殺。在希臘本國人心激昂，希臘王至不得不起而干涉。希臘派兵赴庫列特，援助叛軍，其結果有一八九七年之希土戰爭。在此戰爭中，希臘完全敗北，列强出來干涉促成兩國和局。希土戰爭了結，此戰爭之目的亦已部分的達到，因爲庫列特取得自治。庫列特之自治是完全的：他有他的郵政，國旗，法律；而在其與土耳其之關係上，後者待之如外國。最後希庫之聯合不過是時日問題。

但青年土耳其黨之政策有使希臘不能安心者。青年土耳其黨對於庫列特亦如對於馬塞頓然，不肯放棄其國權。他們決意不許庫列特島合併於希臘。他們的使命在中興土帝國；他們失之於波赫兩州者，行將求補償於庫列特。他們的政策在一九一〇年表現的很明白，當時他們開始要求列强回復土耳其之權利，而要求希臘拋棄合併此島之意思。爲實行此項要求，他們命令對希臘貨物行排貨運動，因之希臘商務受極惡的影響。

在庫列特自治後半期中，其首領爲威尼佐洛斯（Venizelos）。他是一個實行家，他主張繼續庫列特島之自治，以至其希臘化，及列强有肯承認之意思而後合併之，其事較爲簡單平穩。但鑒於青年土耳其黨之政策，覺得希臘將無平和合併此島之望，庫列特終當依希臘之武力以解放。一九一〇年威尼佐洛斯自赴希臘，主持希臘政權，而開始改組希臘國家。十八閱月之後，他已完成了憲法的，財政的改革，他改良了海陸軍備，致希臘已能於必要之時對土耳其取最後行動。

於是則塞爾維亞，保加利，希臘之三國皆有强烈的動機，致其蓄意破壞近東之現狀。意土戰爭適促起他們急速行動之決心。

巴爾幹同盟之組織　巴爾幹諸國欲壓迫土耳其，惟有結成同盟乃可成功，甚爲明白。一八九七年希臘之敗北，已足使他再不敢獨立爲冒險之舉。而保塞兩國無希臘之助，亦不能望其抵對土耳其。其希臘海軍之合作尤爲急要，因爲惟如此，乃可阻止土耳其從亞細亞運兵在慈拉斯(Thrace)海岸上陸。巴爾幹同盟爲土耳其及列强一般視爲不可實現之事。塞爾維亞之恨保加利,僅遜於保加利之恨希臘;而三國皆於馬塞頓有利益關係,似不相容。然而國際情勢有以迫之拋棄爭執,協力行動者。

從一九一〇年至一九一二年,巴爾幹諸國間之相互關係有許多改善之徵兆。公開的社交的聚會與暗中進行的政治談判,趨於同一方向。一九一一年四月,希臘總理威尼佐洛斯已向保加利提議訂同盟。一九一二年三月十三日保加利與塞爾維亞兩國間結成同盟條約。此協約保障彼此的獨立及領土完整,而如值任何一强國謀合併或佔領土耳其治下之巴爾幹土地,他們約定相互援助。關於將來土地之分配,亦明白協定;而關於爭執的馬塞頓中部地帶,則交由俄皇仲裁。四月末,俄皇通告願當仲裁者之任。一個月以後,另簽有一軍事協定,規定在他們被土耳其,羅馬尼亞及墺大利攻擊之時,或他們攻擊土耳其之時,相互援助之條件。

在保塞盟約簽定兩個月之後，希臘與保加利之間亦訂有協約（五月二十九日）此約與保塞兩國間之約有一大異點。保加利與希臘間之協約未涉及馬塞頓之分割目的。而且規定，如果希土之間為庫列特議員入希臘議會之問題發生戰事，保加利與此問題無關，惟須守好意的中立。五月中，保希防禦同盟條約締結之後，又在九月訂有詳細的軍事協定。在八月中保加利與門的內哥羅亦有口頭的協定。

列強之外交活動　當土耳其與巴爾幹諸國正在動員之中，列強極力謀維持平和。九月，巴爾幹同盟請求列強協助他們要求在馬塞頓施行卽時的根本的改革：馬塞頓須設一耶教徒總督，設一地方議會，而組織全然從此州徵募之民兵團。列強一方面促土耳其政府讓步，而對於巴爾幹同盟則勸其忍耐。然而兩者皆不可得。此時捨在君士坦丁堡加極大的壓迫，無可以免於戰爭者。列強不取那種行動，而徒向保，塞，希，門四國政府同時提出最後通牒，抑制他們的極端舉動。經過數星期討論之後，卒於十月七日商由俄墺兩國通知巴爾幹諸國說，列強反對一切惹起決裂之舉動；他們自己將主持改革；從戰爭而生之任何現狀變更皆所不許。但此已太遲，因爲十月八日列强通牒始提出諸國首都，而門的內哥羅已於是日對土宣戰。

巴爾幹戰爭之開始 門的內哥羅之發難，爲巴爾幹大戰之先聲。一星期後（十月十四日）保，塞，希三國向土政府提出最後通牒，要求土耳其帝國在歐洲的一切領土省分之自治。此時土耳其始悟巴爾幹同盟已成事實，而同盟國之意志是真要實行的，然已太遲。土政府急速向保加利政府提議翻改其馬塞頓之政策，向希臘承認其合併庫列特，而皆被拒絕。國際事變有使巴爾幹決計急速取最後手段者。土耳其政府如此頑强，原不能望其如巴爾幹諸國要求，取何改革。同盟諸國如欲維持其地位，有急速動作之必要，亦甚明白。土耳其之兵力已不足畏；意土戰爭及阿耳巴尼亞之革命減殺了土耳其之實力。如果他們要動作，此其良機；他們決不可待至土耳其軍隊改組之效果實現而後發動。加以巴爾幹諸國國民輿論之要求，更爲强迫他們開戰之有力的因素。保塞兩國之王室不能長久抑制民族的憤慨心，他們如不應民心以開戰，國內將不免發生革命。對於他們要求的條件，土耳其爲國民體面，勢不能容認；於是土耳其決然拒絕他們的最後通牒，而於十月十八日對塞保兩國宣戰。同日希臘亦對土耳其宣戰。

戰爭之進行 雖土耳其已卽與意大利媾和，然而其兵力終不能抵禦巴爾幹同盟聯軍之猛攻。依同盟國之作戰計畫，希臘與塞爾維亞阻制土軍於馬塞頓，以防阿耳巴尼亞援師之來。希臘海軍控制小亞細亞至土領歐洲地方之水路，於是援兵不能急速的運到馬塞頓。而進攻兹拉斯，直當土軍主力攻擊之責任，則委諸保加利。在各方面戰場，同盟國對土完全制勝。同盟軍隊各盡其職役，不過是保加利之出力更多。保加利軍於十月二十二日大勝於兹拉斯之啓歧力塞（Kirkkilisse)；塞軍於二十六日大勝於馬塞頓之庫馬諾服(Kumanovo)；而希臘於十一月八日攻下薩羅尼克(Salonika)。至於希臘海軍則自始卽完全支配愛琴海。

列強之態度　俄國自始卽對巴爾幹同盟諸國表示同情。雖則俄國外務大臣薩佐洛夫(Sazonoff)在第一次大戰之後，卽示意列强干涉，然而在十一月二日向其駐外各代表發電，聲明被征服之土地，依佔領權屬於同盟諸國，而當依友誼的協定分配之。英國輿論一致贊助耶教諸國；而英國總理於十一月九日在倫敦市會廳演說，說列强當承認既成的事實，而不反對從同盟國勝利所生之領土的變更。而在他方面則中歐之德墺深忌巴爾幹同盟之勝利。

幸而德政府傾向平和。通巴爾幹戰爭中，德皇持愼重之態度。爲防止戰爭，當抑制維也納政府之行動，但德國明白表示，如其同盟國被攻擊，他當助之。法國同樣的傾向平和，但其對於其同盟國之忠實亦不亞於德國；德國總理波安加雷(Poincaré)告俄國大使伊斯窪爾斯基(Isvolsky)說，如墺國對俄開戰而有德國之援助，法國當履行同盟之義務。在此時期之間，法國總理熱心運動平和，而與列强磋商召集會議解決時局之法。波安加雷之計畫得着英國外務大臣古雷之助，卒得實行，而列强會議最後能開於倫敦。

倫敦會議之開始 土耳其軍隊之敗北，致青年土耳其黨政府推倒，而土耳其之老政治家啓密爾拍奢(Kiamil Pasha)復掌政權。他知道講和之必要，乃命與巴爾幹諸國開談判；而在一九一二年十二月三日各交戰國依列强之提議簽定停戰條約。於是政治利益的中心由巴爾幹移到倫敦。停戰條約成立後之十日，交戰國代表會合於倫敦。在此議和代表會議之外，另有一個會議，以五强駐倫敦之大使組成之。後者繼續從一九一二年十二月至一九一三年八月，於英國外務大臣古雷主宰之下開會。土耳其與巴爾幹諸國之談判自始卽多困難，而俄墺意見之衝突，更不容易調和，惟以古雷之手腕及耐性，與其有時坦白的堅强的發言，乃能致倫敦會議維持許久。

在倫敦會議中，土耳其堅持保有殘留的四城：君士坦丁堡，亞得里亞羅堡，斯庫他尼，雅里拉（Janina）。關於第一城未有爭論而阻害和議之主要的困難究是亞得里亞羅堡與慈拉斯問題。第二個困難起於羅馬尼亞之要求改正達普魯甲（Dobroudja）之境界，以爲其守中立之報酬。迨至一九一三年一月二十二日，兩項困難大致已解決，而土耳其承認以從黑海岸之米的亞（Midia）至愛琴海岸上瑪利扎（Maritza）河口之伊洛斯（Enos）之一線爲土耳其與保加利之國境，土耳其拋棄亞得里亞羅堡。

戰爭之再進行　但在一九一三年一月二十二日土耳其軍官燕維（Enver Bey）在君士坦丁堡起革命，反對亞得里亞羅堡之拋棄，要求啓密爾拍奢辭職，而殺死土軍總司令拿仁拍奢（Nazim Pasha）。燕維之行動致倫敦談判突然告終，而在二月一日，會議解散。同盟國已於一月二十九日宣告解除停戰之約，二月三日戰爭再開，四日保加利軍復攻亞得里亞羅堡。青年土耳其黨雖復取得政權，而其力仍不足以挽回頹勢。亞得里亞羅堡於三月二十六日爲保塞聯軍攻落；而希臘亦已於三月六日攻下雅里拉城。亞得里亞羅堡及雅里拉既下，土耳其所保留者，在君士坦丁堡之外，僅有阿耳巴尼亞之斯庫他尼未下。斯庫他尼卒亦於四月二十二日降於門的內哥羅。

倫敦和議之再開 在一九一三年三月一日，土耳其政府知大勢已不可挽回，正式請求列强調停。但在戰爭進行中，同盟諸國之內訌已漸顯出。在希臘軍進雅里拉城之日，希軍與保軍已在薩羅尼克附近衝突。同盟國之間公然互相仇視。塞爾維亞要求修改一九一二年之分割條約，而得希臘之助。

斯庫他尼陷落之前數日，土耳其與巴爾幹同盟之間已約定停戰，而隨後（四月二十一日）巴爾幹同盟承諾無條件的受列强之調停，而保留與列强討論茲拉斯與阿耳巴尼亞境界問題及愛琴島處分問題之權。議和談判於五月二十日再開於倫敦，而在五月三十日倫敦條約簽字。

倫敦條約　倫敦條約宣布土耳其歐洲領土之瓜分。伊洛斯與米的亞界線(Enos-Midia Line)以西之一切土地（除阿耳巴尼亞外）及庫列特島均割讓於同盟國，任其分配；而關於阿耳巴尼亞及愛琴羣島問題之處決，則委於列強之手。土耳其只留得東部慈拉斯一帶之地。然而戰勝者分利不均，發生內訌；雖以俄皇之力謀維持平和，而不能免其自相攻擊。巴爾幹同盟之勝利，究未終結巴爾幹戰禍，而所謂第二次巴爾幹戰爭隨卽繼之以起。

第四節　第二次巴爾幹戰爭

巴爾幹諸國利益之衝突　一九一三年五月三十日之倫敦和約，雖然結束了巴爾幹同盟對土戰爭，瓜分了土帝國，而未能解決巴爾幹問題，巴爾幹諸國於攻擊土耳其雖有一致之決心，然而對於其從土耳其所奪得之土地之分配，則有極大的利益衝突。倫敦和約所劃讓於同盟諸國之土耳其領土將如何分配乎？庫列特島之當劃歸希臘，此爲一般所預計，自然不成問題。然而關於其他土地之分配，則問題不如是之簡單。就常理上說，巴爾幹諸國可逕依他們戰前所訂之協定以分領馬塞頓之土地，然而戰爭產生之新事實致情形爲之複雜，不容如此解決。

馬塞頓之分配　依一九一二年三月十三日保加利與塞爾維亞之協約，馬塞頓之大部分劃歸保加利。茲值第一次巴爾幹戰事結局，愍拉斯亦包入在應當分配的土地內而慈拉斯則未規定在一九一三年三月之保塞協約者。今則慈拉斯自然歸於保加利之手，於是塞爾維亞乃要求將曾經協定劃歸保加利之馬塞頓部分重行分配。（在巴爾幹戰爭二次開始，保軍攻克亞得里亞羅堡以後，塞爾維亞即已要求修改一九一二年之協約，而他得有希臘之贊助。）然而保加利拒斥塞爾維亞此項主張。

阿耳巴尼亞處分問題　列強對於阿耳巴尼亞之處分，更令巴爾幹諸國間分配征服的土地之問題，愈臻困難。阿耳巴尼亞之一州在軍事上極占重要，因爲此控制亞得里亞海之入口；爲此理由，墺意兩强皆垂涎此地，而塞爾維亞爲求一出海之口，亦欲取而有之。

從統一的意大利王國建立以來，墺意兩國對於亞得里亞海支配權之競爭甚烈。意大利謀取得一阿耳巴尼亞港，以支配俄特蘭陀海峽(Straits of Otranto)之野心，公然暴露。而在他方面，墺大利亦決計不使意大利在此重要地點立足。三十年之間意墺兩國各從事於繼續不斷的宣傳運動，以期在阿耳巴尼亞占得經濟的文化的優勢。

意墺兩國本爲同盟，他們覺得關於阿耳巴尼亞問題有立一個協定之必要。從一九〇七年以後，他們決定最重要的點，是在防止阿耳巴尼亞於歐洲土耳其分裂之時落於塞爾維亞之手。因爲在塞爾維亞之背後有俄國，而塞爾維亞之支配阿耳巴尼亞，似爲大斯拉夫主義勢力擴張到亞得里亞海之先兆，此則意墺兩國俱所不願之事。因之，他們援助阿耳巴尼亞之國民運動；阿耳巴尼亞獨立之原則爲他們所主張，而經列强承認。

其結果是，第一次巴爾幹戰爭結局，塞爾維亞與門的內哥羅不能不拋棄其阿耳巴尼亞之征服地。門的內哥羅雖取得斯庫他尼港，而不能不如列强之命退去，實則此亞得里亞海上之良港，門塞兩國人視爲他們出海之口，於他們的國民經濟生活爲不可缺的。阿耳巴尼亞完全由列强處分，而建成一獨立國，以一德意志王族 (Prince William of Wied) 爲其君主。

阿耳巴尼亞之處分，對於一九一三年之巴爾幹政局有重要的影響。當巴爾幹諸國討議分配土耳其的土地之時，塞爾維亞可以說，他應得之戰利品一份爲列强所奪去。塞爾維亞之於一九一二年與保加利訂立馬塞頓分配之協定，是預計有塞爾維亞可於阿耳巴尼亞求發展之事。如果阿耳巴尼亞建爲獨立國，而一九一二年之分配協約如原定計畫以執行，則保加利獲得一切，而塞爾維亞相形見絀。加之，摩拉斯逷 (Monastir) 與薩羅尼克原爲保加利所垂涎者，今已在塞爾維亞之手，塞爾維亞可以佔住不放。

塞爾維亞決計推翻一九一二年之土地分配協定，以剝奪保加利在馬塞頓應得土地之部分。為增强他的地位，塞爾維亞於一九一三年六月與希臘訂有攻守同盟條約，抵對保加利，而他們相互保障其在馬塞頓征服之地。

保加利之地位　保加利之地位究亦困難。保加利的軍隊在對土戰爭中出力最大，自以為應得補報。但他所佔得之地是慈拉斯，雖說此地域自然當劃歸他所有，然而究非他所寶貴之地；至於保加利人種之鄉土，而為一切保加利努力的目標之馬塞頓，則今為塞爾維亞人及希臘人所征服。亞得里亞羅堡之征服，於保加利無甚大利益；而摩拉斯湯及薩羅尼克之取得，則於他為根本的重要。及見塞爾維亞欲據有馬塞頓征服地之意志明白，保加利之不平益甚。而加以塞爾維亞虐待在馬塞頓之保加利人之風說傳出，保加利人更為憤慨。起初保加利政府謀以賄動希臘，使不為塞爾維亞援助，如希臘不助塞爾維亞攻擊保加利，保加利承認其占有薩羅尼克。及遇希臘總理威尼佐洛斯之拒絕，保加利政府之激烈分子，乃開始以武力貫澈其野心之計畫。

德奧之態度 保加利激烈派之主戰政策似爲德奧所贊助。第一次巴爾幹戰爭之結果於德奧爲不利。德國之軍事的威望因土耳其之敗北而受打擊，法國軍器槍礮之有效力及土耳其軍隊組織之缺點，使人漸覺得德國軍事上的優勢不如一般想像的確實。奧國與論援助土耳其，而以土耳其之失敗，奧國之外交的威望亦受大挫。加之，如果塞爾維亞與希臘之分配土地計畫實行，將見塞爾維亞在巴爾幹之權力大增加，行將侵逼奧帝國之領土保全。對於德奧政策之有利，再無如戰勝的巴爾幹諸國間之同室操戈者。

保加利之對塞開戰 關於土地分配問題之爭議，俄皇曾擔任出來調停，而不爲保王所承受。在保加利與塞爾維亞之談判進行中，保加利突然訴諸戰爭手段。一九一三年六月二十九日，保加利王不經宣戰，而下令對塞爾維亞及希臘軍隊施總攻擊。保加利軍隊突攻在馬塞頓之塞軍，而保加利南軍進逼薩羅尼克。第二次巴爾幹戰爭於此開始。

自保加利政府視之，或者他僅以一示威運動，可如他的要求，成立分配之協定。但塞希兩國軍隊所佔之地位甚優，而保加利兵力已在第一次巴爾幹戰爭疲敝，一遇塞希軍隊反攻，即節節敗退。

羅馬尼亞之加入戰爭 保加利戰勝之希望至七月末而全斷絕。羅馬尼亞王深忌保加利雄長巴爾幹半島。保加利在一九一二年對土之勝利侵逼了羅馬尼亞之地位，此似將令保加利在巴爾幹佔優勢，爲抵消保加利之利益，羅馬尼亞在一九一三年之春季要求從保加利割讓一部土地，俾羅馬尼亞在其南境得一軍事上可防守的國境。保加利不肯承認羅馬尼亞要求爲正當，雖則在一九一三年五月已將後者所要求之土地之一小部分割讓與他。羅馬尼亞不以此爲滿足，而塞希兩國軍隊於七月中第一星期之勝利的前進，給他以積極行動之機會。羅馬尼亞於七月十日對保宣戰，越達溜白河侵入保加利，進逼保加利國都蘇菲亞(Sofia)。隨後土耳其之軍隊亦克復亞得里亞羅堡。保加利四面受敵，勢不能再支。

蒲加雷斯特和約　羅馬尼亞之行動結束了第二次巴爾幹戰爭。七月三十日各方停戰宣佈而巴爾幹半島五國之代表會議於羅馬尼亞國都蒲加雷斯特(Bucharest)。第二次巴爾幹戰事如此的急速終結已無容列强取共同行動之餘裕，而和議乃爲戰勝國之羅馬尼亞，塞爾維亞，希臘及門的內哥羅强迫訂成；是爲一九一三年八月十日之蒲加雷斯特和約。

蒲加雷斯特和議之條件自然不利於保加利；以羅馬尼亞軍隊之逼迫於背後，他不能再繼續與塞希兩國戰鬬，而當服從其要求。希臘不但取得薩羅尼克，并且擴張其海岸線至東方，而包含加窪那(Kavalla)港在內，如此則於保加利所得的馬塞頓一小部分之經濟的發達極關重要之愛琴海上一港，亦被敵國奪去。庫列特島劃歸希臘。塞爾維亞擴張其領土南至於摩拉斯湯，他與門的內哥羅分領洛維巴札區；而羅馬尼亞從保加利取得在其南境之領土，即擴張其達丕溜甲(Dobroudja)之領土，此爲促他加入戰爭之目的物。保加利尙受一個屈辱，即土耳其居然爭回亞得里亞羅堡。保加利則只分得馬塞頓之極南部，他的領土擴張，南至於愛琴海之狄德加(Dedeagach)；此爲保加利在愛琴海上唯一之港。

蒲加雷斯特和議之效果 世人知道一九一三年巴爾幹之協定不滿足，很難望其持久。保加利之失望及其不平，亦可想見。塞爾維亞在馬塞頓獲有之土地，有在人種上言語上應屬於保加利者。而希臘之在馬塞頓海岸如此的膨脹，侵逼保加利之經濟的發達，同時將大部分保加利人種置於希臘統治下。保加利國人自以爲受欺壓而不忘復仇之念。

墺大利在十月之初，促其同盟國意大利協同壓伏塞爾維亞而不成功，今乃要求將蒲加雷斯特和約提交列强審議，爲列强所拒絕，而羅馬尼亞表示決心擁護此約。八月十一日倫敦大使會議最後一次開會，決定阿耳巴尼亞之南方境界；

但至十月，塞爾維亞始屈伏於墺大利之威逼，撤退其所佔領之阿耳巴尼亞地方。土耳其軍不肯退出亞得里亞羅堡，而保加利與土耳其於九月訂成和約，默認土耳其保有此城，隨後繼以訂結同盟之談判，已表示保加利變更對外政策傾向，預備保留全力為復仇之舉。

列強之態度　蒲加雷斯特和約之協定對於列强有重大的關係。歐洲列强皆受近東現狀打破之影響。列强之外交威望亦皆大受挫折。然而蒲加雷斯特之結果於英法可以相安，他們在此方面不感直接的利益，而在維持平和。塞爾維亞及希臘之勝利為俄國所樂覩。而至於意大利，雖覩此兩國之興盛而吃驚，而亦對於和約能相安，因為此保證了一個獨立的阿耳巴尼亞，於此可繼續意大利的宣傳運動。

但至於德墺，則對於一九一三年之協定感想大異。巴爾幹戰爭結果，於此兩國威望利益皆有損傷。墺大利誠能堅持建立獨立的阿耳巴尼亞，以阻止塞爾維亞的勢力侵到亞得里亞海岸。但墺大利此項外交的勝利因爲塞爾維亞在馬塞頓之領土大擴張而抵消。墺大利於一九〇八年在巴爾幹樹立之政治的經濟的支配權，行將破毀。墺大利注目之薩羅尼克今落於希臘之手。

加之墺大利在國內亦受侵逼。波斯尼亞人既已不安居於墺國治下，今受塞爾維亞擴張之刺戟，更於墺國爲危險；墺大利須應付斯拉夫人之革命問題。如果塞爾維亞新得的勢力不打破，墺匈帝國將有分裂之虞。

至於德國，則一九一三年之巴爾幹協定，將傷及其經濟的政治的利益。他方竭力謀貫通柏林至八各達之鐵路交通，實行美索不達米亞開發之計畫，貫澈其近東政策之目的。蒲加雷斯特條約給此政策以一個大打擊；巴爾幹之優勢似落於斯拉夫人之手。一個强大的塞爾維亞屹立於半島，實足爲德國近東交通之阻力。加以巴爾幹戰爭結果，他所保護之土耳其及表同情之保加利皆一敗塗地，而同盟國墺大利之地位亦動搖。鑒於德國政治家之如何重視德國威望的維持，及其在一九〇五年，八年，一一年所行之高壓手段，則其不能安然忍受一九一三年的巴爾幹協定，從可想見。

第十二章　歐洲大戰與巴黎和議

第一節　歐戰發生前之國際形勢

歐洲長期的平和　從一八七一年德意志帝國建設，以至一九一四年歐洲大戰爆發，其間四十餘年，歐洲（巴爾幹方面以外）未有大戰爭。在此時期中，歐洲國家誠有在海外從事戰爭者，如西班牙之在一八九八年從事於西美戰爭，俄國之在一九〇四五年從事於日俄戰爭，意大利之在一九一一年從事於托里玻里戰爭，然而歐洲列强相互間則未嘗以武力相對待。近世歐洲之享有如此長期的平和，此爲第一次。然而在此平和之外觀下，即伏有敵視暗鬬之事實。法德爲阿爾沙斯羅連問題積怨既深，俄墺兩國則因在巴爾幹半島之利益衝突互相敵視。加以德意志帝國之世界政策引起英國之嫉忌，而新增一英德衝突問題。至於二十世紀開始，形勢更險惡。於三國同盟之他方有三國協商之對立；雙方勢均力敵，不肯相下。在此時期中，歐洲之得維持平和，不是因爲無發生衝突之原因，而是因爲戰爭之危險太大，各方皆不敢輕於發難。換句話說，歐洲之平和不是基於列强情感利益之融洽，而是樹立在均勢之基礎上。而此項平和之基礎是極不鞏固的；何時均勢有變動，不可逆覩。在此局勢之下，國際衝突原因繁多，危機四伏，戰爭隨時皆有爆發之虞。

軍備競爭 在此種情形之下，歐洲列强一般的擴張軍備，自不足怪。各國民情感利益之相衝突至於此極，彼此無信任心；各國對於鄰國宣言之平和政策不信其出自誠意，而視爲欺人之手段。而以在現代戰爭動員之迅速，攻勢之有利，則欲有抵抗敵軍之機會，不可不預爲戒備，以便隨時可以應戰。近世戰術進步如此其快，各國欲不落敵國後，勢不得不時常補充軍需，增加人員。於是列强競投擲巨額財富於軍備上。法，德，俄，墺，意諸國旣競相擴充陸軍，而以從十九世紀末年以來，德國海軍之急速的實行大擴張計畫，英帝國爲維持其海上地位，亦捲入軍備競爭之旋渦中至於一九一四年，歐洲列强分成兩個武裝的團結，其軍備之發達，準備之充分，爲前代所未見。歐洲國民繼續於四十餘年之中享有平和，但是一個武裝的平和，其負累較之前時代之戰爭更爲繁重。

國際平和運動 在軍備競爭運動中，同時在他方面起有對抗的運動，即國際平和運動。十九世紀後半期民主勢力發達，對於日增不已之軍備負擔，到處有抗議之聲；而國際主義，人道主義漸影響於歐洲之輿論，造成一種確信，認戰爭爲不必要而且可免的害惡；平和運動漸露頭角。國際社會漸承認有減除軍備及平和處決國際爭議之必要。仲裁方法漸多用以解決重大的國際爭議。最後於一八九九年依俄皇尼古拉斯之提議，開國際會議於荷蘭之海牙，以討議裁減軍備問題，是爲第一次海牙會議（一八九九年五月十八日——七月二十九日）。俄國雖提議於五年間不增加軍隊或軍事預算，而以德國代表之反對，其議無成；海牙會議只通過一希望限制軍費之空洞的決議案。但幸而在他方面，海牙會議立有陸戰規例，減殺戰禍痛苦。而最重要者是創設一常設仲裁法庭，以爲處理國際爭議之機關，於國際關係上開一新紀元。然而海牙條約雖於一八九九年七月二十九日經到會二十六國簽字，而軍備仍是繼續的增加無已。

一九○七年有第二次海牙平和會議。此項會議原於一九○四年由美總統羅斯福倡議，曾以其意通知各國政府。但俄國爲第一次海牙會議之提議者，彼時正在日俄戰爭中，主張待至戰爭結局而後開此國際會議。俄皇且示意願由他自己召集第二次會議。羅斯福尊重俄皇之意思，讓其爲發起人。俄皇乃於一九○六年四月三日經由其駐外代表向各駐在國政府發通牒，發起會議。一九○七年五月，由荷蘭政府正式發招待狀於四十七國，平和會議又於六月十五日開於海牙。到會者有四十四國。第二次海牙會議，雖然成就有改良戰爭法規，擴充國際爭議平和解決方法及創設國際捕獲審檢所等立法事業，然而關於軍備減除之運動，則其失敗仍與一八九九年同。而最可異者，俄國在前次發起平和會議，以裁減軍備爲主眼，而此次發起會議，則將軍備問題全然置之度外。而在第二次海牙會議提倡裁減海陸軍備計畫者，乃爲英國，而以不得會議之贊同，海牙會議乃止於重申前次會議希望裁減軍費之決議。

英德妥協運動　在一九〇七年海牙會議以後，英德之競爭日烈，他們各竭其全力從事於擴充海軍計畫。在此等激烈的危險的競爭中，雙方主張平和政策之人想求一妥協之途徑。一九一二年二月英國大法官哈爾登（Haldane）帶特別使命赴柏林，與德皇及其政府磋商兩國妥協條件。德國政府提議英德訂結一約，約定彼此不相攻擊，而在一方與第三國開戰之時，締約國之他方至少守友誼的中立。英國政府則不肯承受此無條件的中立義務，因爲如此則在德國攻擊法國之時，英國不能助法，而德國則可自由援助其同盟國。英國只允於德國非因自己的挑撥而受攻擊（Unprovoked attack）之時，守友誼的中立，而德國政府不以爲足。一九一二年哈爾登之使命未能達到妥協之目的。

一九一二年四月，英國之海軍大臣查赤爾（Churchill）關於英國海軍政策爲重大的宣言，以期中止英德兩國海軍競爭。他說，如在任何一年，德國海軍造艦計畫減縮或取消，英國計畫亦當自動的減縮或取消。如是則德國不必依條約拘束其將來，而可減遲其造艦速率，減少海軍經費，而其海軍勢力與英國勢力之比例，將全如故。但德國對於此提議亦置之不理。如是則兩次海牙會議既未能成立裁減軍備之議案，而英德兩國間之特殊的協定，亦不成功。其結果則歐洲繼續生息於軍備競爭之危險中。

近東危機　在武裝平和之局面下，歐洲列強間之關係日益險惡。歐洲戰禍隨時皆有爆發之虞。而近東危機適爲此不幸的災禍之導火線。第二次巴爾幹戰爭結果，於列強均勢歐洲政局發生有重大的變化。一九一二年之初，大斯拉夫主義運動之勢力似在巴爾幹已受挫折，而德墺在此方面占優勢。弱小之塞爾維亞及門的內哥羅親俄，而恃之爲後援；希臘則與法接近。而在他方面，則巴爾幹最有力之羅馬尼亞已與德墺有盟約，成爲三國同盟之附屬物；保加利則對於墺匈帝國極表親善；土耳其在巴爾幹諸國中猶視爲最强之國，而與德帝國有密切的關係。但在一九一三年第二次巴爾幹戰役後，不僅土耳其在歐洲之地位如此的降落，只留有君士坦丁堡附近地方及亞洲領地，而且向爲墺大利仇敵之塞爾維亞，則從兩次巴爾幹戰爭擴張權力及土地，其威望亦大增；羅馬尼亞雖原對德墺親善，現與他們的關係已不密切，而曾逆他們的意思以行動。就全體說來，在巴爾幹方面，德墺之地位遠不如前之優勢。墺大利欲卽時攻塞，使之一蹶不振，而以不能得意大利之贊同，未竟其志。彼時德意志究取何行動，不得明白，然大約亦勸阻墺大利，勿令輕舉，可以想見；德國在一九一三年自覺其準備尙未完成。然而一個强大的敵意的塞爾維亞之立於巴爾幹，總是於漢堡八各達鐵路交通之計畫，於德國近東政策之發展，是一大障礙物，因爲此路線須貫通塞爾維亞。德墺決計不許有獨立的塞爾維亞阻其進路；而在他方面，則俄國若任塞爾維亞被打倒，則俄國支配近東之大希望亦將告終。

戰爭之準備　一九一三年德國之未助墺主戰，因爲準備尚不足。巴爾幹形勢之變更似減弱了德國的優勢，而在一九一三年許多德國人宣言，如果德國欲免於俄國及大斯拉夫主義運動侵逼之危險，惟有忍受犧牲，大增軍備。於是德國議會通過巨額的非常經費，用以擴充軍備；陸軍常備兵額新增十七萬人。德國之行動引起法國方面之反響；蒲立央（Briand）內閣提出之三年兵役案由巴道（Barthou）內閣執行之。德國軍備之增加，同時增加了法國政策之國家主義的傾向。而在他方面，俄國亦有大擴張軍備之舉。在一九一四年之春季，俄國國會於祕密會可決巨額之軍費，每年徵兵新增十三萬五千人。

如是則雙方之決心已經表明，戰爭之機運益迫切。在二十世紀初頭，歐洲遇着幾次戰爭之危險逼近而卒以免。然至一九一四年，則國際情勢已至如此田地，一有危機發生，很難望其不起戰禍。德墺兩國決計執行其政策，尤其在巴爾幹方面之政策，而協商國則亦決計準備抵禦。一九一四年，德國自顧準備已足，如能不用戰爭而達其政策之目的固善，否則有必要時亦將決然一戰。此次則只要一個口實卽足，而此則得之於一九一四年六月墺國皇太子被暗殺之事變。

第二節　歐戰之開始

塞拉甲窪事件　近東方面之暗殺事件，是爲一九一四年歐洲大戰之最近的起因。一九一四年六月二十八日墺匈帝國之皇嗣菲地蘭大公（Archduke Francis Ferdinand）及其妻在波斯尼亞之首府塞拉甲窪（Serajevo）市中，被人暗殺。暗殺者爲波斯尼亞人，而墺大利則認爲此陰謀發源於塞爾維亞之國都，而爲塞國政府明知之事。墺大利之政治家，尤其倍希托爾得（Berchtold），卽時決計利用此機會以行其久已準備的對待塞爾維亞之政策。墺皇佛蘭西斯若瑟夫（Francis Joseph）之取最後手段之決心，表示於其致德皇之親書中；他說塞拉甲窪之暗殺事件爲俄羅斯及塞爾維亞的大斯拉夫主義者運動之結果，他們唯一目的在減弱三國同盟而破壞墺匈帝國。德皇於七月五日接到此親書，即對墺國特使說墺國於此事可得德國全副助力，而勸墺大利對塞爾維亞從速動作。德皇在對墺皇之答書中，重申他的口頭保證。

德國之政策　在一九一四年，維也納政府固自有其獨立的政策。然而德皇鼓勵墺國之行動，其造禍之罪過亦不減於墺政府。德政府之爲此，自有他的理由。德國不安於一九一三年巴爾幹之協定，而久欲有所動作，以回復其在近東之外交的威望及政治的商業的利益。塞爾維亞如果屈伏，德國可對於塞爾維亞保護者之俄國獲一外交的大勝利，減弱巴爾幹之斯拉夫分子，而打通由柏林達君士坦丁堡及美索不達米亞之通路。德國爲達其目的，似再未有如一九一四年機會之好者。他的同盟國墺大利之利益於此與德國利益一致。墺大利急欲打倒塞爾維亞，抑制巴爾幹之斯拉夫分子，他原利於爲塞拉甲窪之事件懲罰塞爾維亞，使之不敢再與墺爲敵。德國不僅恃有墺大利之合作，而且信以爲列强不至於起來干涉。墺國皇嗣之被暗殺，引起歐洲對於波斯尼亞陰謀黨之嫉惡及對墺國之同情。卽令墺大利之行動有過分之嫌，亦似不至引起協商國之干涉。自德國視之，在一九〇八年之波赫兩州事件，協商國已屈服於德墺之高壓手段，而玆在一九一四年，亦或當任令塞爾維亞及俄國受屈辱。卽令他們有所抗議，亦無效力，因爲他們不能以武力來貫澈其主張。俄國之軍事上財政上的實力尙不足以與德墺抗衡。俄國旣無力量動作，至於英法更不能望其爲反對德墺壓迫塞爾維亞及破壞在巴爾幹的斯拉夫人的勢力而取何行動；他們抵抗的實力，自德國視之，亦不足畏的。就全體上說，德國相信一般戰爭之可能甚少，因爲協商國準備未成。卽令俄國自己不肯受屈辱，亦不肯任令塞爾維亞忍受屈辱，德國亦已確有十分準備，而其依武力增强他的地位之時機再無好於此次者。在此種情勢，此種信念之下，德國鼓勵墺國實行取極端手段，而墺大利亦決然從事於冒險之舉。

墺國之對塞通牒 墺大利政府旣接得德政府回答之後，於七月七日開會議討論政局，其時倍希托爾得發表他的意見，說一次滅絕塞爾維亞之陰謀，此其好時機。德國約定相助，而對塞之攻擊不一定引起對俄戰爭。一切到會大臣，除湯札（Count Tisza 他以爲奧國攻塞必引起世界戰爭）外，皆相信純然外交的勝利是無用的，奧國必須對塞提出如此極端的要求，致其必拒絕。在第二次御前會議（七月十九日），對塞通牒之文稿已經擬定，而議定於七月二十三日提出。

奧大利對於塞爾維亞之最後通牒卒於七月二十三日提出於倍爾格納得（Belgrade）政府，限定於四十八小時內答覆。奧大利之要求條件共爲十條，其主要的條件如下：（一）禁止一切排奧出版物；（二）解散所謂 Narodna Odbrana（大塞爾維亞主義的組織）之團體；（三）從學校屏除一切養成排奧宣傳運動之教育；（四）凡有參加排奧運動之嫌疑之官吏概行免職，而許由奧大利指出此等官吏之名；（五）塞爾維亞承認許奧國官吏參加對於侵害奧帝國領土完整之禁制手段；（六）塞爾維亞當關於塞拉甲窪之陰謀事件，開司法的檢舉，而許墺國政府派員參加。後之兩條尤爲苛酷，非獨立國家所能忍受。墺大利之提出此通牒，似自始卽特意使塞爾維亞不能承受。英國外務大臣古雷讀此通牒，卽宣言他從未見有向一獨立國家提出之文件如此的厲害者。如果塞爾維亞服從一切的要求，他的主權與獨立行將告終，而將成爲墺大利之屬國。如其如是，墺國及德帝國將獲得其所爭的巴爾幹之優勢，打通柏林達君士坦丁堡之通路。

通牒之效果　塞爾維亞登時訴諸俄國，求其援助，自爲當然之事。塞爾維亞人可恃俄國之同情，而俄國當亦不能置身事外，坐視德墺在巴爾幹佔優勢，亦可想見。墺大利不得德國之助，不能敵俄國，然而墺國對塞通牒之擬定事先雖或未爲柏林政府所與聞，而德國之約給墺大利以全副援助，則於七月五日已經確定。如俄助塞而德助墺，則禍害且不止此。法國依其同盟關係，應當助俄。如果法國捲入戰爭漩渦中，英國隨後亦勢必起而助法。有心防止此大禍發生之政治家，乃須竭力調解，以謀平和解決危機之法。

英國政府之調停運動　塽塞衝突發生之初，英國外務大臣古雷卽深慮俄國必不能傍觀，而塽俄衝突必牽入德國，因而引起一般的戰爭。他於是示意於列强，說當在聖彼得堡維也納兩方面盡力解勸，以便平和解決塽塞爭議。同時法國外交當局亦對德使有同樣的示意。但爲達此目的，德國之合作是必要的。而德國則拒絕此議，謂他不能干預此項僅關涉塽塞兩國之衝突。德國欲迫令俄國勿爲塞國出來干涉，同時則願塽大利有行動之自由。在七月二十六日，塽塞外交關係決裂而尚未正式宣戰之時期中，古雷再度爲調停運動。他提議由彼不直接關涉此事之英，法，德，意四强大使開會議，求一妥協之法；而在此時期中，塞，塽，俄均不從事於何項軍事動作。法意兩國贊成此提議，而俄國亦表同情，後者已向塽國提議開直接談判（七月二十六日）。但德國拒絕此項會議之提案，他以爲此舉等於將俄塽兩國置諸一國際仲裁法庭之前，此則必須俄塽自己請求方能召集者。其結果，調停之計畫全然無成。

塞爾維亞之覆牒 塞爾維亞此次對於墺大利之要求意外的發揮退讓之精神，殆係受有協商國勸告之影響。塞爾維亞對墺覆牒於七月二十五日提出，實際等於完全降伏。塞爾維亞幾於完全承受墺國通牒所提出之要求，惟有兩點附保留，卽塞爾維亞只能於合於國際法原則，刑事訴訟規則及善鄰關係之限度內，承認墺國官吏參加禁止排墺運動之手段，而至於墺大利之參加關於排墺陰謀事件之司法程序，則不可能，但塞爾維亞允將審問結果通知墺國官吏。最後塞爾維亞且聲明如墺政府尙不以塞爾維亞所取之手段爲滿足，他願將此事提交海牙法庭或列强公斷。如是則卽後之兩點，塞爾維亞雖未完全承諾，然亦留有妥協之餘地，可遂墺大利之要求。

墺大利之對塞宣戰 墺大利似決計用兵於塞爾維亞，而貿然將塞爾維亞之覆牒認爲不滿足。駐倍爾格納得之墺國公使僅以四十分鐘之短時期審查塞政府之覆牒，遂卽宣告爲不滿足，而離開倍爾格納得，以示外交關係之決裂。二十六日英國古雷提議之調停會議爲德國所拒絕（七月二十七日）。二十八日墺國政府始發表其所以拒斥塞國覆牒之理由，說是塞國答覆非眞讓步，而全是趨避性質。二十八日夜，墺國正式對塞爾維亞宣戰。墺軍隨卽開始侵入塞境。歐洲大戰從此開始。

德墺對俄之開戰　墺大利固決心打倒塞爾維亞，而俄國亦同樣的決計履行約言，給塞爾維亞以援助。加之俄國軍人派對於戰爭結果，佔有君士坦丁堡之事，抱有大希望。在德墺方面信以爲塞爾維亞卽被攻擊，俄國將置身事外；實則此種假定是錯誤的。墺國對塞宣戰之報達於聖彼得堡，俄政府下令動員於墺大利國境方面（七月二十九日）。而在七月三十一日，俄國下總動員令。數小時以後，墺大利亦下總動員令。墺大利似於俄國部分動員實行之際，已感知他的激端行動惹起危險之局面，墺國外務大臣倍希托爾得於三十日忽表示允與俄國開直接談判。而三十一日俄國之總動員，似更增加了墺國之平和傾向。墺政府允將二十三日致塞通牒付諸討議。墺政府允承受英外務大臣古雷提議之列強調停案，於墺軍佔領倍爾格納得以後停止前進，以討議一個協定俄國則允停止軍事準備之進行。

値俄墺正在從事於妥協談判之際，德國忽表示其挑戰的態度。德政府似不願墺國對俄妥協而決計打斷他們的平和談判。在七月三十一日俄墺皆行總動員之時，德國亦宣布所謂 Drohende Kriegsgefahr（實際有動員之效果。）同日半夜，德政府經由駐俄大使向俄政府提出最後通牒，限令於十二小時以內，對墺對德兩方面概行解除動員，停止一切軍事準備而在八月一日德政府於預定的時限內，未接得俄國答覆，乃正式對俄宣戰。

德國之對法宣戰

德國既經對俄開戰，法國之加入戰爭，自不容疑。德國預期其勢必至有此事而先已爲之備，他的動員同時在東西兩方國境均已執行。七月三十一日德國政府訓令駐巴黎大使探詢法國政府在俄德戰爭之時是否願守中立，且要求佔領凡爾登(Verdun)及都耳(Toul)兩要塞以爲擔保。而在八月一日法國總統魏汪理(Viviani)給以確切的答覆說，法國『當依本國利益所命者以行，』此已表示決計助其同盟國抵禦德國。在同日，法國爲預防危險計，下令動員。但法國爲表示此次戰爭在他爲防禦的性質，特別愼重，不使法國方面表示有挑鬬之行爲，而命令法軍退至離德境十基羅米突之地。法國政府信以爲表示他自己立於被攻擊之地位是一件最重要的事，蓋爲獲得輿論的贊助及確定意大利的中立，此爲最好之手段。德國爲執行其預定之計畫，利於速向法國進攻，不能久待。八月二日德軍越法境，三日夜，德國大使向法政府要求護照回國，而提出宣戰書。德國公式的宣戰理由，說是法國飛行機已飛過德境內，開始敵對的行爲；但其徒爲一種口實，甚易明白，彼時亦無人重視之。

英國之加入戰爭　德國已準備與俄法戰爭。但對於英國之戰爭，則確是德國所欲避免的。德國繼續發展其世界政策，對英戰爭誠終有發生之一日，但德國希望此事不發生於他在大陸上完全打倒俄法之前。德國不可同時與一切協商國開戰。在墺塞衝突之危機中德政府已努力從事於確定英國之中立。德政府最初於七月二十九日利誘英國守中立。德國宰相倍特曼和衞格(Bethmann-Hollweg)與英國駐德大使會談，說如英守中立，德國不剝奪法國本國土地，雖則對於其殖民地，則不敢說。荷蘭之中立當尊重，至於比利時之中立，則德國非至法國計畫披露之後不能給以保證，然如比利時不與德國爲敵，他的領土完整在戰爭結局當尊重之。最後德宰相說他的政策始終着眼於英德妥協而他有意訂成英德一般中立協定，如果英國在此次戰爭能守中立，他的意思當可實現。一般中立之協定，誠可以動英國急進黨人士之心，而德政府希望以此除去英國之障礙，俾勿加入俄法方面與德爲敵。但英國大使不肯對德爲何等約諾以拘束英國之行動，而英國外務大臣古雷接到此提議，隨卽表示決然拒絕(七月三十日)。

而在他方面，法政府亦極力謀取得英國援助之保證。在七月三十日，英國駐法大使報告英政府，法總統波安加雷（Poincaré）促英國表示助法之態度，說平和在英國手中，如果英政府宣言英國將助法國，可免戰爭，因爲如此則德國將改變其態度。同日，法國駐英大使請英國外務大臣注意英法之間有一九一二年之換文。但在七月三十一日，英國外務大臣答覆法使猶說不能給何保證。法國總統波安加雷親致電英皇，乞其表示援助。

在英國不肯決然表示態度之中，歐戰已經進行。墺塞從七月二十八日起立於交戰狀態；八月一日以後，俄德開戰。同日法國拒絕對德守中立，下令動員，法德開戰卽在目前。英國至此乃不能不決定他的態度；而在八月二日晨，外務大臣古雷受內閣之命對法國約允附條件的給以海軍助力；如果德國艦隊來海峽攻擊法國海岸或其船舶，英國艦隊當以全力爲之保護。英政府雖說他之爲此約束，並未負着於德法開戰時對德宣戰之義務，然而英國之實已決然進於助法抗德之政策，則不可否認。英內閣取上項決議之時，有反對黨首領波那勞（Bonar Law）

代表保守黨諸領袖力主援助俄法之公函以堅其志。而在內閣決議海軍助法之後，平和派閣員兩人摩芮（Morley），龐士（Burns）卽時辭職下野可知英政府上項決議之性質重大而在八月三日正午，倫敦傳說比利時接得德國最後通牒要求自由通過比利時領土，更有以堅英國對德行動之意志，而給英政府以加入戰爭之一個好口實。

比利時中立之破壞 英國之擁護比利時中立，可說是他的傳習的外交政策。而在德法戰爭中，比利時中立被破壞之危險極爲明白。德國軍事當局久決定，以從比利時進兵爲其作戰計畫之重要部分。七月三十一日，倫敦接有俄德兩方動員形勢危急之報，英外務大臣古雷卽電告法德兩國政府，探詢他們是否尊重比利時之中立，而且通告比利時，鼓勵他極力防護中立。法國卽時給予其所要求之保證，德國則支吾其詞，而謂明白的回答不免暴露軍事計畫。古雷對於德國之答覆，表示不滿足。德國始終不肯給予尊重比利時中立之保證。八月二日德國駐比公使向比政府提出通牒，要求許德軍過境，限以十二小時內答覆。比政府決計拒絕此要求。英法兩國駐比大使皆向比政府聲明，他們願履行倫敦條約保障中立之義務，而助比國防護中立。八月三日，英外務大臣古雷在議院發表外交政策，而特別注重於德國對比通牒之事情，暗示英國或有不得已而取非常手段之舉，其時德國對法宣戰。四日，倫敦接有德軍侵入比境之報。英內閣此次開會不再躊躇，隨即擬定最後通牒送於德政府。英國對德通牒重申要求遵守比利時中立之保證，而限於當夜十二時回答。德國卒未給何回答，而此亦非英政府所期待者。於是從四日半夜以後，英德立於戰爭狀態。

兩日以後，墺大利對俄宣戰（六日），而英法則答之以對墺宣戰。於是墺塞兩國的衝突卒成歐洲一般的大戰爭。

意大利之宣布中立　歐洲大戰爆發之始，三國同盟方面之意大利及羅馬尼亞兩國皆宣布中立；此雖屬奇異之現象，然究是兩方交戰團所預期的事。羅馬尼亞從第二次巴爾幹戰爭之時，已顯然表示脫離德墺羈束回復獨立行動；他的政策漸傾向於接近協商國。於是在德墺與俄衝突之時，勢難望得羅馬尼亞加入德墺方面以攻俄國。加以羅馬尼亞久認定在墺匈帝國治下的托蘭敍維尼亞（Transylvania）及蒲科維那（Bukowina）之兩地爲其同胞所住之地，應取歸羅馬尼亞，以完成其民族的統一；因之羅馬尼亞對於墺匈帝國更未嘗不利其戰敗分裂。雖則羅馬尼亞王室與德國王室有同宗關係，而羅王帶親德色彩，彼國國民政策則固不必與德墺利益一致。德墺固久已知羅馬尼亞不可靠，後者之宣布中立，於他們不爲出乎意外之事。

至於意大利之宣布中立，亦爲極自然的事。在一八九六年他已經通知他的同盟國，說如果英國和法國一同與他們開戰，他是不能助他們作戰的。在一九〇二年他已依條約約定不參加攻擊法國之戰爭。在一九〇九年，他約定助俄國實現其野心，以爲俄國助他實現他自己的野心之交換條件。如是則在一九一四年，意大利對於三國協商之各國，均依條約或協商結有關係。而在他方面，雖則意大利與德國之關係尙好，而其對於所謂『未恢復的意大利』(Italia irredenta)之願望及其支配亞得里亞海之野心，惟有犧牲墺大利的利益方能實現。墺意兩同盟國之間向無共同利益而從接近法蘭西以後，意大利於三國同盟已不是一個積極的分子。墺大利深知此同盟國之情感；他亦幾於全不打算後者的援助。在此種情形之下，意大利的政治家勢不能勸動意大利國民爲助墺大利在巴爾幹的野心而從事戰爭。一九一四年八月一日，英法方面已知道意大利之態度，意大利外務大臣聖格里諾(San Giuliano)遇德政府之探詢，曾明白答謂，墺大利所從事的戰爭，具有侵略的目的，此與三國同盟之純粹的防禦性質牴觸；在此情勢之下，意大利當守中立。八月三日意大利正式宣布中立。

戰爭區域之擴大　一九一四年的歐戰之爲空前的大戰爭，不僅在其戰事規模之大，而且在其戰爭區域之廣。戰事進行中，交戰國數增加，戰爭涉及於世界各部。日本於八月二十三日對德宣戰；土耳其於十一月加入戰爭，與德墺合作。一九一五年五月二十三日意大利對墺宣戰，加入協商。同年十月保加利加入德墺方面以攻塞爾維亞。一九一六年八月有羅馬尼亞之加入協商方面以攻墺國。而至於一九一七年四月六日，則最重要的中立國之北美合衆國對德宣戰；同年八月十四日中國亦對德宣戰。其他加入戰爭之小國尙多。於是歐洲的戰爭最後成爲世界的大戰爭。

第三節　巴黎和議

戰事之結局　在歐戰之初頭，德國比較協商國在軍事上有兩個長處：第一是他的軍事準備完足，行動敏捷；第二是他的位置適中，居中策應，可收指臂之效。而在他方面協商國的長處在資力無限，可以持久。開戰以後，第一步的勝利屬於德國。但德國利於速勝，而不利於久戰，則以協商國方面之資力無限，如任其日久發展出來，於德爲危險。所以德國對法開戰而必假比利時之捷徑以進兵，雖負違反中立之咎，至於援英國以加入戰爭之口實，亦所不辭。但比法抵抗之頑强，出乎德國意料之外；加以英國之赴援踴躍，更有以阻害德國之成功。德國預定在西方迅速結束對法戰爭，而轉以全力打倒俄國之計畫，乃未能達到目的，而戰局延長下去。

從一九一四年八月德國與協商國開戰，以至一九一八年春季德國大攻擊之開始，其間四年，兩方互有勝負，戰局不能決定。德國的陸軍戰勝，但海軍封鎖在港內，不能發展；而協商國支配海上。德國在歐洲大陸佔優勢，而在其他世界各地之勢力則落於協商國之手。德國在軍事上足以自雄，而在經濟上則協商國制其死命。及至一九一七年四月，美國加入協商國方面，從事於對德戰爭，形勢大變，德國最後勝利之希望已覺極少。經濟的壓迫，國內民心的不安，使德國當局日益覺有不能支持之勢。一九一八年春季之總攻擊，於德國可說是孤注一擲，將以此打開一條生路，以了結此戰爭。然此最後之一次猛攻亦卒未能達到目的而停止；而協商國聯軍之反攻（七月十八日開始）隨後開始；從此德軍節節敗退，識者已逆料德國完全陷於絕望之地位，戰爭結局已在不遠。適同時在東南方戰線，德國之同盟國亦受協商聯軍壓迫，不能支持。保加利遇英法聯軍從希臘方面之進攻，首先敗退投降（九月末。）保加利之事變登時牽動土耳其之形勢，後者亦隨後降伏（十月三十一日。）保土兩國既相繼降伏，德墺兩國支配巴爾幹之政策完全破壞。而且因此墺大利之側面空虛，隨卽有受協商國聯軍從幾方面侵逼墺都之危險；墺大利乃亦於十一月四日投降，而退出戰爭。

在此種情勢之下，雖以德意志自負心最强之軍人領袖，亦漸失其自信力，而德國人民之不滿與絕望益甚。在基爾（Kiel）之海軍中發生軍士抗命之事（十月二十八日，）此於德政府軍事上的威信尤爲致命傷。於是德政府乃不能不降伏，而此空前的大戰，乃於一九一八年十一月中全部終止。

對德停戰條約之成立 在一九一八年十月四日德國政府於新總理巴登

(Drince max of Baden)之下改組，而在五日，德政府請求美總統威爾遜依其宣布的所謂『十四條』(The Fourteen Points)以主持和局，而請求各交戰國派出議和代表。威爾遜總統於十月八日要求德政府先回答三件事，而後他始答覆德國通牒。第一，德國宰相是否承認他於一月八日宣佈之十四條原則及其後他在各次演說中宣佈之條件？第二，德奧是否卽時從其侵入之地域撤兵？第三，德國宰相是否僅代表迄今主持戰事之帝國當局說話？後經德政府兩度回答說明，威爾遜覺得滿足之後，乃回覆德政府，說他已將德國的請求轉達協商側同盟各國，請其提出停戰條件。十一月五日，威爾遜通告協商國提出之議和條件；協商國表示願依美總統在一月八日及其後演說中宣佈之條件以議和，但對於一月八日十四條中之第二條關於海上自由之原則附保留，而於一月八日宣布關於佔領地復元之項，則解釋爲包含有損害賠償之義務。威爾遜並說他對於協商國之此項解釋同意而已委任聯軍總司令福煦元帥(Marshal Foch)接受德國代表，通告以停戰條件。福煦乃於召集聯軍統帥會議討議之後，擬定停戰條件，交由協商國最高會議(Supreme Council)裁可，而於十一月八日通知德國代表。他們的條件是很苛酷的，其主要者如下：德國當卽時退出所佔領的一切土地，而且拋棄阿爾沙斯羅連，德軍須退過萊因河，在萊因右岸設定中立區域；德國須取消在三月中與俄國所訂之布勒斯特里多佛斯克和約(Treaty of Brest-Litovski)，及與羅馬尼亞所訂之和約；德國且須交出軍械及艦隊於協商國。德國代表於十一月八日接得此等條件，已無容拒絕之餘地。其時德國內部革命正發生，共和宣布，而在十一月九日德皇退位，逃往荷蘭。德國新政府承受此等停戰條件，於是十一月十一日總停戰條約簽字。

威爾遜十四條 所謂威爾遜之十四條，雙方交戰國承受以爲停戰議和之基礎者，是在一九一八年一月八日美總統對於國會所發表，而他認爲世界平和之要件的。(一)公開的和好條約；(二)戰時平時海上航行絕對自由；(三)

一切經濟的障壁撤除;(四)裁減兵備;(五)公平的調節殖民地利益;(六)從俄國土地撤出敵軍;(七)比利時撤兵而當復元;(八)一切法國土地當解放,而其被侵入之地方當復元,阿羅兩州亦當退還;(九)依民族境線以改正意大利國境;(十)對於墺匈國治下之異民族當給以自治的發達之機會;(十一)羅馬尼亞,塞爾維亞,門的內哥羅當撤兵而其被佔領之土地當復元,塞爾維亞當給以出海之口;(十二)土耳其帝國之本部地方當給以安全的主權;但其他民族當享有生命安全及自治發展之機會,而韃靼雷斯海峽當依國際保障對一切國家的商務開放;(十三)波蘭當建成一獨立國,而具有出海之口;(十四)當組織一個國際聯合會,對於大小國家之政治獨立及領土保全同樣給以相互的保障。

巴黎和會之形勢　一九一九年一月十八日,協商側二十七國之代表七十人會集於法國巴黎之外交部內一室,是爲巴黎和會之開幕。關於巴黎和會,有兩個特點須注意的:其一是和會(Peace conference)一語,不足以代表此會議之真性質。美總統威爾遜及其他列國之進步思想的政治家之使命,不徒在對敵締結和約,收束戰局,而且將積極的藉此國際大會以樹立世界永久平和之基礎。自國際聯盟之組織以至國際交通,勞工問題,均為該會之重要議題。當時威爾遜自謂巴黎之會不徒在提出條件迫德國畫諾,而其責任有更大於此者,蓋已道破巴黎和會之真性。其二是巴黎和會就其議和條件之決定上說,是一面獨斷的,而不是雙方談判的性質。換句話說,協商國於此不使德國與之立於平等地位;惟有協商側之大小國家為和會之搆成分子,德國及其同盟國則關於和約條件的擬定之討議不得參加,而只在和約已議就之時,提出於他,聽其承認或拒絕而已。

和會之程序 巴黎和會會議之組織分為三部:第一為英,美,法,意,日五强代表主腦所組成之會議,每國代表二人,每日開會兩次,通稱為「十人會」(Council of Ten),關於和會議題之採列及大政方針之決定,皆於此會議行之。第二為委員會，通常由五强各出委員二人，其他各國共選五人組成之，以審查和會特別問題，例如國際聯盟委員會，討論聯盟組織方案；歐戰責任委員會，審查歐戰禍首以定責任；賠款委員會，審查協商國損失以定德國賠償程度等委員會審查之問題經『十人會』議決，而後提出於所謂總會（Plenary session），正式表決。總會爲和會本體，各國代表全體出席（法總理克雷曼索被舉爲會長），自表面上觀之，覺得最關重要，實則不過履行形式上一種手續；問題均先經十人會議決，只於總會取得全體國家之畫諾而已。從三月二十五日起，十人會減成爲『四人會』（Council of Four），以英，法，意，美四國代表團首領組成。而從四月二十日意大利代表團首領俄南陀（Orlando）爲阜姆（Fiume）問題與威爾遜意見衝突，憤而離開巴黎以後，和會之主腦更減縮爲美總統威爾遜，法總理克雷曼索（Clemen-ceau）及英總理魯意佐治之三頭會議。

一般的說來，在巴黎和會中之重大決議，不是公開的議就，或經和會全體與聞者。重要的事務，均先經五强代表議定，而後通知其他各國代表，實則主持和會最有力之人物，還是美之威爾遜，法之克雷曼索及英之魯意佐治三人。此三人有兩個相同之點：他們皆不是外交家，皆缺乏外務經驗；而在他方面，則三人各代表協商側三個最重要國家之一，皆爲其國中當時最有勢力的人物。

和會之人物政見　巴黎和會三個主腦人物中之兩個，卽威爾遜與克雷曼索，對於和議所抱之政見似極端的反對。威爾遜懷抱自由思想，主張正義，相信以寬大的條件成立和議，爲樹立平和之好方法。他思利用此機會設立國際聯盟之組織，以爲增進國際平和，防止戰爭之要件。而在他方面，則法蘭西之老政治家克雷曼索，在歐洲政治上飽嘗憂患，注重法國實際利害問題。他對於國際聯盟無大信任心，他不以爲此卽可以保障法蘭西將來之安全，而主張對於德國加以極嚴厲的制裁手段，以免其再爲法國之危害。立於此兩極端之中間者，有英之魯意佐治，他一方面贊成威爾遜之聯盟思想，同時亦願使德國受處罰，而使法國對於德國方面有防備危險之保障；魯意佐治於此常須調停法美兩國首領之主張。

和會之障礙　十一月十一日停戰條約簽字，雙方皆有一個默契，以美總統之十四條原則爲議和之基礎。美總統不顧其國務員之勸阻，躬自遠赴巴黎，代表美國出席和會，亦卽爲欲實行其理想之主張。然而事勢有令他不能無失望者。威爾遜之理想的和局究竟在一九一九年是否是可能的，茲且不論，然而至少有兩個事實，致其實現之機會減少，則是不可否認的。第一，和會開設於巴黎之戰爭空氣中，其決議不免受環境之壓迫，不能如理想以行。第二，協商國相互間在戰爭進行中已有種種協定之拘束，而失其行動之自由。例如阜姆問題及山東問題均受有此項拘束。美總統雖力言他們承認十四條之原則卽是廢止以前一切與此等原則相牴觸之協定，但他不能說服他的同盟國；其結果則彼此爭執之時期延長，而終於採定不澈底的調和解決以了事。

和會的重要問題　歐戰牽動全世界關係，需待於巴黎和會處決之大問題，至爲繁多，其最重要者如左：

一．國際聯盟之創設　巴黎和會最大的建設事業，首推國際聯盟設立之一事，而在會中遇着困難較少者，亦爲此問題。將世界國家組成一個聯盟，以維持世界平和，本屬於威爾遜十四條之一，而威爾遜赴巴黎議和，自始卽決志將此項國際組織及早促成，列入和約。他的此項理想的主張得着舉世的同情，而有英國之贊助。雖則法國之執政者如克雷曼索辟勳（Pichon）之流，自始卽對於聯盟組織之功用懷疑，不熱心贊助，然而大勢所趨，在和會中對此世界新組織之原則，亦不容獨持異議。於是在一九一九年一月二十五日，和會第二次總會，依威爾遜之動議，決議設立聯盟，而任命一委員會起草組織案；威爾遜自己爲此委員會之主席。在二月十四日和會之第三次總會，國際聯盟規約草案提出於大會，交各國審議；而在四月二十八日，和會之第五次總會，威爾遜說明草案修改之處，將草案付大會表決。草案修正最重要之點，爲應付美國方面之批評，聯盟規約聲明孟羅主義不因此受影響。日本在總會上隨卽動議，說聯盟各國應承認人種平等之原則，而以無通過之可能，卒自行撤退。法國代表白齊運（Bourgeois）請求和會設立聯盟軍事監督機關，以監督軍備之裁減，幷請求設立聯盟之陸海軍參謀部，而其議亦不爲和會所採納。如此改正之聯盟規約，卒經大會正式通過；雖則國際聯盟至一九二〇年一月始正式成立，而此前途多望的國際新組織，實於一九一九年四月二十八日產生。

二 萊因境界 和會最難解決之事業爲法蘭西東境之防備問題。一九一七年俄帝國政府與法蘭西政府之間已依換文協定，從德國奪取萊因左岸之地，建爲中立國而暫由法國軍隊佔領；及俄國革命後，蘇維埃政府將此祕密協定發表，英國政府隨卽否認之。然而萊因左岸之與德國分離，自多數法蘭西人視之，似於防備未來的侵略爲唯一强固確實的保障。停戰條約簽字以後，法軍總司令福煦隨卽促克雷曼索堅持要求萊因爲界；而在一月，他以同一的要求訴於協商聯軍諸帥。法國總理乃命法國代表達狄阿(Tardieu)擬一說帖，主張法國權利。法國代表說，法國無意於合併萊因左岸，但願以萊因河爲法國東方境界，而由聯軍佔據其橋頭要塞。英國代表極力反對法國此項要求。在三月十四日，美總統由美返巴黎，他與魯意佐治共同提出『聯合的軍事保障』之案，以代法國的要求。法國則要求此項保障不作佔領之替代，而爲佔領之補助。英美兩國代表於此與法國代表意見不一致，威爾遜不認於聯合保障之外再有取何手段之必要。威爾遜一時至命美國軍艦準備載他回國，以示談判決裂。法國於此孤立無援，克雷曼索乃不得已而撤退其分離萊因左岸之要求。在四月二十日，美總統允許聯軍佔領萊因左岸，以十五年爲期，而在二十二日魯意佐治亦贊成之。他們且約定，如果對於法國安全之保障在期滿後覺其不充分，則此佔領期尚可延長，而如德國未能償付他的債務，協商國亦可再佔此地。

三、薩爾煤區 對於萊因河左岸永久佔領之主要的反對來自英國，而薩爾區域之合併則爲美國所極力反對。各方面皆承認法國在他自己的煤礦不能足用之期中，當享用薩爾之煤；但魯意佐治允於此地建造一自治國家，置於法國保護之下，而美總統則起初除許法國取有與其所損失的同量之煤外，不肯承認他項處置。法國卒乃拋棄其合併此項德國土地之要求，而僅要求於此區域設一特殊的政治組織，包括煤礦區全部在內。和會卒乃採一個調和的方案，設一行政委員會以五人組織之（三人由國際聯盟任命，一人由本地住民舉出，一人由法國任命，）而於十五年之後，舉行人民總投票，以決定此區域之是否合併於法國，或繼續既存的制度，或返歸於德國。在後之場合，則德國當照彼時煤礦之估價償付法國金額。

四．德皇之懲罰　英國代表關於萊因河左岸及薩爾區域問題主張穩健之解決，而關於其他兩個問題，則自其他同盟國視之，亦似爲過分，而甚至顯示有徒事報復之嫌。德皇威廉二世之付懲罰，原爲一九一八年英國總選舉中魯意佐治對於選民之誓約；雖以日美之反對，而德皇引渡之要求，卒向荷蘭提出，但其要求無效。而關於賠償問題，則英國之要求，自美國人視之似不僅爲過分，而且無理由。威爾遜第十四條之宣言，包含着佔領地之復元；而德國所援據之十一月五日通牒；則言及『德國在陸上海上空中之侵犯舉動，對於協商側同盟各國住民之生命財產所加之損害之賠償。』然英法的政治家後來忽主張德國應償付全部戰費。克雷曼索及魯意佐治均不肯定出一定的賠償數額。美國代表則全體一致主張定一確數，以便回復確定的狀態而鼓勵德國工作。

五．賠償問題 何項要求可納入賠償之項，此爲久經爭論之問題。美國代表團說戰費不能納於賠償之項下。美總統於三月由美回法之途中接有關於此事之報告，而答謂戰費之加入，顯然與他對於敵方表明之政策不相容。而在他方面，則魯意佐治聲明必履行選舉運動之約言，要求德國償付全部戰費。最後調和的方案是，賠償項下包含戰爭撫恤金年金在內，而要求於兩年內先交付二百萬萬金馬克，即約十萬萬金鎊；而在此時期中，由同盟國聯合賠償委員會定出一個賠款償付計畫，將償付期限展爲三十年。

六．阜姆問題 關於阜姆，山東，及波蘭問題之協定，亦殊困難，而其關係之重大不讓於萊因河左岸，薩爾區域及賠償之問題。依一九一五年之協約，意大利經協商國承認，取得對於北達爾瑪㴕（North Dalmatia）之權利，大違反民族自決之原則；然而在巴黎和會中，他却即以此原則之名義，提出其對於阜姆（Fiume）之要求，雖則意大利人在阜姆與其附近地方，合計起來，究居少數。英法雖願意履行條約，然勸意大利放棄其對於達爾瑪㴕之權利，而謂如他堅持執行一九一五年之條件，即不能獲有阜姆。威爾遜深信意大利既承受了其十四條之宣言，則當拋棄一切與此宣言牴觸之要求，而值塞爾維亞請求他出來仲裁之時，他主張南斯拉夫人須取得一個有效的出口。在四月之末，值德國代表將抵巴黎之時，意國代表俄南陀（Orlando）堅持和會須即時考慮阜姆問題，雖則此問題并不搆成對德和議之一部分。英美諸强代表勸他待至對德和議之一切問題解決後再議。在『四人會議』中經過長久的討論而無結果；威爾遜與俄南陀爭持，兩不相下。四月二十日，美總統對英法代表提出一說帖，他提議於意大利拒絕一切調停方案之時卽發表之。他說平和必樹立於若干確定的原則之上；如此原則遵守，則阜姆當爲匈牙利，波赫米亞，及南斯拉夫諸國之商務出入口，而不當爲意大利之商務出入口。此說帖爲魯意佐治及克雷曼索所贊成，美總統覺得他們兩人皆贊成發表。後來再經會議討論仍無結果，而俄南陀聲明，在此問題未依意大利之利益以解決之前，他不再參加『四人會議』。美總統於是將他的宣言送於新聞發表。同夜，意大利代表團宣言他們將於次夜離巴黎，而俄南陀發表一答覆，主張意大利對於阜姆之正當權利，說阜姆舊爲意大利城市。他們在羅馬大受歡迎；但在五月四日，英，法，美三代表仍招請他們赴會，五月六日他們又復回到巴黎。在後來的會議，意大利表示讓步。阜姆問題之解決卒延擱下去。

七.山東問題　意大利代表之憤然離去巴黎，不無影響於山東問題之處決。意大利之加入戰爭，是因爲有北達爾瑪遏讓與之約，日本參戰之功則亦於一九一七年二月得有報償時則英法，意，俄和日本祕密約定允在講和會議贊助日本對於山東之權利。美總統到巴黎後始聞知有此項祕密協定，不肯認爲受其拘束；他公然對中國的要求表同情。日本代表則取脅迫態度表示如其不能貫澈要求，保留其戰利品，則他們將離開和會。美國國務卿藍辛（Lansing）視日本此種態度不過是虛聲恫喝，而美國代表團全體欲辭職，以表抗議。但威爾遜信以爲如意大利及日本皆不簽和約，則構成和約一部分之國際聯盟的運命將陷於危險；而他的態度因爲日本有交還青島主權於中國而只保有德國固有的經濟的利益之口頭約束而漸軟化。美總統在和會主張之失敗未有甚於山東問題之處決者，而其授反對黨在攻擊國際聯盟及他自己之時以極好的武器，亦無逾於此事者。

八.波蘭問題　無論在阜姆問題，抑在山東問題，美總統從英國代表皆未得有何項有效的助力；魯意佐治則獨力抵抗波蘭之過分的要求。法國代表辟勳宣言，必將波蘭組成强大的國家，他意欲擴張其領土。同盟國聯合委員會提議給波蘭以普魯士的波仙（Posen）及西普魯士兩省之將近全部，包含着維斯遏那（Vistula）河兩岸及但澤（Danzig）港，并給以瑪林維德區域（District of Marienwerde）以便支配由瓦薩通但澤之鐵路。委員會且提議將上敍列色（Upper Sileisa）之大部分劃歸波蘭。魯意佐治極力反對將兩百萬德意志人移歸波蘭治下；於是決定在瑪林維德區域舉行人民總投票，而將但澤組成一個自由市，置於國際聯盟之保護下，但關於稅關及外務則隸屬波蘭。波蘭且可使用其船渠，河流，及鐵路。

巴黎和約之簽字　及至一九一九年五月，和會對於一切重要問題已經議就，對德和約全文擬成；其次之一步卽在將和約全文交由德國承認。德國代表團於四月二十九日抵法國巴黎郊外之凡爾塞（Versailles），而於五月七日在凡爾塞宮領受和約全文從五月九日和約稿之交付德國代表，以至六月二十八日和約簽字之日爲止德國曾竭力促『四人會』改正其苛酷的條件；爲此目的，在德國代表團領袖布洛克道夫(Brockdorff-Rantzau)與和會議長克雷曼索之間爲數度之交涉。五月二十九日德國代表團提出反駁案，在此通牒中，德國聲言，德國所依以停戰之原則被侵犯；德國惟保留上敍列色乃能履行他的義務；德國當承受阿羅兩州人民投票之結果；德國當卽時加入國際聯盟，享受平等權利；裁減軍備須是一般的，而非片面的。德國且反對但澤之分離，而提議於委託形式下保留其殖民地。協商國對於德國反駁案意見不一致。魯意佐治主張改提溫和條件，而克雷曼索反對對德讓步。美國代表團雖一般對於魯意佐治之態度表同情，然而威爾遜自身急於覩和約之簽字，不要求變更根本原則，不堅持其專門顧問對於財政條款修正之主張。其結果則和會採定一調和案，而改訂和約，於六月十六日提出於德國代表團，但其讓步於德國亦殊重要。在上敍列色許舉行人民總投票；波蘭之西境略爲改正；對東普魯士之交通改善，減兵之速率減遲；而償付賠款之方法須與德國委員會商議。德國代表團全體仍不願承受此改正之條件。和會限德國於六月二十三日以前表示簽字之意思，否則卽將取消停戰條約，而進兵德境。德國內閣意見不一致，但國民議會多數表示贊成簽字，組織一新內閣，賦着簽字之使命。德國舊代表團辭職，而由新任外務總長米勒（Müller）代表德國，於六月二十八日在凡爾塞宮與協商國代表簽定和約。（七月九日，此和約在德國國民議會批准。）惟中國一國因爲山東問題，對於此和約不肯簽字。

英法美保障條約　在巴黎和約簽字之同一日，代表英國之魯意佐治與代表法國之克雷曼索簽一協約，約定如德國無端攻擊法國，英國起來援助法國；同樣的協約亦簽定於克雷曼索與威爾遜之間。此等協約蓋爲反對萊因左岸分立之結果，對於法國給予之一種保障。

巴黎和約之內容　簡括起來，巴黎和約（凡爾塞和約）之主要規定大致如下。在西方則德國割讓阿爾沙斯羅連兩州於法國，而割讓普魯士國境上幾個小區域於比國。後項區域當於移轉後舉行人民總投票。薩爾區域以十五年之期限交出，盧森堡退出德國關稅同盟，而萊因左岸解除武裝。而在丹麥國境，則北敍列色維格及中部敍列色維格之所屬問題，當取決於人民總投票。最重大的領土犧牲是在東方，則以波仙及西普魯士兩省之大部分割讓於波蘭。在上敍列色當舉行人民總投票。但澤當於國際聯盟之保障下建爲自由市，而圈入於波蘭之稅關區域內。德國在海外之殖民地概行拋棄。德國陸軍至一九二〇年三月當減成十萬人；德國的參謀本部當取消軍器之種類立有限制；萊因東岸三十哩以內之地帶解除武裝。海軍艦隊之數大加限制。而潛水艇不許建造，在波羅的海上不許建造要塞，海里果南德（Heligoland）島之要塞當破毀。軍用飛艇不許保留或建造。賠償之總數當於一九二一年五月一日以前由同盟國聯合委員會核定之以通知德政府；但截至那日爲止，德國須先行交出二百萬萬金馬克（十萬萬金鎊；）

其餘的賠款則分作三十年付清。德國當交出所有千六百噸以上之商船，而八百噸至千六百噸之商船則交出其半數。對於法國須交出多量煤炭，以十年爲期。基爾運河 (Kiel Canal) 對一切國家之軍艦商船開放。德皇威廉當由五强推出之裁判官審判，而其他違反戰爭規例之犯人則由德國交出由特別軍事法庭裁判。

和約執行之保障在由聯軍於十五年間佔據萊因左岸。如果德國在十五年內或十五年以後不履行其賠償之義務，則此地域可再行佔據。

對墺和約　對德和約簽字以後，英美之主腦人物魯意佐治與威爾遜均離巴黎；在巴黎僅留有次重要的代表與其他敵國締結和約。對墺和約始於六月二日交付墺國代表，嗣於七月二十日交付改正的全文；及至九月十日始簽字於巴黎郊外之聖澤門 (St. Germain)，通稱爲聖澤門和約 (Treaty of St. Germain)。墺大利帝國在戰爭結局，已經是四分五裂，巴黎和約不過是登記已成之事實。墺大利承認捷克斯拉夫 (Czecho-Slovakia)，南斯拉夫 (Jugo Slavia)，波蘭及匈牙利之獨立；此等國家皆自認保護國內之少數人種。東加里敍亞(Eastern Galicia)讓渡於同盟國；而托連湯洛(Trentino)，南湯洛耳(South Tyrol)，托里斯特(Trieste)，伊斯托里(Istria)則割讓於意大利。陸軍減至三萬人，海軍及空中飛行艇隊概行廢除。墺大利當引渡戰事犯，而從一九二一年起，於三十年內付清賠款。一切商船當交出。非經國際聯盟之執行部許可，墺國不得與德國合併。

其他和約　對保和約於十一月二十七日簽字於法國郊外之涅宜(Neuilly)；對匈牙利和約於一九二〇年六月四日簽字於托里亞壠(Trianon)。最後對土和約則於一九二〇年八月十日簽字於塞窪爾(Sèvres)。

在此等和約中，國際聯盟規約均列於約文首部，與對德和約同。此等條約，除對土和約外，皆經批准執行。對土和約之條件最苛酷，而其所遇着之反抗亦最大。依此和約，土耳其喪失其領土之大部分。君士坦丁堡只於名義上保留於土皇，而韃靼雷斯海峽及玻斯佛拉斯海峽化為國際共管；歐洲之土耳其領土大都給予希臘，而其在亞洲之領土則分配於英，法，意及希臘諸國之間。然以土耳其之國民黨首領凱末耳（Nustapha Kemal）之極力的反抗，此和約始終未執行，而卒代以一九二三年七月二十四日之洛桑條約（Treaty of Lausanne）。

世界之新局面　歐戰結果，破壞了三個大帝國，而產生了許多新國家，歐洲地圖大部分爲之改色。然而以收束歐洲戰禍改造世界政局爲使命之巴黎和會，究竟未能完全履行其使命。不僅是協商國對敵和約之條件太苛，事實上難於執行，卽對於其他許多國際問題亦尙未給以滿足之解決。歐洲戰事雖於一九一九年結束，然而平和之基礎仍是動搖。巴黎和會唯一的前途有望的建設大業，在國際聯盟之創立。此項新國際組織之成立，確於國際政治上開一新紀元；而此後之國際社會生活將於此新國際組織之保障下以進於國際互助聯治之途徑，則是一九一九年抱平和人道主義之思想家，政治家所共希望的。他們的希望能實現乎？此爲今後國際政治上最有興味之問題。

敬啟

「民國專題史」叢書，乃民國時期出版的著名學者、專家在某一專題領域的學術成果。所收圖書絶大部分著作權已進入公有領域，但仍有極少圖書著作權還在保護期内，需按相關要求支付著作權人或繼承人報酬。因未能全部聯系到相關著作權人，請見到此説明者及時與河南人民出版社聯系。

聯系人 楊光
聯系電話 0371-65788063
2016年3月28日